WIE

SCO

NOMINIS NAVIGATVR IN
CASPIVM MARE.

MANESSE BIBLIOTHEK DER WELTGESCHICHTE

A CAROLO ELECTO RO: REGE FVTVRO IMPE
RATORE EX HISPANIIS VELVTVM A BASILIO
MAGNO DVCE EX MOSCOVIA PELLES REPOR
TAVI HAC VESTE MVLTAS OBIVI LEGATIONES

HERBERSTEIN ALS GESANDTER
IN KOSTBARER PELZTRACHT

SIGMUND VON HERBERSTEIN

Das alte Rußland

In Anlehnung an die älteste deutsche Ausgabe
aus dem Lateinischen übertragen von
Wolfram von den Steinen

Mit einem Nachwort
von Walter Leitsch
Unter herausgeberischer Mitarbeit
von Paul König

MANESSE VERLAG
ZÜRICH

Die Moscouitische
CHRONICA.

Das ist Ein
gründtliche beschreibung

oder Historia / deß mechtigen vnd gewaltigen Großfürsten in der
Moscaw / sampt derselben Fürstenthumb vnd Länder / auch deß trefflichen Landts
zu Reussen / von jrem Herkommen / Religion / Sitten vnd Gebrauchen / deßgleichen jre Schlachten / Krieg vnd mannliche thaten / auff das fleissigst zusammen gebracht / sehr
schön vnnd gar nützlich zu lesen.

Erstlichen durch den Hochgelerten Herrn Paulum Jouium / deßgleichen durch den
Wolgebornen Herrn Sigmund Freyherrn zu Herberstein / etc. der Röm. Kay. May. Raht
selbst persönlich erfahren / vnd folgendts durch den Ehrnuesten vnd Hochgelerten Herrn Doctor
Pantaleon / mennigklich zu nutz auß dem Latein ins Teutsch gebracht.

Sampt einem Vollkommenen Register / dergleichen vor nie außgan-
gen oder Gedruckt.

Gedruckt zu Franckfurt am Mayn / M. D. LXXIX.

TITELSEITE DER AUSGABE
FRANKFURT AM MAIN 1579

Rerum Moscoviticarum Commentarii. In his Commentariis sparsim contenta habebis, candide lector, Russiae et quae nunc ejus Metropolis, Moscoviae brevissimam descriptionem. De religione quoque varia inserta sunt: et que nostra cum religione non conveniunt. Chorographiam denique totius imperii Moscici: et vicinōrum quorundam mentionem. Quis denique modus excipiendi et tractandi oratores: disseritur. Itineraria quoque duo in Moscoviam sunt adjuncta. Vindobonae (1549).

Titel der lateinischen Erstausgabe
Wien 1549

Moscouia der Hauptstadt in Reissen, durch Herrn
Sigmunden Freyherrn zu Herberstain, Neyperg
und Guetenhag Obristen Erbcamrer, vnd öbristen
Erbtruckhsessen in Kärntn, Römischer zu Hun-
gern und Behaim Khii. May. etc. Rat, Camrer vnd
Presidenten der Niederösterreichischen Camer zu-
samen getragen. Sambt des Moscouiter gepiet, vnd
seiner anrainer beschreibung und anzaigung, in
weu sy glaubens halb, mit vns nit gleichhellig. Wie
die Potschaften oder Gesandten durch sy emphan-
gen vnd gehalten werden, sambt zwayen vnder-
schidlichen Raisen in die Mosqua. Mit Röm. Khii.
May. gnad vnd Priuilegien Getruckt zu Wienn in
Osterreich durch Michael Zimmermann in S. Anna
Hoff, 1557.

Titel der deutschen Erstausgabe
Wien 1557

WIDMUNGSBRIEF

Dem erlauchtesten Fürsten und Herrn, Herrn Ferdinand, dem Könige der Römer, von Ungarn und Böhmen, dem Infanten von Spanien, Erzherzoge von Österreich, Herzoge von Burgund und Württemberg, auch Herzoge, Markgrafen, Grafen und Herrn vieler Länder, meinem gütigsten Herrn.

Die Römer, sagt man, haben dermaleinst ihren Gesandten, die sie an ferne und unbekannte Nationen schickten, auch dies zum Auftrag gegeben, daß sie Sitten, Einrichtungen und die ganze Lebensart des Volks, bei dem sie als Gesandte weilten, sorgfältig niederschrieben. Und sie gaben dem solche Würde, daß diese Schriften, wenn die Botschaft ausgerichtet war, zur Belehrung der Späteren im Tempel Saturns niedergelegt wurden. Hätten die Menschen unsres oder des wenig zurückliegenden Zeitalters diese Einrichtung bewahrt, vielleicht hätten wir dann mehr Licht in der Geschichte, gewiß weniger Hohlheit.

Ich nun, der ich von Jugend auf am Umgang mit den Menschen des Auslands im Hause wie am Markt meine Freude hatte, habe mich gern bemüht, nicht nur von dem Ahnherrn Eurer Majestät, Herrn Maximilian, dem klügsten Fürsten, sondern auch von Eurer Majestät zu Botschaften verwandt zu werden, und habe auf Euren Befehl den Norden mehr als einmal durchzogen, vornehmlich aber Moskowien zweimal besucht, zusammen mit dem Gefährten meiner Würde und meines Wegs, dem kaiserlichen Botschafter Leonhard, Grafen von Nugarol. Dies Moskowien ist unter den Ländern, die von der hochheiligen Taufe berührt sind, in Sitten, Einrichtungen, Gottesdienst und Kriegszucht ganz besonders von uns unterschieden. Wohl habe ich ja mit Willen und Auftrag des verewigten Maximilian auch Dänemark, Ungarn und Polen betreten; wohl bin ich nach dem Hingang seiner Majestät im Namen des Vaterlandes zu dem mächtigsten und unbesiegtesten Herrn Karl V., dem Kaiser der Römer, dem leiblichen Bruder Eurer Majestät, über Italien und Frankreich, über Land und See bis Spanien gereist; wohl habe ich dann auf Befehl Eurer Majestät abermals die Könige von Ungarn und Polen, zuletzt sogar mit Graf Nikolaus von Salm Soliman, den Türkenfürsten, besucht und habe auch sonst vieles nicht nur obenhin, sondern sehr genau gesehen, was ohne Zweifel der Erinnerung und Beleuchtung höchst würdig wäre: und gleichwohl habe ich in meiner Mußezeit, die von Staatsgeschäften sehr beschnitten ist, nichts von all diesen Sachen niederschreiben wollen, denn sie sind zum Teil schon früher von andern mit Licht und Fleiß behandelt worden, zum Teil liegen sie vor den Augen und im täglichen Gesichtskreis von Europa. Die moskowitischen Dinge aber habe ich mir vorgenommen, die weit versteckter und der Kenntnis der Mitlebenden nicht so zugänglich sind. Und indem ich mich unterfange, sie zu beschreiben, verlasse ich mich vor allem auf zweierlei, auf meinen Eifer im Forschen und meine Kenntnis der slawischen Sprache: beides ist mir bei dieser Schrift, wie sie auch sonst sei, von großem Vorteil gewesen.

Zwar haben über Moskau schon mehrere, die meisten freilich nach Berichten anderer, geschrieben: von den Älteren Nikolaus von Kues; zu unserer Zeit Paulus Jovius (ich nenne ihn vorab wegen seiner hohen Bildung und seiner unglaublichen Freundschaft für mich) sehr elegant und mit großer Zuverlässigkeit, wie er sich denn des kundigsten Dolmetschers bedient hat; Johann Faber und Anton Bied, die sowohl Karten wie Berichte hinterlassen haben; ferner einige, die Moskau doch berühren, während sie die Nachbarländer beschreiben – hierher gehören Olaus Gothus mit seiner Beschreibung von Schweden, Matthäus Mechowita, Albertus Campensis und Munsterus. Aber diese alle haben mich vom Plane meiner Schrift nicht abgeschreckt, zum Teil, weil ich nach meinen eigenen Augen zeugen kann, dann, weil ich vieles von glaubwürdigen Erzählern im Lande selbst erfahren habe, schließlich, weil ich oft und lange, mit vielen und bei jederlei Gelegenheit diese Dinge durchgesprochen habe. So kommt es, daß ich oft in reichlicherer Fülle (das sei ohne Mißgunst gesagt) Dinge zu erklären vermochte, die andern gleichsam durchs Netz geglitten sind und sich bei ihnen vielleicht hingesetzt, doch nicht klargemacht finden. Auch habe ich manches aufschreiben können, was andere gar nicht berührt haben, weil eben nur der Botschafter davon erfährt.

So war mein Gedanke und Plan, Eure Majestät aber hat mich darin bestärkt, hat gemahnt, daß ich das begonnene Werk einmal abschlösse, und mir, wie man sagt, zu meinem willigen Lauf noch die Sporen gegeben. Dennoch haben mich die Gesandtschaften und anderen Geschäfte Eurer Majestät so oft abberufen, daß ich bisher meinen Vorsatz nicht vollenden konnte. Jetzt aber, da ich zu der unterbrochenen Arbeit doch dann und wann, als Erholung von den täglichen Arbeiten für die österreichische Kammer, zurückkehre und also Eurer Majestät zu Willen bin, muß ich wohl gar auf der Höhe dieser bildungsverfeinerten Zeit mit ungeneigten Lesern rechnen, die etwa mehr Zierlichkeit des Vortrags verlangen. Da sei es mir genug, wenn ich durch die Sache selbst (denn mit meinen Worten kann ich nicht nachkommen) immerhin den Willen zeige, die Nachwelt zu unterrichten; und daß ich den Befehlen Eurer Majestät gehorcht habe, vor denen mir jeder andere Anspruch zurücktritt.

So widme ich denn Eurer Majestät diese Berichte

über Moskau, von mir geschrieben, um die Wahrheit auszuforschen und ans Licht zu bringen, nicht um schön zu reden. Und ich ergebe und befehle mich demütig in den Schutz Eurer Majestät, in deren Diensten ich nun alt geworden bin. Und ich bitte, daß Eure Majestät geruhe, dies Buch mit derselben Milde und Güte aufzunehmen, mit der sie den Verfasser immer aufgenommen hat.

Wien, den ersten März 1549

Dieser Eurer Majestät
getreuer Rat, Kämmerer, und Präsident der
niederösterreichischen Kammer

SIGMUND FREIHERR ZU HERBERSTEIN,
NEYPERG UND GUETTENHAG

DAS WAPPEN
DER FREIHERRN VON HERBERSTEIN

VORREDE

Moskau wird deutsch und russisch gleich, aber auf
Latein Moscovia genannt: die Hauptstadt der Russen
in Skythien, deren Macht und Gebiet sich weit in die
Länge und Breite erstreckt. Die zu beschreiben werde
ich viele gegen Mitternacht gelegene Länder berühren müssen, die den Voreltern wie auch denen, die zu
unseren Zeiten davon geschrieben, nicht allzu bekannt
gewesen sind. Mit ihnen werde ich denn nicht allenthalben einstimmen, doch geschieht dies nicht darum,
weil ich mir damit viel zuschreiben und die anderen
tadeln wollte. Sondern als ich zuerst auf Kaiser Maximilians und zum anderen Mal auf Befehl meines
jetzigen allergnädigsten Herrn Ferdinand, Königs der
Römer, von Ungarn und Böhmen usw., dorthin als
Botschafter gesandt wurde, habe ich das Land und die
Stadt Moskau und vieles von Sitten und Gebräuchen
dort gesehen, dabei das meiste nicht durch Aussage
von einem oder zehnen oder zwanzigen, sondern
durch gleichförmige Aussage vieler auf beiden Reisen
erfahren und geprüft, wobei mir die wendische, die
man auf Latein, auch im Russischen die slawonische
Sprache nennt (welche denn der russischen oder mos-
kovitischen gleich ist), viel Hilfe gebracht hat. Darum

vermag ich nicht allein vom Hörensagen, sondern als einer, der es zum Teil selbst gesehen hat, Kundschaft zu geben; und habe das nicht mit hochgesetzten, sondern offenen einfachen deutschen Worten, den Nachkommenden zum Gedächtnis, dartun und beschreiben wollen.

Dann: wie gemeinhin eine jede Sprache ihre besondere Aussprache hat, so setzen auch die Russen ihre Buchstaben derart, daß sie uns Deutschen ganz unbekannt und fremd auszusprechen sind. Wer nun darauf nicht besonders Acht gibt, der wird von keinem, der von dort herkommt oder weiß, etwas recht erfragen oder erfahren können. Deshalb habe ich in dieser Beschreibung die russischen Namen der Städte, Flüsse, Orte, Personen und anderer Stücke nicht unbedacht gesetzt, sondern wie sie sie aussprechen, so habe ich mich ihrer bedient; und ich will gleich im Anfang Bericht geben, wie man die Buchstaben setzen und danach aussprechen solle, damit der Leser sich desto besser und leichter unterrichten, auch einmal mehr dadurch erfragen könne.

Basilius wird zwar auf russisch nicht mit dem B geschrieben, sondern mit W, und auch so gesprochen; weil aber der Name auch bei uns vorkommt und mit dem B geschrieben wird, habe ich ihn nicht mit dem W schreiben mögen.

C, einem H vorgesetzt, wird ausgesprochen, wie wir Deutschen das im Gebrauch haben, und nicht wie etliche andere Nationen: d. i. nahezu wie ein K, doch linder; so Chlinowa, Chan, Chiow, Chlopigorod. Ist aber dem C ein Z nachgesetzt, so wird es auch der deutschen Art nach ausgesprochen, wie Czeremissa, Czernigo, Czilma, Czunkas.

G wird gewöhnlich, wie auch im Böhmischen, als ein H ausgesprochen; so, wenn man schreibt Jugra volga, spricht man Juhra volha.

J wird öfter nach einem G hin ausgesprochen, wie Jausa, Jaroslaw, Jamma.

Th: wo wir die zwei Buchstaben brauchen, setzen sie dafür Ph: so den Namen Theodor schreiben und sprechen sie Pheodor.

W wird in gar vielen Worten am Anfang, in der Mitte, auch zuletzt gesetzt, ist das Mittel zwischen B und F und muß danach ausgesprochen werden. Wenn also der Buchstabe ausgesprochen wird, der als W gesetzt ist, wie Wolodimer, Wladislaw, Worotin, Dwina, Otzakow, Rostow, so soll der Leser Acht geben, will er anders solche Worte verständig aussprechen.

Außerdem haben wir in Übersetzung der Annalen von Ursprung und Geschichte der Russen die Jahreszahlen nach ihrer, nicht nach unserer Gewohnheit gesetzt. Denn wir wollten darin nicht von ihren Schriften abweichen, sonst würden wir ja nicht als treue Dolmetscher, sondern als Besserwisser dastehen.

NAME

Russia lateinisch wird zu deutsch Rußland genannt. Woher der Name kommt, gibt es mancherlei Meinungen. Manche sagen, von Russo, der ein Bruder des Lech, eines Fürsten in Polen, war und der Russen Landesfürst gewesen sein soll: von dem hätten sie den Namen genommen. Andre vermeinen, von einem alten Flecken oder Städtchen, Russo genannt, nicht fern von Großneugarten gelegen; etliche wieder von der braunschwarzen Farbe dieses Volkes. Viele sind, die meinen, daß der Name Roxolania in Rußland verwandelt worden sei. Diese Meinungen alle halten die Russen nicht für begründet, sondern behaupten, daß Russia vor Zeiten Rosseia geheißen habe, d. i. nach ihrer Sprache ein zerstreutes oder ausgesätes Volk. Das meinen sie auch damit zu bekräftigen, daß ihre Nation nirgends ganz beieinander, sondern allenthalben mit anderen untermischt ist.

Es komme nun der Name Russia, von wem er wolle, so werden alle die Russen genannt, die die slawische oder wendische Sprache gebrauchen und den christlichen Glauben und Zeremonien nach Gebrauch und Ordnung der Griechen halten. Nach ihrer Sprache werden sie Russy, lateinisch Rutheni, deutsch

Russen genannt und sind zu einer großen Menge an-
gewachsen, daß sie alle eingemischten Völker und
Nationen entweder ausgetrieben oder zu ihren Sitten
gezwungen haben: also daß sie jetzt alle insgemein
Russen genannt werden.

SPRACHE

Die slawische, d. h. wendische Sprache, welche jetzt
gemeinhin, aber nicht recht, Slawonisch genannt wird,
reicht sehr weit. Denn dieser Sprache bedienen sich die
Dalmatiner, Bosner, Kroaten und Istrier; sie zieht sich
entlang dem adriatischen Meer bis an das Friauler
Land. Diese Sprache reden auch die Karster, die lateinisch Carni und Venedigisch oder Welsch Carssy
genannt werden, die Krainer, die Kärtner bis an die
Drau, desgleichen die Steyrer bis vier Meilen unterhalb Graz und die Mur hinab bis an die Donau, ferner
jenseits von der Drau und Sawe die Mysen, Serben,
Bulgaren, welche wir jetzt gewöhnlich die Sirven und
Rätzen nennen, und andere Völker bis gegen Konstan-
tinopel. Danach die Böhmen, Lausitzer, Schlesier,
Mähren, die Wenden an der Waag und viele von den
Völkern über die Waag hinaus in Ungarn; die Polen, die
Russen, dazu die Tscherkessen, «die in fünf Bergen»
(Quinque montani) genannt, am Schwarzen Meer, das
man lateinisch Pontus nennt, wohnhaft. Einige gibt es
auch noch nach der Elbe zu, die zerstreut liegen und
Dörfer haben, als Überbleiblinge der Wenden (Vanda-

len), die ungefähr an denselben Orten gewohnt haben.
Die alle bekennen, Slawen zu sein. Die Deutschen
haben in Brauch, alle die, welche die slawische Sprache
reden, Wenden, Winden oder Windische ohne Unterschied zu nennen. Es bedienen sich auch dieser Sprache
in Schriften und im Gottesdienst die Moldauer und die
anderen anrainenden Wallachen, wiewohl diese eine
andere Sprechsprache haben.

Viele Gelehrte wollen dartun, daß die Mazedonier
auch die slawische Sprache, die man dort Syrwisch
nennt, als ihre Muttersprache gebraucht haben und
noch brauchen.

GRENZEN

Rußland reicht bis nahe an das sarmatische Gebirg,
nicht fern von Krakau und längs dem Flusse Tyras, den
die dort Wohnenden Dnjestr nennen, bis an den Pontus
Euxinus, den man sonst das Schwarze oder welsch das
Größere Meer nennt; und dort hinüber an das Wasser
Borysthenes, auf russisch Dnjepr genannt. – Indessen
hat vor etlichen Jahren der Türke Weißenburg, auch
Moncastro genannt und an der Mündung des Flusses
Dnjestr gelegen, das dem Woiwoden in der Moldau
gehört hatte, eingenommen. Darauf hat der König der
Krimtataren über den Dnjestr gegriffen, daselbst weit
und breit alles verheert und zwei Burgen erbaut, die
eine Otzakow genannt, das nicht fern von des Dnjeprs
Mündung liegt und jetzt in Händen der Türkei ist: also
daß auf den heutigen Tag zwischen beiden Flüssen,

Dnjestr und Dnjepr, bis an das Meer große und weite
Wüstländer sind. – Wenn man nun längs dem Dnjepr
aufwärts reist, kommt man wieder ins Russische nach
Circas, das gegen Westen liegt, von dort nach Caynow
und Chiow, wo vor Zeiten der Russen Hauptstadt
war, auch der Fürstensitz und das Regiment gehalten
wurde. Setzt man dort über den Dnjepr, so kommt das
Fürstentum Sewera; das ist noch bewohnt. Wenn man
dann grad nach Osten zu weiterreist, kommt man zu
den Ursprüngen des mächtigen Flusses Don und dann
auf weitem Weg bis dort hinab, wo die zwei Ströme
Oka und Wolga, die man griechisch Rha nennt, zusammenfließen. Daselbst längs der Wolga erstreckt
sich das Russenland bis an das Meer gegen Süden, und
reist man von dort wieder zurück, so grenzt es an die
Völker, die zum Königreich Schweden gehören, auch
an Finnland, weiter an Livland, Samaiten, Masuren
und dann wieder an Polen bis zurück zum Sarmati-
schen Gebirg. In diesem ganzen Bezirk gehören nur
zwei Länder nicht zu Rußland: Litauen und Samaiten:
die hängen in der Religion der römischen Kirchenord-
nung an und haben beide ihre eigene Sprache. Gleichwohl gibt es in diesen Fürstentümern viele, die Russen
sind.

Es sind drei Fürsten jetzt über Rußland: der erste ist
der Fürst von Moskowien, der den größten Teil inne
hat; der andere ist der Großherzog von Litauen, der
dritte der König in Polen. Indes stehen jetzt Polen und
Litauen unter einem Herrn.

GESCHICHTE

Von dem Anfang dieser Nation weiß man nichts anderes, als was die hier nachfolgenden Jahrbücher anzeigen. Nämlich das slawische Volk sei vom Stamme Japhet und habe sich an der Donau niedergelassen, wo jetzt Ungarn und Bulgarien ist; zu der Zeit hätte man sie Noriker genannt. Von dort aus seien sie zerstreut und ausgesät worden, so die Mähren, die ihren Namen von dem Flusse March bekamen, die Czechen, das sind Böhmen, Kroaten, Bieli, Serben, Chorontani, die bei der Donau gewohnt hätten, dann von Wallachen verjagt an die Weichsel gekommen und Lechi, von ihrem Fürsten Lecho, genannt worden seien, davon auf den heutigen Tag die Polen Lechi genannt werden. Ferner die Litauer, Masowiter, Pommern; etliche nahmen am Dnjepr Wohnung, wo jetzt Kiew steht, Poljanen genannt. Ferner Drewliani, die wohnen nur in Wäldern. Dann einige an den Wassern Dwina und Peti, genannt Dregowici. Die Polewtzani bei dem Fluß Polta, der in die Dwina fällt. So saßen auch manche bei dem See, Ilmen genannt; die eroberten Großneugarten und setzten sich einen Fürsten mit Namen Goztomissl. So wohnten auch an den Flüssen Dessna und Sula die, welche Seweri oder Sewerski genannt sind. Andere oberhalb der Ursprünge von Wolga und Dnjepr, genannt Chriwitzi, deren Hauptburg und Stadt Smolensk. Soviel sagen ihre Geschichtsschreiber.

Wer zuerst der Russen Herr gewesen, ist zweifelhaft:

sie haben keine Buchstaben gehabt und nicht schreiben
können, damit ihre Geschichten zu Gedächtnis zu
bringen. Erst als König Michael zu Konstantinopel die
slawischen Buchstaben im 6406. Jahr seit Anfang der
Welt nach Bulgarien geschickt hatte, fing man an,
sowohl das, was sich zu dieser Zeit zutrug, wie auch
das, was man von den Alten gehört und im Gedächtnis
bewahrt hatte, aufzuschreiben und in Annalen zu
bringen.

Aus diesem ersieht man, daß ein Volk, Coseri
genannt, von den Russen Tribut genommen haben,
nämlich von jedem Haus ein Feh-fellchen; desgleichen
soll ein Volk, die Waregi, über sie geherrscht haben.
Wer aber die Coseri gewesen seien, darüber findet man
nichts, allein den Namen; desgleichen habe ich von
Waregen nichts erfahren können. Da aber die Russen
das Deutsche Meer, das man lateinisch Baltheum, das
die Deutschen den Belt nennen, und ebenso das Preußische und Livländische Meer, das der Russen Herrschaft von dem schwedischen Gebiet abteilt, Varetz-
koye morye, also Waregenmeer nennen: so habe ich
lang gedacht, die Waregi wären Schweden, Preußen
oder Dänen oder diesen benachbart gewesen. Auch
habe ich mich seither erinnert, daß eine berühmte Stadt
namens Wagria von den Wenden bewohnt war, die
nahe bei Lübeck und dem Herzogtum Holstein hau-
sten, daß nach der Meinung mancher die Ostsee ihren
Namen damals nach dieser Stadt gehabt, und daß sie
vielleicht deshalb denselben Namen nachmals bei den
Russen erhalten hat; wozu noch kommt, daß die

IN EINEM KRIEGSLAGER

Wandali oder Wenden in jener Zeit sehr mächtig und in
Sprache und Sitten den Russen ähnlich waren. Das
bewegt mich zu glauben, daß die Russen viel lieber
und eher von den Wagriern oder besser Waregern als
von anderen mit fremder Sprache und Sitte Herrscher
genommen und berufen haben.

Als nun einmal die Russen von wegen des Fürstentums zwieträchtig und ganz widerwärtig gegeneinander entzündet und aufrührig waren, gab Gostomissl,
ein weiser Mann, der auch zu Neugarten in großem
Ansehen stand, als seinen Rat, sie sollten zu den
Waregern schicken und drei Brüder, die dort einen
großen Namen hatten, einladen, daß sie das Regiment
annähmen. Dessen Rat folgte man, die drei Brüder
kamen auf dies Ersuchen und teilten das Gebiet untereinander auf. Rurick nahm das Fürstentum Großneugarten und setzte sich nach Ladoga, das 36 Meilen
unterhalb Großneugarten liegt. Sinaus setzte sich an
den Weißen See. Truwor aber nahm das Fürstentum
Pleskow und wohnte im Städtchen Swortzech. Diese
drei Brüder rühmten sich, ihren Ursprung von den
Römern zu haben; und noch der gegenwärtige Fürst
Basilius, zu dem ich geschickt war, gibt vor, von ihnen
zu stammen.

Dieser drei Brüder Eingang zu den Russen soll nach
ihren Jahrbüchern geschehen sein im Jahre seit Anfang
der Welt 6370. Zwei starben ohne Leibeserben, der
überbliebene Rurick nahm alle Fürstentümer an sich
und teilte die Burgen und Städte unter seine Diener
aus. Bei seinem Abscheiden hinterließ er einen jungen

Sohn Igor; den empfahl er samt seinem Reich seinem nächsten Freund, Olech genannt. Dieser eroberte viele angrenzende Herrschaften, zog sogar nach Griechenland und belagerte Konstantinopel. Als er 33 Jahre regiert, stieß er mit seinem Fuß an den Kopf seines längst toten Rosses, wurde dabei von einem giftigen Tier gebissen und starb. Nach dem Tode des Olech verheiratete Igor sich nach Pleskow mit einer Olga und nahm das Regiment in die Hand; er rückte mit seinem Kriegsvolk allzu weit, kam bis Heraclea und Nicomedien, wurde endlich überwunden und floh; später ward er von Maldito, Fürsten der Drewlianer, an dem Ort Coresto erschlagen und daselbst begraben.

Sein Sohn Swatoslaw, den er als Kind hinterließ, konnte das Regiment nicht verrichten, und so herrschte seine Mutter Olga an seiner Statt. Zu dieser schickten die Drewlianer zwanzig Boten mit dem Gesuch, daß sie sich ihrem Fürsten verheirate. Olga ließ die Boten lebendig begraben und entbot ihre eigenen Leute an die Drewlianer mit dem Befehl: sofern sie sie zu ihrer Frau und Fürstin haben wollten, sollten sie mehr und ehrwürdigere Boten zu ihr senden. Alsbald sandten sie fünfzig vornehmere ab, die sie alle im Bad verbrannte. Und wieder entbot sie ihre Gesandten an die Drewlianer, denen anzuzeigen, sie käme hin, mit Befehl, sie sollten Met oder dergleichen Trank und anderes, was zum Sühnopfer für ihren toten Eheherrn nötig sei, zubereiten. Als sie zu ihnen kam, weinte sie um ihren gestorbenen Mann, machte die Drewlianer betrunken und erschlug ihrer fünftausend:

zog alsdann wieder nach Kiew, versammelte ihr Heer, zog wider sie, überwand sie, rückte den Flüchtigen nach bis an ihre Festung und belagerte sie ein ganzes Jahr. Als es dann zu Verhandlungen kam, verlangte sie von ihnen einen Tribut, nämlich von jeglichem Haus drei Tauben und drei Spatzen. Die bekam sie, band ihnen Feuerwerk an und ließ sie fliegen. Die Vögel flogen zurück zu ihren gewohnten Häusern und setzten Burg und Stadt in Brand; die aber draus flohen, wurden erschlagen, gefangen oder verkauft.

Als sie alle Festungen der Drewlianer erobert und damit ihres Mannes Tod gerächt hatte, kehrte sie sich wieder nach Kiew. Dann zog sie im Jahre nach der Welterschaffung 6463 nach Griechenland und nahm zur Zeit des Königs Johann zu Konstantinopel die Taufe; dabei wurde ihr Name Olga in Helena verändert. Nachdem sie vom König große Geschenke empfangen, zog sie wieder heim. Sie ist die erste Christin unter den Russen, wie ihre Geschichten festhalten, und wird der Sonne verglichen. Denn wie die Sonne die Welt, also hat sie die Russen mit dem christlichen Glauben und Licht erleuchtet.

Ihren Sohn aber, Swatoslaw, konnte sie nicht zur Taufe bewegen. Sobald er seine Jahre erreichte, unterzog er sich tapfer aller Kriegsarbeit, scheute keine Gefährlichkeit, ließ sein Kriegsheer niemals etwas Hinderliches, nicht einmal Küchengeschirr, mitführen, sondern jeder Mann mußte sich mit geselchtem Fleische begnügen. Er ruhte auf der Erde liegend, seinen Sattel unter seinem Haupt. So überwand er die Bulga-

ren und zog bis an die Donau. Zu Pereaslaw hielt er
seinen Sitz oder Stuhl, da sprach er zu seiner Mutter
und den Räten: «Das ist mein Sitz inmitten meiner
Reiche. Aus Griechenland bringt man mir Panodocki,
Gold, Silber und Wein und mancherlei Früchte; aus
Ungarn Silber und Pferde, aus Rußland Schora,
Wachs, Honig und Knechte.» Seine Mutter sprach zu
ihm: «Ich werde bald sterben, laß mich begraben, wo
du willst.» Am dritten Tag danach starb sie. Sie war
durch ihren Enkel von ihrem Sohn Swatoslaw, Wolodimer, der später die Taufe nahm, unter die Heiligen gezählt und der elfte Tag des Juli ihr zur Feier genannt.

Swatoslaw, der nach der Mutter das Regiment
führte, teilte die Fürstentümer an seine Kinder aus:
dem Jeropolk Kiew, dem Olech die Drewlianer, dem
Wolodimer Großneugarten. Denn die Neugartner
warben auf Antrieb eines Weibes, Dobrina genannt,
um Wolodimer zu ihrem Fürsten; zu Neugarten war
nämlich ein Bürger mit Namen Caluwtza der Kleine,
der zwei Töchter hatte, Dobrina und Maluscha. Die
letztere war im Frauenzimmer der Olga gewesen, und
diese Maluscha hatte Swatoslaw erkannt und den
Wolodimer von ihr gezeugt.

Als Swatoslaw seine Kinder versorgt hatte, zog er
nach Bulgarien, belagerte und eroberte Pereaslaw,
sagte den Königen Basilius und Constantinus ab. Die
Könige schickten ihre Boten, Friedens halber zu verhandeln, damit sie zugleich erfahren könnten, wie viel
er Volkes hätte, da sie willig wären, den Tribut nach

der Anzahl seines Volks zu geben. Das geschah aber
mit Listen, denn sobald die zwei Könige das erfahren
hatten, versammelten sie ihr Kriegsvolk, und da die
zwei Heere einander ansichtig wurden, erschraken die
Russen vor der Griechenmenge. Da aber Swatoslaw
seine Leute furchtsam sah, sprach er: «Ich sehe keinen
Platz, darauf wir mit Sicherheit stehen können; das
Russenland aber den Feinden gehören zu lassen, habe
ich mir nicht in mein Gemüt genommen, sondern daß
ich ritterlich wider sie streiten, entweder sterben oder
große Ehre damit heimbringen will. Denn wenn ich
ritterlich streite und umkomme, erlange ich einen
ewig löblichen Namen, wo ich aber fliehe, müßte ich
ewige Schande und Schmach haben. Da ich denn von
der Menge der Feinde umgeben bin, gebührt mir nicht
zu fliehen. Ich will feststehen, meinen Kopf für mein
Vaterland in der ersten Reihe aussetzen.» Dem ant-
worten seine Kriegsleute: «Wo dein Haupt, daselbst
werden auch unsere Häupter sein.» Also wurden sie
beherzt, griffen die Feinde an, siegten und verwüsteten
Griechenland.

Darauf schickten die anderen griechischen Fürsten
zu ihm und wollten ihn mit Gold und Panodocki
(so heißt es in den Annalen) sänftigen: das er aber
verachtete und nicht annahm. Als sie jedoch Kleider
und Waffen schickten – die hat er angenommen.
Darauf sprachen die Griechen zu ihren Königen: «Einen solchen tugendlichen König begehren wir auch
zu haben, dem nicht das Gold, sondern Waffen lieb
sind.» Swatoslaw nahte Konstantinopel, die Griechen

aber entledigten sich mit großem Tribut und brachten
ihn aus ihren Gemarken. Ihn hat dann Cureo (Kurja),
ein Fürst der Petschenegen, im Jahre nach der Erschaf-
fung der Welt 6484 mit Hinterlist umgebracht und aus
seinen Hirnschalen ein Trinkgefäß gemacht, mit Gold
beschlagen, und mit Buchstaben darein die Meinung
setzen lassen: Fremdes suchend hat er das Seine verloren.

Als Swatoslaw tot war, verfügte sich seiner Obersten einer, Swadolt genannt, nach Kiew zu Jaropolk
und bewegte ihn, daß er seinen Bruder Olech vertreiben solle, darum daß er ihm seinen Sohn Luta getötet
hätte. Jaropolk ließ sich bewegen, führte den Krieg
wider seinen Bruder und schlug dessen Volk, die
Drewlianer. Olech nahm die Flucht auf eine Festung,
aber die seinen wollten ihn nicht einlassen; er wurde in
einem Gedränge über eine Brücke abgetrieben, und da
ihrer viele auf ihn fielen, kam er hier um. Wie Jaropolk
die Festung erobert, seinen Bruder gesucht und unter
den andern toten Körpern gefunden hatte, sprach er,
als ihm der zu Gesicht gebracht war: «Swadolt, sieh,
das hast du begehrt», und ließ ihn begraben. Da
Wolodimer, der andere Bruder, solches vernahm,
nahm er aus Großneugarten die Flucht zu den Waregern über Meer. Nun setzte Jaropolk seinen Statthalter
nach Großneugarten und war damit einziger Herr der
Russen geworden.

Wolodimer kam wieder mit Hilfe der Wareger,
verjagte seines Bruders Statthalter und sagte seinem
Bruder auf; denn er wußte, daß sein Bruder den Krieg

wider ihn führen werde. Inzwischen schickte Wolodimer zu Rochwolochda, dem Fürsten zu Pleskow, der auch aus Waregen dahingekommen war, und begehrte dessen Tochter Rochmida zum ehelichen Weib. Die aber wollte den Wolodimer, weil er nicht ehelich geboren war, nicht, vielmehr den Jaropolk, von dem sie verhoffend war, er werde bald um sie werben. Um solches Abschlagen begann Wolodimer gegen Rochwolochda Krieg, erschlug ihn mit zwei Söhnen und nahm die Rochmida mit Gewalt. Nachmals rückte er wider seinen Bruder gegen Kiew, Jaropolk aber traute sich nicht, ihm zu begegnen, und hielt sich in Kiew. Während Wolodimer ihn dort belagerte, schickte er seinen heimlichen Boten zu Blud, der des Jaropolk, seines Bruders, geheimster Rat war; den nannte Wolodimer seinen Vater und begehrte von ihm, daß er Weg und Maß finde, seinen Bruder zu töten. Blud erbot sich dessen und gab Wolodimer den Rat, er solle die Stadt Kiew belagern; seinem Herrn aber, dem Jaropolk, riet er, er solle in der Stadt nicht bleiben, denn viele der seinigen wären schon zu Wolodimer abgefallen. Dem folgte der Herr, fiel aus und floh nach Roden, an dem Wasser Jursa gelegen, hoffend, daselbst vor seinem Bruder sicher zu sein.

Nach Eroberung von Kiew lagerte sich Wolodimer vor Roden und bedrängte seinen Bruder lang und schwer. Als aber das Volk hungerte und nicht weiterhalten mochte, bewegte Blud seinen Herrn, er solle sich mit seinem Bruder, der viel stärker als er war, befrieden und vereinigen. Dem Wolodimer aber entbot Blud, er wolle ihm seinen Bruder bald übergeben und zubringen. Jaropolk folgte seinem untreuen Rat und ergab sich seinem Bruder unter dieser Bedingung; was er ihm aus Gnade gebe, daran wolle er ersättigt und zufrieden sein. Das wurde von beiden Teilen angenommen. Nun vermahnte Blud seinen Herrn, sich bald zu seinem Bruder zu verfügen. Ein anderer, auch Ratgeber des Jaropolk, mit Namen Werasco, widerriet das: dem ward nicht gefolgt. Und wie Jaropolk zu seinem Bruder ging, waren zwei Wareger bei der Tür aufgestellt und Wolodimer schaute zum Fenster heraus: da haben die zwei den Jaropolk erschlagen. Nach solchem brauchte Wolodimer seines ermordeten Bruders Weib, die eine Griechin war, zu seiner Wollust; diese war von Jaropolk, ehe daß er sie ehelichte, als Klosterfrau geschwächt worden.

Dieser Wolodimer hatte viele Abgötter zu Kiew aufgestellt. Dem obersten ließ er ein silbernes Haupt auf einem hölzernen Bottich machen: der hieß Perun. Die andern wurden Uslad, Corsa, Daswa, Striba, Simaergla, Macosch genannt, denen er da opferte; sie wurden auch Cumeri geheißen. Wolodimer hatte Frauen die Menge. Er erhielt von der Rochmida geboren Isoslaw, Jeroslaw und Serwold, auch zwei Töchter; von der Griechin Swetopolk; von der Böhmin den Saslaw; von der anderen Böhmin den Swatoslaw, Stanislaw; von der Bulgarin Boris und Chleb. So hatte er noch im hohen Schloß dreihundert, in Bielograd gleichermaßen dreihundert, in Berostow und Selwi zweihundert Beischläferinnen.

Weil nun Wolodimer ohne irgend wessen Verhinderung einzig der Herr der Russen war, wurden von vielen Orten Botschafter zu ihm geschickt: jeglicher begehrte, ihn zu seinem Glauben zu bewegen. Desgleichen schickte auch er seine Botschafter nach vielen Orten aus, sich von allerlei Glauben zu unterrichten, und entschloß sich dann, den Christenglauben nach der griechischen Art anzunehmen. Er schickte seine Botschafter zu den Königen Basilius und Konstantin nach Konstantinopel, ihre Schwester Anna zum ehelichen Gemahl begehrend: so wolle er dann samt allen den seinen den christlichen Glauben annehmen und Corsun und alles andere wiedergeben, was er in Griechenland inne hatte. Das wurde erlangt, und die Zeit und der Ort nach Corsun bestimmt. Dahin kamen die zwei Könige von Konstantinopel und Wolodimer: in der Taufe veränderte Wolodimer seinen Namen und wurde Basilius genannt. Die Hochzeit wurde dazumal gefeiert, Corsun samt anderen wieder abgetreten, wie das beredet war. Das geschah, als man von Anfang der Welt gezählt hat 6496. Jahr; von da an ist Rußland im christlichen Glauben geblieben. – Diese Anna starb im 23. Jahr nach gehaltener Hochzeit, Wolodimer aber starb im 4. Jahre nach seinem Gemahl. Er hat die Stadt Wolodimer zwischen den Wassern Wolga und Oka erbaut, von seinem Namen also genannt, und den Haus- und Fürstensitz der Russen dahin verordnet. Er ist auch als ein Apostel unter die Heiligen gestellt und der 15. Tag des Juli ihm zu Ehren benannt worden.

Wie Wolodimer von wegen der Anna die Taufe

angenommen, im 990. Jahr, also auch Miesco in Polen
von wegen der Dobrowka, des Boleslaw, Fürsten in
Böhmen, Tochter, im Jahr 965. Auch Jagello, Großfürst in Litauen, von wegen Hedwigs, König Ludwigs
zu Ungarn und Polen Tochter: der aber überkam das
Königreich Polen mit seiner Braut im 1383. Jahr.

Nach Wolodimers Tod spalteten sich die Brüder,
seine Söhne maßten sich vielerlei von wegen der
Herrschaft an und kriegten darum; welcher der mäch-
tigere und stärkere war, bedrückte die minderen und
jagte sie gar aus. So hat Swatopolk, der das Fürstentum
zu Kiew mit Gewalt überkommen, Leute verordnet,
die seine zwei Brüder Boris und Chleb umbrachten.
Diese wurden auch zu Heiligen, doch mit veränderten
Namen: der eine wurde David, der andere Roman
genannt. Ihre Feier ist der 24. Tag des Juli. Dieweil nun
die Brüder also in Streit standen, ist nichts des
Gedächtnisses Würdiges durch sie gehandelt worden,
es wollte denn einer viel Verrätereien, heimliches
Nachstellen, Gleißnereien und einheimische Kriege
hören.

Wolodimer, des Sewald Sohn, mit dem Zunamen
Monomach, hat das Russenland wiederum in einer
Herrschaft unter sich gebracht. Er hinterließ etliche
Kleinodien, damit noch auf den heutigen Tag die
Fürsten von Rußland, wenn sie in das Regiment treten,
geziert werden. Er starb im 6633. Jahr. Seine Söhne
und Enkel haben nichts Gedächtniswürdiges verrichtet, bis auf die Zeit des Georg und Basilius: diese
erschlug dann der tatarische König Bati im Streit und

«JOHANNES DESS BASILIISON / DER GROSSFÜRST
IN MOSCOVITEN» GEGEN DIE STADT
NOWGOROD IM KAMPFE 1477

verbrannte und verheerte die Städte Wladimir, Moskau und einen großen Teil von Rußland.

Von dieser Zeit, d. i. von dem 6745. Jahr bis an den Basilius, bei dem ich in Botschaft war, sind alle regierenden Fürsten der Russen den Tataren tributarii oder zinsbar gewesen. Ja auch die Fürsten der Russen wurden nach der Tataren Gefallen gesetzt und die Zwiespälte, sei es wegen Erbschaft oder anderen Sachen, mit ihren Urteilen entschieden. Unangesehen dessen sind dennoch oft Kriege zwischen Russen und Tataren entstanden, wie auch zwischen den Brüdern mancherlei Veränderungen, Ausjagungen und Abwechslungen der Herrschaft erfolgt: – Herzog Andree, Alexanders Sohn, erwarb das Großfürstentum, das Demetri sich genommen hatte; den verjagte Andree mit Hilfe der Tataren. Herzog Demetri, Michaels Sohn, brachte den Herzog Georg, Daniels Sohn, bei den Tataren um. Aszbegk, der tatarische König, fing den Demetrius und nahm ihm sein Leben. Eine Irrung entstand um das Fürstentum Twer, das der Herzog Simeon von König Zanabegk begehrte: der wollte einen Tribut dafür haben, aber seine Räte waren mit Gaben bestochen und erbaten es, daß der Tribut nachgelassen wird.

Später, im 6886. Jahr schlug der Großfürst Demetri den mächtigen tatarischen König Mamai, aber erlag im dritten Jahr danach so hart, daß dreizehntausend Schritt weit das Erdreich mit toten Körpern belegt war. Im Jahr darauf kam Tachtamisch, der tatarische König, und schlug den Demetri, belagerte und ge-

wann Moskau. Es wurden allweg achtzig um einen
Rubel zum Begräbnis ausgelöst; die Summa brachte
3000 Rubel.

Der Großfürst Basilius, der im Jahre 6907 die Herrschaft hatte, hat das Land Bulgarien, das an dem
Wolga-Wasser liegt, erobert und eingenommen, die
Tataren ausgetrieben. Dieser Basilius, des Demetri
Sohn, hatte einen Sohn, auch Basilius genannt; doch
nicht dem verordnete er das Großfürstentum nach
seinem Tode, sondern seinem Bruder Georg. Denn er
hatte sein Weib Anastasia, bei dem er diesen Sohn
erworben, im Verdacht des Ehebruchs.

Als aber Georg bemerkte, daß die Untertanen,
insbesondere der Adel, nicht wohl zufrieden waren,
daß der Sohn seines Erbes entsetzt sein sollte, daher sie
dem Jungen anhingen: kam Georg zu den Tataren,
begehrte, daß man seines Bruders Sohn Basilius vor-
fordere und zwischen ihnen beiden ausspreche, wem
das Großfürstentum rechtlich zustehen solle. Das
geschah; als aber auf das Fürwort eines Rats der
Tataren der tatarische König das Urteil im Beisein des
Basilius für den Georg ausgesprochen hatte, fiel Basilius dem König zu Füßen und bat, ihm zu vergönnen,
daß er seine Not vorbringe: welches ihm bewilligt
wurde. Darauf sagte Basilius: «Du hast auf einen toten
Brief dein Urteil gegeben, nun aber habe ich deine
Briefe, die du mit deinem goldenen Siegel befestigt
hast, daß du mich wollest in das Großfürstentum
einsetzen und darin unterstützen. Diese Briefe sind
noch lebendig und kräftiger als die toten.» Darum, so

bat er den König, möge er seiner Worte eingedenk sein
und seinem Zusagen Genüge tun. Darauf spricht der
König: es sei gerechter, der lebendigen Briefe Inhalt zu
vollziehen als der toten Acht zu haben: entließ den
Basilius und setzte ihn als Großfürst ein. Das brachte
dem Georg große Beschwer; er versammelte ein Heer,
vertrieb den Basilius. Der mußte das dulden und
verzog sich nach Uglitz in das Fürstentum, das ihm
sein Vater zugeteilt hatte.

So besaß Georg das Großfürstentum ohne Irrung
sein Leben lang und vermachte es durch sein Testament dem rechten Erben, dem Basilius. Damit waren
aber dieses Georg Kinder, Andree und Demetri, als
wären sie ihres rechten Erbes entsetzt, übel zufrieden,
und belagerten darum Moskau. Basilius, der sich
damals in das Kloster Sankt Sergius, da er solches
vernahm, begeben hatte, schickte seine Kundschafter
und besetzte die Wachten und Huten, damit er nicht
überfallen würde. Die zwei Brüder aber, als sie das
vernahmen, brauchten List: sie richteten Wagen zu,
verbargen bewehrte Leute darin, als ob man Kauf-
mannschaft darin führte, und brachten sie in das
Kloster; traten zu gelegener Nachtzeit aus, überfielen
unversehens die Wacht, fingen den Basilius, brachen
ihm die Augen aus, schickten ihn gen Uglitz samt
seinem Weib.

Demetri aber merkte, daß die Untertanen und die
Gemeinschaft des Adels mit ihm nicht zufrieden wären
und ohne Unterlaß sich von ihm zu dem blinden
Basilius schlügen; so floh er nach Neugarten. Er war

genannt Demetri Semecka und hinterließ einen Sohn
des Namens Johann, von dem danach Basil Semetzitz
geboren wurde, der noch zu der Zeit, als ich erstmals in
Moskau gewesen, gefangen gehalten war; von ihm
wird hernach mehreres beschrieben. So ist also Basil
der Blinde, Basilius Sohn, in Ruhe an das Großfürstentum gelangt. Von der Zeit des Wolodimer Monomach
bis an Basil den Blinden hat Rußland keinen eignen
Oberherrn gehabt, sondern einzig Fürsten, über denen
die Tataren standen.

Johannes, dieses blinden Basil Sohn, war sehr von
Glück begünstigt. Er hatte Maria, Schwester Herzog
Michaels zu Twer oder Otwer, zur Frau genommen
und verjagte seinen Schwager aus seinem Fürstentum.
Hernach gewann er auch Großneugarten; danach
gehorsamten ihm alle Fürsten aus Furcht. Darum hat
er auch seinen Titel gemehrt und sich Großfürst von
Wladimir, Moskau und Neugarten, auch einziger Herr
aller Russen genannt. Aus Maria, seiner ersten Gemahlin, zeugte er Johannes, dem er des großen Stephan,
Woiwoden in der Moldau, Tochter verheiratete. Das
ist der große Woiwode Stephan, der den türkischen
Kaiser Machmet, den König Matthias zu Ungarn und
König Hans Albrecht zu Polen geschlagen hat. Als
aber die erste Hausfrau des Großfürsten Maria starb,
nahm er Sophia, des Thomas Tochter, der irgendwo
im Peloponnes mächtig geherrscht hat, ein Sohn Ema-
nuels, des Königs zu Konstantinopel, vom Geschlecht
der Paläologen; und mit ihr erwarb er fünf Söhne:
Gabriel, Demetri, Georg, Simeon und Andree. Denen

teilte er noch bei Lebzeiten ihre Erbschaften aus: dem von der ersten Frau, dem Johann, behielt er die Oberherrschaft vor und setzte ihn noch selber nach Ordnung als Großfürsten ein. Dem Gabriel gab er Großneugarten, und weiter einem jeglichen seinen Teil. Der Erstgeborene, das ist Johann, starb noch zu des Vaters Leben und ließ einen Sohn, Demetri genannt: den setzte der Ahnherr an seines gestorbenen Sohnes Statt nach ihrem Gebrauch in das Großfürstentum ein.

Man sagt, Sophia sei gar listig gewesen: sie habe ihren Gemahl zu vielem bewegen können und dahin gebracht, daß er seinen Enkel Demetri von seinem Großfürstentum habe entsetzen und es dem Gabriel geben wollen; jedenfalls nahm er den Demetri in Verwahrung oder Gefängnis und hielt ihn lang darin. Wie aber der Großfürst Johann an seinem Letzten lag und die Geistlichen ihn ins Gewissen vermahnten, ließ er den Demetri vor sich bringen und sagte zu ihm: «Ich habe gegen Gott und dich gesündigt, daß ich dich als Gefangenen so beschwert und dich deines rechten Erbes entsetzt habe. Das Unrecht, so ich dir getan, bitt ich dich, mir zu vergeben. Gehe frei hin und bediene dich deines Rechtes.» Demetri vergab gar leicht dem Ahnherrn; als er aber von ihm hinausging, wurde er auf des Gabriel, seines Vaterbruders, Befehl wieder in Verwahrung und Gefängnis genommen. Etliche sagen, er sei verhungert, andere sagen, er sei erfroren, wieder etliche meinen, er sei mit Rauch erstickt. Solange dieser Demetri gelebt, nannte Gabriel sich nur einen Gubernator, nach dessen Tode aber unterstand er sich des Regimentes ganz, zierte sich aber nicht, wie ihre Gewohnheit ist, mit ihren Kleinodien, noch ward er feierlich eingesetzt, nur seinen Taufnamen veränderte er und ließ sich Basilius nennen.

Großfürst Johann gab seine Tochter von der Sophia, Helena, dem Großfürsten in Litauen, Alexander, der auch bald danach König zu Polen wurde: durch diese Heirat hofften die Litauer, Frieden zu machen und zu haben; es ist aber sehr anders geraten. In der Heiratsberedung ward beschlossen, daß auf der Burg zu Wilna an einem bestimmten Platz eine Kirche nach russischer Sitte zum Gebrauch der Fürstin gebaut, ihr auch ein paar Weiber und Jungfrauen ihres Glaubens gehalten werden sollten. Und weil solches Gebäu eine Zeit lang unterlassen blieb, nahm der Schwager daher Ursache des Kriegs wider seinen Eidam und zog mit drei Heeren wider ihn an. Das eine Heer wurde nach dem Land Sewera, als im Süden, das andere gegen Toropetz und Biela schier gegen Westen, das dritte in der Mitte gegen Drohobusch und Smolensk verordnet: gegen diesen Haufen zogen die Litauer an. Er hatte auch noch einen Trupp im Hinterhalt, wenn die Litauer sich begierig auf das kleine Heervolk werfen würden: wie es geschah, als das litauische Heer vor Smolensk und weiter auch vor Drohobusch rückte.

Als nun beide Heere bei dem Wasser Wedrasch aneinander kamen – Herzog Konstantin Ostroski, ein Russe, war der Litauer Hauptmann und viele Fürsten und Edle waren um ihn – und als die Kundschafter anzeigten, wie viele Feinde es wären, eilten die Litauer und meinten, die Sachen zu ihrem besten zu haben. Ein tiefer Bach war zwischen ihnen; die Moskowiter rückten am ersten gegen die Litauer, und es trieb so einer den andern hin- und herüber. Wie nun die Litauer sich ganz über den Bach begeben hatten, rückte der Haufen aus dem Hinterhalt und kam den Litauern in eine Seite, so daß sie erschraken und flohen; ihr oberster Hauptmann und viel tapfere Leute wurden gefangen.

Darauf nahmen die Moskowiter Drohobusch, Toropetz und Biela durch Übergabe ein. Der Haufe, der auf Sewera gezogen war – darüber war Hauptmann Machmetemin, ein tatarischer König von Kasan, aber getauft – fing unversehen den Woiwoden von Brensco und gewann damit auch die Stadt Brensco. So untergaben sich auch zwei Brüder, der eine Fürst zu Staradub, der andere Semetzitz genannt, die beide einen großen Teil des Landes Sewera besaßen, dem Moskowiter. Damit überkam der Schwäher auf einmal, was der große Witold, Großfürst in Litauen, in vielen Jahren mit großer Mühe und Arbeit erobert hatte.

Mit den Gefangenen ging der Moskowiter grausam um, hielt sie beschwerlich mit großen Ketten. Mit dem obersten Hauptmann Herzog Konstantin machte er aus, daß er ihm diene; das nahm der an, weil er wohl wußte, ohne das müßte er ewig so schwer gefangen sein. Als er denn mit schweren Eid verbunden war, ließ der Großfürst ihn ledig, und wiewohl er ihm viele Dörfer und Güter zu eigen gab und ihn rechtlich hielt, hat er doch ohne Unterlaß gedacht und Wege gesucht, davon zu kommen, wie er denn auch durch die weglosen Wälder entrann, was wenig Leuten geraten ist. – Alexander, König zu Polen und Großfürst in Litauen, mehr nach Ruhe und Frieden begierig, ließ das alles hingehen und machte Frieden.

Der Großfürst Johannes, des Basil Sohn, war so glücklich, daß er auch die Neugartner an dem Fluß Scholona schlug und dahin drang, daß sie ihn für ihren Herrn erkannten und seinen Statthalter annehmen, dazu ein großes Geld geben mußten. Nach Verlauf von sieben Jahren zog er wiederum nach Neugarten und kam mit Hilfe des Erzbischofs daselbst, Theophilus, in die Stadt, nahm das Volk in schwere ewige Dienstbarkeit, führte all ihr Silber und Gold und andre Güter auf dreihundert Wagen (sind zwar kleine Wagen, mit zwei gar geringen Pferden) von da nach Moskau. Selbst war er nur das eine Mal im Krieg, wie er die Neugartner schlug und Twer einnahm: und siegte doch in seiner Abwesenheit gar viel und oft und erweiterte sein Gebiet; also daß Stephan, Woiwode in der Moldau, oft gesagt hat, der Moskowiter erweitere sein Land daheimsitzend, er aber könne sich in täglichem Kampf und Arbeit kaum in seinen Grenzen halten.

Der Großfürst Johann hat auch die Könige zu Kasan nach seinem Willen eingesetzt, entsetzt und jeweils gefangen wegführen lassen; zuletzt jedoch wurde sein Heer von ihnen hart geschlagen. Er erbaute als erster die Burg zu Moskau als seinen Sitz, mit Gemäuern, die man noch heute sieht. Den Weibern war er so gehässig – wenn sie ihm begegneten, erschraken sie jämmerlich vor seinem Antlitz. Die Armen, welche von den Gewaltigen beschwert wurden, hatten keinen Zugang noch Hilfe bei ihm. Zu Mahlzeiten betrank er sich gewöhnlich so, daß er am Tisch einschlief; seine Gäste waren in der Zeit mit Furcht stille. War er dann aber erwacht und hatte seine Augen gerieben, dann wurde er fröhlich und gesprächig.

Und wiewohl also mächtig, dennoch war er den Tataren untertänig. Denn wenn von den Tatarenobern Botschaften zu ihm geschickt wurden, ritt er ihnen vor die Stadt entgegen und hörte sie, die Sitzenden, stehend. Solches schmerzte hart sein Weib, die Griechin; und täglich sagte sie, sie wäre an einen Tatarenknecht verheiratet worden, hielt ihn fest an, sich solcher knechtischen Dienstbarkeiten zu entledigen und unterwies: wenn solche Boten wiederkämen, solle er sich krank stellen und damit entschuldigen.

In der Burg von Moskau war ein besonderes Haus, worin Beamte der Tataren ohne Unterlaß wohnten, um zu sehen und zu merken, was man täglich täte. Die Fürstin erdachte sich nun einen Plan und schickte ihre Boten zu der tatarischen Königin, mit großen Geschenken bittend, damit sie ihr dies Haus überließe; denn ihr wäre im Schlaf vorgekommen und göttlich zugemahnt worden, an dieselbe Stelle eine Kirche zu erbauen; sie wolle herwieder ein andres Haus den Tataren zuteilen. Die Königin willfahrte ihren Begehren, das Haus wurde zur Stunde niedergerissen und eine Kirche an dieselbe Statt gesetzt. Mit dem andern Haus den Tataren zuzuteilen, verzog sie so von einem Tag auf den andern, daß die Tataren damit aus der

Burg kamen und fortab keines erlangen konnten. –
Dieser große Johann starb im 7014. Jahr.

Gabriel, der hernach Basilius genannt worden,
folgte als Großfürst, indem er seinen Brudersohn
Demetri im Gefängnis hielt. Dem Vater glich er in
vielen Sachen, hielt das ihm Hinterlassene eifrig fest,
und wiewohl im Streit unglücklich, bekam er doch
durch Geschicklichkeit viel Land und Leute von
neuem zu seinen Händen: wie der Vater Großneugarten, also dieser Pleskow, der Neugartner befreundete
Stadt. Hernach brachte er auch Smolensk, das über
hundert Jahre in der Litauer Hand gestanden, unter
sich. Als nämlich Alexander, König zu Polen und
Großfürst in Litauen, gestorben war und sein Bruder
Sigmund in Reich und Großfürstentum Litauen nach-
kam, gegen den Basilius keine Ursache der Kriege
hatte – da aber derselbe König Sigmund mehr zu
Frieden denn zu Kriegen geneigt, die Litauer auch
kriegsüberdrüssig waren: nahm sich der Moskowiter
eine Ursache; man halte, behauptete er, seine Schwester, des Königs Alexander Witwe, nicht nach ihren
Wünschen; dazu gab er vor, König Sigmund hätte die
Tataren gegen ihn bewegt.

So sagte er dem König auf, belagerte Smolensk, und
wiewohl man großes Geschütz davor brachte, konnte
er doch nichts schaffen. Aber Michael Linski, ein
russischer hochgeborener Fürst, der vordem in großer
Gewalt bei König Alexander war und, wie hernach
stehen wird, zu dem Moskowiter entrann, bewog den
Basilius, nochmals vor Smolensk zu ziehen, durch die

Verheißung, er werde es ihm verschaffen, wenn das Fürstentum darüber ihm, dem Herzog Michael, gegeben werde, doch so, daß er dem Basilius damit gehorsam sei. Vor Smolensk erreichte dann Herzog Michael bei den Dienstleuten mit Gaben und Verheißungen so viel (bei denen er denn in großem Ansehen stand), daß sie Smolensk übergaben; und diese Dienstleute nahm er alle in Dienst und führte sie mit sich ins Moskauische außer einem, der keine Gaben noch Verheißung annehmen noch in Übergebung der Stadt willigen wollte. Der zog zu seinem König; von den Dienstleuten der andern wären viele auch gerne nach Litauen gereist, aber ihre Hauptleute, die nicht zu ziehen wagen durften, hielten sie zurück und machten ihnen Furcht mit dem Vorwand, man würde sie am Weg berauben und erschlagen.

Auf diesen Sieg hin schickte Basilius sein Heer nach Litauen ab; er selbst blieb in Smolensk. Als die in der Nähe etliche Flecken und Befestigungen eingenommen hatten, erst da schickte König Sigmund ein Hilfsheer zur Rettung nach Smolensk; aber zu spät. Da nun die Moskowiter in Litauen vorrückten, rückte König Sigmund mit seinem Heer bis gegen Borisow an dem Flusse Beresina; von da sandte er das Heer unter Herzog Konstantin Ostroski gegen den Feind.

Als sie an den Dnjepr bei dem Flecken Orsa kamen, das ist 24 Meilen von Smolensk, war auf jener Seite des Dnjepr das Moskowiter Heer an 80000 (wie man sagt) stark; die Litauischen sollen nicht mehr denn 35000, daneben etliches Feldgeschütz, gehabt haben. Herzog

Konstantin begab sich am 8. Tag Septembers im Jahre
nach Christi Geburt 1514 über den Dnjepr; die Pferde
hatten eine gar enge Furt zunächst bei Orsa, das
Fußvolk wurde über eine Brücke, die im Wasser
schwamm, mit Hürden bedeckt, hinübergebracht. Die
Moskowiter hatten Leute, die sehen konnten, daß nun
etwa ein Halbteil herübergekommen war; die eilten zu
ihren obersten Hauptmann Iwan Czeladin und zeigten
ihm solches an. Sie meinten, es wäre Zeit, die Litauer
anzugreifen, er aber erwiderte: «Wenn wir den Teil
der Herübergekommenen erlegen, so bleiben genug
übrig, die ergänzt werden und einen neuen Krieg
machen können; warten wir ein Weilchen, bis sie alle
herüberkommen. Wir sind so stark, daß wir sie alle wie
das Vieh nach Moskau treiben und das ganze Litauer-
land einnehmen können.»

In dem nun nahte das Litauische Heer mit polnischen und anderen Truppen gemischt; etwa 4000
Schritt von Orsa standen beide Heere. Die Moskowiter zogen zwei Flügel weit hinaus von ihren gewaltigen Haufen in der Meinung, die Liten von hinten zu
fassen. Dann verordneten sie etliche, die das Scharmützel anfingen. Die Litauer aber ordneten ihre Haufen nach eines jeden Landesart, wie sie im Brauch
haben, in Vor- und Nachzug: denn ein jegliches Fürstentum schickte sein Volk. So ließen die Moskowiter
aufblasen und griffen die Litauischen an, die Litauer
ebenfalls; und so oft der eine Teil den anderen jagte,
ersetzte jeder Teil die Seinigen. Zuletzt kämpften beide
mit vollster Anstrengung. Die Litauischen wichen oft

mit Bedacht, und ihnen folgten die Moskowiter mit großer Begierde nach. Und indem ein Teil den anderen hin und wieder jagte, fliehen zuletzt die Litauer an den Ort, wo das Geschütz in einem Gesträuch mit dem Fußvolk verborgen stand.

Wie nun das Geschütz, es war ein größeres, zu hoch abging, dermaßen daß es nicht auf die Nacheilenden, sondern auf die hintersten traf, wußten diese es nicht anders, weil es schon an ihnen war, als es stünde um die Vordersten übel. Damit begann ihre Flucht; die Litauer eilten mit allen Haufen nach, und wie der Brauch ist, hauten sie nieder, wen sie bekommen mochten. Die zwei Flügel, als sie die Flucht sahen, nahmen auch ihren Abzug.

Dieser Schlacht haben allein die Nacht und Wälder ein Ende gegeben; sie ist zwischen Orsa und Dobrowna, die vier Meilen voneinander liegen, geschehen. Dazwischen rinnt ein Bach, genannt Cropiwna, der hohe Ufer hat: daselbst wurden viele erschlagen oder sind ertrunken, und es lagen ihrer so viele im Bach, daß der Wasserfluß gesperrt war. Fast alle Haupt- und Befehlsleute wurden gefangen; die ansehnlichsten hatte Herzog Konstantin des andern Tags zu Gast und schickte sie danach zu dem König. Sie wurden auf die Burgen allenthalben ausgeteilt und verwahrt. Der oberste, Iwan Czeladin, mit andern zweien ansehnlichen, altersgrauen Fürsten, wurde zu Wilna in eisernen Ketten gehalten. Als ich von Kaiser Maximilian zu dem König Sigmund und zu gedachtem Großfürsten Basilius geschickt ward, habe ich mit

Zugeben des Königs die Gefangenen besucht und
getröstet, auch auf ihr Begehren etliche Stück Gold
ihnen geliehen, die mir in Moskau auf ihre Schreiben
wiedergegeben worden sind.

Der Großfürst erschrak von der Niederlage, zog zur
Stunde von Smolensk nach Moskau, und damit die
Litauer Drohobusch, das oberhalb Smolensk liegt,
nicht einnähmen, ließ er es ausbrennen. Die Litauer
rückten sogleich nach Smolensk; weil das aber gut
besetzt war, konnten sie nichts schaffen, auch war der
Winter an der Hand, und ihrer viele, die sich mit dem
Raub bereichert hatten, trachteten davon. Zudem
haben weder Litauer noch Moskowiter Geschicklichkeit, Burgen und Städte mit Macht zu gewinnen. So
hatte der König außer der Schlacht und drei Festungen,
die diesseits Smolensk lagen, mit dem Feldzug nichts
gewonnen. Im vierten Jahre danach schickte der Großfürst sein Kriegsvolk wieder nach Litauen, sie lagerten
sich zwischen dem Fluß Düna und der Burg Polotzko,
von da aus verheerten und verbrannten sie das Land.
Albrecht Gastold war der Zeit Woiwode daselbst zu
Polotzko: fiel eines Nachts aus, kam über das Wasser,
zündete etliches Heu, wovon die Feinde viel zu langem
Lagern gehäuft und zusammengebracht hatten, an,
machte sich damit Licht und überfiel die Feinde. Viele
wurden zu Tode geschlagen, ertränkt und gefangen;
die, welche auf Streite und Raub gewesen, wurden in
den Wäldern durch die Bauern und andre aufgeklaubt,
daß also von ihnen allen wenige heimgekommen sein
sollen.

EMPFANG EINER RUSSISCHEN GESANDTSCHAFT
DURCH KAISER MAXIMILIAN

Dieser Großfürst hat auch zu seinen Zeiten das kasanisch-tatarische Königreich angefallen, zu Wasser und Land, zog aber ungetaner Sache ab und verlor nur viele Soldaten. Wiewohl er also in Kriegssachen unglücklich gewesen, so wird er doch von den seinen gar glücklich genannt, und wenn je kaum der Halbteil seines Heervolks übergeblieben, wagten sie zu sagen, sie hätten nicht einen Mann verloren.

Er übertrifft alle Könige und Fürsten mit der Gewalt, die er über die Seinigen hat und gebraucht, und was sein Vater angefangen, hat er vollendet: das ist, daß er alle Fürsten und andre all ihrer Festungen entsetzt, seinen Brüdern gleichermaßen keine Festung gelassen hat noch anvertraut. Er hält alle und jede in gleicher Dienstbarkeit. Wen er auch an seinem Hof gebrauchen, in Krieg oder auf Botschaft schicken will, sie müssen auf ihre Kosten das tun, außer die Söhne der Bojaren, das sind die geringeren Edelleute. Die sind so arm, daß er ihre Jungen jährlich zu sich nimmt und sie in ganz niedrigem Sold hält. Denn wenn er einem von ihnen ein Jahrdrei lang je 6 Gulden ansetzt, so zahlt er selbst diese Besoldung erst im dritten Jahre auf einmal. Die aber, die jedes Jahr 12 Gulden als Sold bekommen, müssen alle Zeit mit ihren Pferden auf jegliches Gebot bereit sein, und zwar auf eigene Kosten.

Den Angeseheneren, die man zu Botschaften und anderen großen Sachen gebraucht, denen gibt man nicht Geld, sondern Ämter, Dörfer oder andere bestimmte und benannte Einkommen, auf 18 Monate für gewöhnlich, es sei denn eine besondere Gnade oder

Ursache vorhanden, daß einem etliche Monate erstreckt werden, aber so, daß die Zinsen und ordentlichen Einkommen dem Fürsten um nichts minder
zustehen. Die Bußen und andre dergleichen Gebühren,
die sie von den Armen abschinden, mögen ihnen
bleiben, und wer in der Zeit säumig ist, der hat keine
Hoffnung, in sechs Jahren einigerlei dergleichen Gnaden zu bekommen, muß aber inzwischen in allen
Diensten und Geboten auf seine eigene Kosten gehorsam sein.

Basilius Tretyak Dalmatow war dem Fürsten lieb als
ein angenehmer Sekretär. Dem befahl der Fürst, zu
Kaiser Maximilian auf Botschaft zu reisen. Als er aber
Zehrung begehrte und der Fürst ihm zweimal befohlen hatte zu reisen – beim dritten Mal ließ er ihn fangen,
zum Weißen See führen und sein Leben lang gefangen
halten. Dort starb er denn elendiglich. Seine Güter,
Kleinodien und Barschaft nahm der Fürst, darunter
dreitausend goldne Münzen, davon er seinen Brüdern
und Erben nichts gab. Daß dem also war, hat Iwan, der
mir täglich die Speise gegeben, des Fürsten Schreiber,
dazu der, welcher den Sekretär gefangen gehalten,
bekannt. Zudem sind des Gefangenen zwei Brüder,
Theodor und Zacharias, der eine dem Grafen Lienhard
Nugarol und der andre mir als Pristaven, das sind
Quartiermeister, von Moskau bis Smolensk beigege-
ben worden; die haben es offen gesagt und uns gefragt,
was für ein Recht bei uns wäre, wenn ein Bruder
stürbe, ob nicht seine Brüder dessen hinterlassenes Gut
erbten. Wenn die Botschafter, die man zum Kaiser und

zu Königen geschickt, mit Ketten, Trinkgeschirren und anderen geehrt würden – das nehme der Fürst alles zu seinen Händen mit dem Bemerken: Dir gebühren solche Sachen nicht, ich will dir andere Gnad darum tun – nämlich wie hier oben angezeigt ist.

Knes Iwan Posetzen Jaroslawski und Semen, das ist Simeon, Trophimow, der Sekretär, die zwei sind nach Spanien zu Kaiser Karl dem Fünften geschickt und daselbst mit ansehnlichen Ketten, spanischen Doppelgulden, danach auch von des Kaisers Bruder Erzherzog Ferdinand, meinem Herrn, mit silbernen, vergoldeten Bechern, auch goldnen und silbernen Zeugstükken, österreichischer silberner und goldner Münze begabt und geehrt worden. Die zwei sind mit dem Grafen Nugarol und mit mir nach Moskau gereist. Sobald sie angekommen waren, haben sie dem Fürsten alles solches vortragen und bringen müssen: welches er alles außer etlichen wenigen spanischen und österreichischen Münzen zu sich nahm. Deshalb fragte ich den einen, aber aus Furcht leugnete er; der andere sprach: der Fürst hat das alles sehen wollen. Wie ich dann dem öfter nachfragte, ist der eine immer zu mir gekommen, in Furcht, er müsse Unrecht sagen oder mit der Wahrheit in Sorge und Gefährlichkeit kommen. Die andern des Hofgesindes habens durchaus nicht widersprochen und gesagt: «Was ist es denn, wenn sie nur andre Gnaden dagegen haben?»

Seine Gewalt braucht der Großfürst gleich sowohl über die Geistlichen als über die Weltlichen, er verfügt aus freier Willkür über aller Leben und Gut. Von seinen Räten hat keiner das Ansehen, um der Meinung des Herrn widersprechen zu dürfen. Sie bekennen offen, des Fürsten Wille sei Gottes Wille, also, was der Fürst tut, das tut er aus dem Willen Gottes. Darum nennen sie ihren Fürsten Gottes Klutznick, das ist Schlüsselträger, so viel wie Kämmerer, und er sei nur ein Vollzieher von Gottes Willen. Darum pflegt der Fürst selbst, wenn man für einen Gefangenen bittet, zu erwidern: «Was Gott befiehlt, das wird ohne deine Bitte geschehen.» Wenn man aber um etwas fragt, darüber sie keine klare Antwort zu geben wissen, so sprechen sie: «Gott weiß und der Großfürst.» Es ist ein Zweifel, ob solch ein Volk eine solche schwere Herrschaft haben muß oder ob die grausame Herrschaft so untaugliches Volk macht.

TITEL

Von Ruriks Zeiten an bis an Johann, des blinden Basilius Sohn, haben sich die Moskowiterfürsten nicht anders denn Großfürsten zu Wladimir, Moskau, Neugarten usw. geschrieben. Hans aber hat sich den Titel eines Herrn aller Russen und Großfürsten zu Wladimir usw. geben lassen und sich selbst derart geschrieben. Aber dessen Sohn Gabriel, der sich Basilius übernannte, nahm sich den Königstitel und stellte seitdem den Eingang seiner Briefe so: Der große Herr Basilius, durch Gottes Gnade König und Herr aller Russen und Großfürst zu Wladimir, Moskau und Neugarten, Pleskow, Smolensk, Twer, Jugaria, Perm, Viatka, Bulgarien etc., Herr und Großfürst zu Nischni-Nowgorod und Czernigow, Resan, Wologda, Rschowie, Beloye, Rostow, Jaroslaw, Bielozerie, Udorie, Obdorie, Condinie usw.

Seine Dolmetschen nennen ihn nicht König, sondern lateinisch Imperator, zu deutsch Kaiser. Die Ursache solchen Irrtums im Titel will ich anzeigen. Er nennt sich in seiner Sprache Czar, und es ist klar aus allen ihren Schriften, daß dies Wort einen König benennt. Weil aber in anderen Nationen von auch slawischer Sprache der König anders genannt wird, so in Böhmen, Polen, auch Ungarn, Kral, Korol, Kyral, so will der Großfürst mehr denn ein gemeiner König heißen. Und da dieselben Wenden oder Slawen einen Kaiser Kessar nennen, kommt das gar nah an Czar, als wäre dies Wort Kaiser gekürzt. Um das nennen sich ungefähr alle tatarischen Könige, die man auch Czar nennt, auf deutsch Kaiser, nämlich aus Unverstand des Wortes Czar. Daß aber dem also sei, findet man auch in ihren eigenen Büchern, in ihren Annalen wie ihrer Heiligen Schrift: wo da der Kaiser genannt wird, ist Kessar geschrieben, und wo ein König, Czar. In gleichem Irrtum ist des Türken Titel, der sich auch Jahre lang Czar geschrieben; das legte man auf Latein oder Deutsch aus: Imperator oder Kaiser. Darum schreiben die europäischen Türken auch Konstantinopel, wenn sie sich der slawischen Sprache bedienen, Czarigrad, d. i. die königliche Stadt; und wird im Latein auch solchermaßen gefunden.

«Weißer König» nennen etliche den Moskowiter, sprechen auch von Weißen Russen und wollen damit einen Unterschied der Russen machen. Ich habe fleißig danach gefragt, aber nie einen Unterschied finden können. Die gemeinen Leute in Moskau, welche höflich zu reden gedachten, nannten den Großfürsten wohl den Weißen König, aber ihrer keiner wußte die Ursache anzugeben; es wäre denn, wie manche Könige nach ihren Hüten genannt werden – so nennt man den Perser den Rothut, Kisilpassa, und noch einen anderen nennt man den Grünhut – nun führen die Moskowiter alle weißen Hüte, daß der Fürst auch danach der weiße hieße.

Den Titel eines Kaisers – wiewohl er alle seine Briefe nur russisch schreibt, darin er sich Czar nennt, doch schickt er gemeinhin lateinische Kopien damit oder darin, und anstatt des Czar setzen sie Imperator, den wir deutsch Kaiser nennen – den gebraucht er allein zu Fernländischen, wie Papst, Kaiser, zu den Königen in Dänemark, Schweden, Livland und Türkei. Aber deren keiner gibt ihm solchen Titel außer vielleicht die Livländer.

Wenn sich aber der Russe einen Czar an den König zu Polen schrieb, so wurden solche Briefe nicht angenommen; denn die zwei wollen in den Titeln einer dem andern nichts Neues zulassen. So geschah es auch, als wir den Stillstand zwischen ihnen abschlossen: da setzte der Polnische in seinen Titel «Herzog in Masuren», was vorher nie gewesen: wie hart hat man das erhalten, daß die Moskowiter das zugaben!

Vor Jahren haben sich die Großfürsten der Titel gegen den Türken dermaßen bedient: drei Zirkel gemacht, wie hiernach verzeichnet steht:

Hierin war
des Türken Titel
gestellt.

Unser Gott
die Dreifaltigkeit, die
gewesen ist von Ewigkeit,
Vater, Sohn, Heiliger Geist
doch nicht drei Götter,
sondern ein Gott im
Wesen.

Großer Herr
Basilius König, Herr
und Erbe aller Russen
im Aufgang und
Mittag.

Danach ist gestanden: Wir haben zu Dir geschickt unsern getreuen Rat usw., nach der gebräuchlichen Formel.

Etliche haben geschrieben, es habe der Moskowiter von dem römischen Papst oder Kaiser die königliche Würde oder Titel begehrt. Mir ist es nicht glaublich, denn ich weiß so viel, daß er keinen Menschen dermaßen haßt wie den Papst, und er nennt ihn nur einen Doktor. Den Kaiser aber achtet er nicht höher als sich, das erscheint aus allen seinen Schreiben, darin er jederzeit seinen Titel vor des Kaisers setzt. Es haben hernach etliche in Polen mich in Verdacht ziehen wollen, ich sollte den Großfürsten solche Freiheit des Titels oder königliche Würde gebracht haben.

Der Titel Herzog oder Fürst heißt bei ihnen Kness; den haben sie jederzeit gebraucht und nie einen höheren gehabt, außer daß sie Weliky zusetzten, das ist groß, für Großfürst oder großer Herzog: das sind die, die mehr als ein Herzogtum unter sich haben. Die aber, welche nur ein Fürstentum haben, brauchen den Titel Kness ohne Zusatz. In Kroatien und Ungarn nennt man die Grafen, auch die Pfaffen Kness. Sonst gibt es in Rußland keinen besonderen Stand außer den Bojaren, die bei uns edel geachtet sein möchten; die minderen nennt man der Bojaren Söhne. Boy nach wendischer Sprache heißt Krieg, aus dem dürften sie Kriegsleute heißen.

Da Basilius, der zuvor Gabriel hieß, seiner Heirat halber Rat hielt, befand er, er solle eine aus seinen Untertanen nehmen. Denn eine ausländische müßte mit großen Unkosten hergebracht werden, wäre zudem fremde Gebräuche gewöhnt und eines anderen Glaubens. Dieses Rats war Urheber der Schatzmeister Georg, der Kleine zubenannt, ein Grieche, der angesehenste Rat; dieser hoffte, seine Tochter solle an die Stelle kommen. Danach wurden 1500 Töchter der Bojaren dahin gebracht, aus denen erwählte der Fürst Salomea, des Hans Sapur Tochter, gegen Georgs Meinung zum Weibe; er hat sie 21 Jahre gehabt, aber kein Kind erzeugt. Darum hat er sie im Jahr, wie ich zuletzt hineingeschickt ward, 1526, von sich in ein Kloster nach Susdal gestoßen. Als der Metropolit der weinenden und klagenden das Haar abgeschnitten hatte und ihr die Kutte reichte, hat sie die genommen, auf die Erde geworfen und mit Füßen getreten. Darum hat Hans Schygona, einer von des Fürsten vornehmsten Räten, sie nicht allein gescholten, sondern mit einer Geißel geschlagen, mit den Worten: «Darfst du dich des Herrn Willen widersetzen?» So fragte die Fürstin ihn, aus was für Gewalt er sie schlagen dürfe. Als er geantwortet, aus des Fürsten Befehl, hat sie da öffentlich gegen jedermann bezeugt, daß sie die Kutte notgedrungen annehmen müsse und Gott um Rache anrufe gegen das Unrecht, so ihr geschehen.

Danach nahm der Fürst Helena, Tochter des blinden

Basilius Lintzki, der nun gestorben war (der des
Herzogs Michael Lintzki leiblicher Bruder und mit
ihm aus Litauen nach Moskau gewichen war), während Herzog Michael noch gefangen lag, zum Gemahl.
Alsbald kam ein Gerücht, die Salomea im Kloster sei
schwanger und trage lebendiges Kind. Das machten
zwei Weiber angesehener Räte, des Schatzmeisters und
Jakobs Masur, glauben, da sie sagten, sie hätten es aus
Salomeas Munde gehört. Der Fürst ist hart davon
erregt worden, hat die Weiber von sich gejagt und das
des Schatzmeisters auch geschlagen, darum, daß sie die
Sache nicht früher an ihn gebracht hätten; schickte
dann in das Kloster seinen Rat Pheodor, d. i. Dietrich,
Rack und den Sekretär Potat, die Wahrheit zu erkunden. Etliche haben uns in Moskau bei ihrem Eid
gesagt, sie hätte einen Sohn geboren und Georg
genannt, das Kind habe sie aber niemand wollen sehen
lassen, wobei sie gesagt, sie wären nicht würdig, daß
ihre Augen ihr Kind ansehen sollten; wenn aber das
Kind zu seiner Gewalt komme, würde es das seiner
Mutter zugefügte Unrecht rächen. Andere haben dem
allen widersprochen, darum ist es bei mir im Zweifel
geblieben.

Warum aber der Fürst diese Tochter genommen,
gibt es zwei Ursachen außer der, daß er sonder Zweifel
hoffte, Kinder zu bekommen. Die eine, daß sie mutter-
halb von dem Geschlecht der Petrowitz in Ungarn
stammte, das großen Namens und seines Glaubens
war. Die andere, weil er noch zwei lebendige Brüder,
Georg und Andree, hatte und wohl wußte, wenn er

Kinder bekäme, würden seine Brüder sie für unehelich achten und zur Erbschaft nicht kommen lassen; weil aber Herzog Michael Lintzki dieser seiner Hausfrau Vatersbruder war, wollte er dem seine Kinder befehlen, der mit seiner Geschicklichkeit und Mannheit im Stande sein würde, die Kinder seiner Freunde bei der Erbschaft zu erhalten. So hat er auch, während ich daselbst weilte, von des Herzogs Michael Freilassung gehandelt, und er wurde auch hinausgelassen; wir haben ihn noch in der Freiheit gesehen. Bald darauf wurde dann Herzog Michael im Testament neben anderen für die zwei nachgelassenen Söhne Hans und Georg zum Vormund ernannt.

Nach Absterben des Fürsten hielt sich dann die Witwe nicht wohl, sondern verwickelte sich mit einem, genannt Owtzina. Auch hat sie sich als Mitvormund gegen ihres Mannes zwei Brüder, die nun gefangen waren, grausam und unbillig wütend verhalten. Herzog Michael als ein Freund sprach ihr etliche Mal gütlich zu, sie solle sich, ihren Kindern, ihrem Geschlecht keine Schande antun und dergleichen. Da sie daran Ärger hatte, erdachte sie als Ursache wider ihn, er wolle die Kinder und das Land dem König zu Polen übergeben, und damit hat man den ehrlichen Herzog Michael wieder ins Gefängnis gesetzt, darin er zuletzt starb. Nicht viel später wurde ihr Gift gegeben und zur gleichen Stunde Owtzina in Stücke zerhackt. Der junge Fürst Johann, der im Jahre 1528 geboren ist, herrscht seither gleich seinem Vater, wie man sagt, als Wüterich.

WIE DIE GROSSFÜRSTEN
EINGESETZT WERDEN

Den Brauch, wie die Fürsten von Moskau eingesetzt werden, mag dir das folgende Formular vor Augen bringen; ich habe es nicht grade leicht erlangen können. Als der Großfürst Johann, Basils Sohn, seinen Enkel Demetri, wie schon erwähnt, zum Großfürsten und Herrn von Rußland erhob, hat er sich dieser Formel bedient.

In der Mitte der Kirche Unsrer Frauen wird eine Bühne aufgerichtet, darauf drei Stühle gesetzt: dem alten Großfürsten, dem jungen und dem obersten Priester, dem Metropoliten. Dann ist abermals eine erhöhte Stelle gemacht, die sie Nolai nennen, darauf der Hut und Barma (die Insignien des Großfürsten) gesetzt werden. Dann, zur bestimmten Zeit, kommen der Metropolit, Erzbischöfe, Bischöfe, Äbte und Prioren und der ganze geistliche Stand, mit ihren hochzeitlichen Ornaten geziert. Es kommt auch der alte Großfürst samt dem jungen in die Kirche gegangen, da heben die Geistlichen an zu singen: Viele Jahre dem einen Großfürsten Johann, nach ihrer Gewohnheit. Danach beten sie laut, der Metropolit samt der Geistlichkeit, das Gebet Unsrer Frauen und Sankt Peters, des Bekenners, den sie den Wunderzeichner nennen.

Nach Endung des Gebets treten der Metropolit, der alte und junge Großfürst auf die Bühne, die zwei setzen sich auf ihre Stühle, der junge steht am Rand der

Bühne. Dann spricht der Großfürst: «Vater Metropolit, aus Gottes Willen und unserer Vorvordern einge-
haltener Gewohnheit haben die Väter Großfürsten
ihren erstgeborenen Söhnen das Großfürstentum
beschieden; und wie nach deren Beispiel mein Vater,
der Großfürst, mich neben sich zum Großfürstentum
erhöht hat, also habe auch ich meinen erstgeborenen
Sohn Hans vor jedermann erhöht. Weil es sich aber
nach Gottes Willen zugetragen, daß derselbe mein
Sohn Todes vergangen, aber sein einziger Sohn
Demetri übergeblieben ist, den mir Gott an meines
Sohnes Statt gegeben: darum erhöhe ich den gleichermaßen vor euch allen jetzo und nach mir zum Großfürstentum zu Wladimir, Neugarten usw., zu denen
ich auch seinen Vater erhöht habe.»

Nach solchem beruft der Metropolit den Jungen, auf
seinen vorbereiteten Stuhl zu kommen, benedeit ihn
mit dem Kreuz und befiehlt dem Diakon, das Gebet
der Diakonen zu beten. Er aber, neben dem Jungen
sitzend, mit niedergesenktem Haupte betet: «Herr
unser Gott, König der Könige, Herr der Herrschen-
den, der du durch den Propheten Samuel deinen
Knecht David erwählt und ihn zum König gesalbt hast
über dein Volk Israel, erhöre auf dies Mal unsre, der
deiner Unwürdigen, Bitte und sieh von deiner heiligen
Höhe auf deinen treuen Knecht Demetri, den du
erwählt hast mit dem kostbaren Blut deines einzigen
Sohns. Salbe ihn mit dem Öl der Freuden, beschütze
ihn mit der Kraft des Höchsten; setz auf sein Haupt die
Krone von edlem Gestein, gib ihm die Länge seiner

Tage und in seine rechte Hand das königliche Zepter, setz ihn in den Stuhl der Gerechtigkeit. Umfange ihn mit allen Waffen der Gerechtigkeit, bestärke ihm seinen Arm und unterwirf ihm alle fremden Zungen. Und sei sein ganzes Herz in deiner Furcht, der dich demütiglich höre, wende ihn ab von bösem Glauben und zeige ihm das selige Gefäß der Gebote der allgemeinen christlichen Kirche, damit er das Volk richte mit Gerechtigkeit und die Gerechtigkeit mitteile den Armen, und erhalte die Kinder der Armen. Und danach erlange er das Himmlische Reich.»

Nachmals mit lauter Stimme spricht er: «Wie dein die Macht ist und dein ist das Reich, also sei dein auch das Lob und die Tugend Gottes, des Vaters, Sohnes und Heiligen Geistes, jetzt und in Ewigkeit.» Wenn solches Gebet vollendet ist, befiehlt der Metropolit zwei Äbten ihm das Barma zu reichen, das samt dem Hut mit einer Seide (die sie Schirnikoiu nennen) bedeckt ist. Er gibt das Barma dem Großfürsten und zeichnet den Enkel mit dem Kreuz; der Großfürst aber legt es auf den Sohn. Dazu spricht der Metropolit: «Friede sei Allen.» Der Diakon spricht: «Herr, beten wir.»

Darauf der Metropolit betend: «Dir, dem einzigen ewigen König, dem auch das irdische Reich befohlen, neiget euch mit uns. Bittet den, der alles regiert. – Erhalte ihn unter deiner Beschützung und im Reich, damit er jederzeit Gutes und Gebührliches tue; laß in seinen Tagen die Gerechtigkeit erscheinen und Erweiterung seiner Herrschaft. Und daß wir in Ruhe und Stille ohne Zwietracht in aller Güte und Reinigkeit

Ich bin der Reissen Herr vnd Khunig
Meines Andluchen Erbs benuegig
Hab von nyembt nichts erbetn noch gekhaufft
Bin in namen Gottes ain Christ getaufft.

DER RUSSISCHE GROSSFÜRST AUF SEINEM THRON

leben»; dies etwas stiller, aber nun mit lauter Stimme: «Du bist der König der Welt und Erhalter unsrer Seelen, Lob sei dir, Vater, Sohn und Heiliger Geist, von nun an in Ewigkeit. Amen.»

Nach diesem nimmt der Metropolit den Herzogshut, den ihm zwei Äbte auf seinen Befehl gegeben haben, reicht ihn dem Großfürsten und schlägt das Kreuz über den Sohn. «Im Namen des Vaters, Sohns und Heiligen Geistes.» Dann setzt der Vater dem Sohn den Hut auf. Alsdann geht der Metropolit, danach Erzbischöfe und Bischöfe zu dem Jungen und geben ihm mit ihren Händen den Segen. Ist das nach der Ordnung also verrichtet worden, lassen der Metropolit und Großfürst den Jungen neben sich sitzen. Über eine kleine Weile stehen sie dann wieder auf und der Diakon hebt die Litanei an: «Erbarm dich Herr unser»; nennt dabei Johann als Großfürsten. Der andere Chor dagegen nennt den Großfürsten Demetri, und das andere nach der Gewohnheit. Nach der Litanei betet der Metropolit: «O heiligste Herrin, Jungfrau, Gottesgebärerin» usw.

Nach solchem Gebet setzen sich wieder der Metropolit und die Großfürsten. Der Priester oder Diakon zeigt auf die Stätte, wo das Evangelium gelesen wird, und spricht laut: «Viele Jahre dem Großfürsten Johannes, dem guten, getreuen, geliebten, von Gott erwählten und von Gott geehrten; dem Großfürsten Johannes, des Basilius Sohn, zu Wladimir, Neugarten und einzigen Herrn aller Russen, auf viele Jahre.» Unter dem singen die Priester vor dem Altar: «Dem Großfürsten viele Jahre.» Also singen auch die Chöre an der rechten und an der linken Seite: «Viele Jahre.»

Danach wieder der Diakon mit lauter Stimme: «Viele Jahre dem Großfürsten Demetrius, dem guten, getreuen, Christo geliebten, von Gott erwählten und geehrten, dem Großfürsten Demetrius, des Johannes Sohn, zu Wladimir, Neugarten und aller Russen, viele Jahre.» Die Priester aber bei dem Altar und beide Chöre gleichlautend: «Viele Jahre dem Demetrius.» Nach solcher Verrichtung kommen der Metropolit, Erzbischöfe, Bischöfe und die ganze Geistlichkeit zu beiden Großfürsten, begrüßen sie ehrend, danach kommen auch des Großfürsten Söhne sich neigend und begrüßen den Großfürsten.

DIE UNTERWEISUNG, DEM NEUEN GROSSFÜRSTEN VORGEHALTEN

Simeon, der Metropolit, spricht: «Herr und Sohn, Großfürst Demetri, aus Gottes Willen hat dein Ahnherr, der Großfürst, dir Gnad getan und zum Großfürstentum dich erhöht. Darum, Herr und Sohn, habe die Furcht Gottes in deinem Herzen, habe lieb die Gerechtigkeit und das rechte Gericht. Sei gehorsam deinem Ahnherrn, dem Großfürsten, und hab Acht auf alle Rechtgläubigen und Getreuen aus deinem ganzen Herzen. Und wir gesegnen dich, Herr und Sohn, bitten auch Gott für deine Gesundheit.» Danach stehen der

Metropolit und die zwei Großfürsten auf, der Metropolit betet und gibt den Segen über die Großfürsten und die Großfürstenkinder.

Wenn nun die Liturgie, das ist der Gottesdienst, verrichtet ist, so geht der alte Großfürst in sein Gemach, der Demetri aber, also mit der Barma und dem Herzogshut geziert, geht aus Unsrer Frauen Kirche mit vielen Bojaren und des Großfürsten Söhnen, die ihn begleiten, nach Sankt Michaels Kirche. Wie er unter der Tür steht, ist Georg, des alten Großfürsten Sohn, da und bestreut den neuen Großfürsten mit goldnen Dengen (Dengen sind ihre Münze, wie hernach kommt). Wenn er nun in die Kirche kommt, beten die Priester die Litanei nach der Gewohnheit und geben ihm mit dem Kreuz den Segen; und bei den Gräbern der Heiligen zeichnen sie ihn mit dem Kreuz. Am Ausgang wird er von Georg unter der Tür abermals mit goldnen Dengen bestreut, von da aber geht er zu einer andren Kirche, Unser Frauen Verkündigung, wo gleichermaßen ihm die Priester den Segen geben und der Georg ihn mit Dengen bestreut. Nach solchem allen ist Demetri zu seinem Ahnherrn und seiner Mutter gekommen. Das ist geschehen im Jahr vom Anbeginn der Welt nach ihrer Rechnung 7006 und nach Christi Geburt 1497, am 4. Tag des Februar.

Bei dieser Handlung des Großfürsten und diesem Segen des Metropoliten Simeon sind gewesen: Tychon, Erzbischof zu Rostow und Jaroslaw; die Bischöfe Nyphont zu Susdal und Toruski, Wasian zu

Twer, Prothasius zu Resan und Murom, Afranius zu
Columna, Jeuphimi zu Sarki und Podonski, dann viele
Äbte und Prioren, unter denen die namhaftesten Sera-
pian, Prior des Klosters der Heiligen Dreifaltigkeit,
Sankt Sergii und Makirii, und der Prior des Klosters
Sankt Cyrilli. Noch sind gar viele Geistliche aller Art
dabei gewesen.

Als man die Mahlzeit hielt, wurde ein breiter Gürtel
mit Gold, Silber und edlem Gestein gebracht und dem
Jungen verehrt und umgegürtet. Dann brachte man
kleine Fische, Szelgy genannt, die man zu Pereaslaw im
See fängt, den Heringen nicht ungleich, man nennt sie
auch Heringe, mit dem Namen. Sie vermeinen, daß
man die Fische von dort darum zu solcher Hochzeit bringt und braucht, weil Pereaslaw sich nie von
Moskau oder der obersten Herrschaft habe abteilen
lassen.

Barma ist eine breite Stola von seidnen Fäden,
auswendig aber mit Gold und edlem Gestein zierlich
gemacht, die Wolodimer Monomach einem Genuesen, der Capha innegehabt und den er im Streit
überwunden hatte, genommen haben soll.

Der Hut, den sie Schapka nennen, den Wolodimer
Monomach getragen hat, ist mit edlem Gestein und
Goldblechlein, an goldnen Drähten hangend, hin und
wieder sich bewegend, vortrefflich gemacht.

Das ist nun der Fürst, wie ich gesagt habe, der den
meisten Teil des Russenlandes besitzt. Die übrigen
Teile Rußlands hält jetzt allein Sigmund, der König zu
Polen und Großfürst in Litauen.

RELIGION

Die Russen sind in dem Glauben, den sie zuerst angenommen, bisher unverändert geblieben, nämlich nach Ordnung der Griechen. Aller Gottesdienst wird in ihrer Sprache gehalten. Sie predigen nicht, die offene Beicht und Verkündung der Tage tun sie öffentlich bei dem Altar. Der allgemeine Metropolit (so nennen sie ihren obersten Priester) hat zuvor zu Kiew, nachmals zu Wladimir gewohnt, hernach und jetzt in Moskau. Die haben den Brauch gehabt, in jedem siebenten Jahre nach Litauen zu reisen und zu visitieren: haben viel Geld damit aus dem Lande geführt. Das hat der Großfürst Witold nimmer gestatten wollen, hat seine Bischöfe berufen und einen Metropoliten in seinen Landen angenommen, der zuvor zu Minsk wohnte und jetzt zu Wilna, der Hauptstadt, wohnt. Denn wiewohl die Litauer und die Hauptstadt Wilna der Römischen Kirche gehorsamen, so sind doch viel mehr russische denn römische Kirchen darinnen. Die beiden Metropoliten, in Moskovien und in Litauen, nehmen ihre Gewalt von dem Patriarchen zu Konstantinopel.

In den Beschreibungen ihrer Geschichte rühmen sich die Russen, wie schon vor Wolodimer und Olga Sankt Andree, der heilige Zwölfbote, aus Griechenland den Fluß Dnjepr emporgefahren und auf den Berg, wo jetzt Kiew steht, gekommen, ihr Land gesegnet und getauft, ein Kreuz daselbst aufgesetzt und verkündet haben soll, dort würden Gottes Gnaden

groß sein und viele christliche Kirchen stehen. Alsdann
soll er auf dem Dnjepr bis zu dessen Ursprung empor
und an den großen See Wolok gekommen und wieder
längs dem Wasser, genannt Lowat, hinab bis zum
Ilmensee und fortab längs dem Fluß Wolchow, der aus
diesem See fließt, nach Großneugarten, von da wieder
den Wolchow hinab zum Ladoga, dem ganz großen
See, und aus dem See auf dem Fluß Newa in das Meer,
das sie Waretzkoye, das Warägermeer, nennen, das wir
das Deutsche, Finnländische, Livländische, Preußische Meer und Belt heißen, und fort nach Rom gereist sein; zuletzt sei er im Peloponnes von Agus
Antipater gekreuzigt worden. So viel sagen ihre Geschichtsschreiber.

Vor Zeiten wurden die Metropoliten, auch die
Erzbischöfe, erwählt durch eine Versammlung der
Erzbischöfe, Bischöfe, Äbte und Prioren der Klöster.
Die erkundigten sich in Klöstern oder Einsiedeleien in
der Wüste nach einem Manne heiligen und besten
Lebens; den nahmen sie dann dazu. Aber von dem
gegenwärtigen Fürsten sagt man, er pflege einige zu
sich zu berufen und wähle einen aus dieser Zahl nach
eigenem Ermessen.

Als ich erstmals durch Kaiser Maximilian dahin
geschickt wurde, war einer Metropolit, Bartholomee
genannt, den man für einen heiligen Mann hielt. Als
der Großfürst seinen Eid, den er und neben ihm dieser
Metropolit dem Herzog Semetzitz geschworen hatten,
nicht hielt, sondern den Herzog gefangen nahm, auch
sonst manches verfügte, was gegen das Ansehen des

Metropoliten schien, ging Bartholomee zum Großfürsten und sprach: «Weil du dich aller Gewalt unterfängst, so kann ich meinem Amt nicht vorstehen.» Und reicht ihm seinen Stab, den sie Possoch nennen, und übergibt ihm sein Amt. Der Großfürst greift rasch nach dem Stab und nimmt ihn samt dem Amt an sich; läßt den Armen in Ketten schmieden und schickt ihn nach dem Weißen See. Man sagt, er wäre eine Zeitlang also gefangen gehalten, doch zuletzt ausgelassen worden, und habe sein Leben in einem Kloster wie ein gemeiner Mönch vollendet.

Nach ihm ist einer, genannt Daniel, ungefähr dreißig Jahre alt, von starkem Leib, rotem Angesicht, durch den Großfürsten Metropolit geworden. Damit aber der von dem Volke nicht so angesehen werde, als läge er der Wollust mehr denn dem Gebet, Fasten und Wachen ob, hat er sich, so oft er in der Kirche sein Amt verrichten sollte, mit Schwefel beräuchern lassen, womit er sich ein bleiches Gesicht machte; dazu hat er besondere Instrumente gebraucht.

Erzbischöfe sind zwei in des Moskowiter Gebiet, beide im Fürstentum Neugarten, zu Magricy und Rostow. Bischöfe sind zu Twer, Resan, Smolensk, Perm, Susdal, Columna, Zernigow und Sari: diese stehen alle unter dem Metropoliten. Sie haben bestimmte Einkommen von Dörfern und Meierhöfen, die man in einigen Ländern Vorwerke nennt, und andere Gebührnisse. Burgen und Städte aber oder irgend eine weltliche Obrigkeit haben sie nicht. Sie enthalten sich des Fleischessens immerdar.

Äbte hab ich nur zwei erfragt, die in dem Gebiet sind, aber Prioren sind viele. Sie alle werden nach dem Willen des Fürsten gewählt, dem keiner zu widerstehen wagt. Wie die Prioren gewählt werden, findet man aus der Aufzeichnung Warlams, eines Priors des Klosters Hutten, 7034. Aus dieser Aufzeichnung sind allein etliche Hauptstücke von mir ausgezogen worden.

Erstlich bitten die Brüder eines Klosters den Großfürsten, daß er ihnen einen tauglichen Prior erwähle, der sie in den göttlichen Gesetzen unterrichte. Wenn der ernannt wird, muß er, ehe er vom Fürsten bestätigt wird, schwören und sich dem verschreiben, daß er nach der Satzung der heiligen Väter in dem Kloster gütlich und selig leben, alle Ämter nach alter Gewohnheit und mit Bewilligung der älteren Brüder vergeben, einem jeglichen Amt einen Getreuen vorsetzen, des Klosters Nutzen treulich fördern, die Händel und vorfallenden Sachen mit dreien oder vieren der älteren Brüder beratschlagen und solche Beratschlagung vor die allgemeine Versammlung der Brüder bringen, mit derer aller Beratschlagung vollenden und verrichten werde. Er soll auch nicht allein reichlicher speisen, sondern jederzeit bei dem gemeinen Tisch bleiben und sich mit der gemeinen Speise neben den anderen Brüdern begnügen, allen Zins und Einkommen Jahr für Jahr treulich einsammeln und auch treulich in den Schatz des Klosters legen. Bei großer Pön, die ihm der Großfürst auflegen wird, und bei Entsetzung des Amts muß er das zu halten sich verbinden. Die älteren Brüder müssen auch dem Prior schwören, solches alles mitzuhalten und ihm treulich und fleißig Gehorsam zu leisten.

Zu Weltpriestern werden insgemein geweiht, die länger bei den Kirchen als Diakone gedient haben. Zum Diakon aber wird keiner geweiht, er habe denn ein ehelich Weib; und es geschieht häufig, daß solche Personen zur gleichen Zeit Hochzeit halten und geweiht werden. Wenn aber die, welche der Diakon nehmen will, keinen guten Ruf hat, so weiht man ihn nicht; nur wenn ihm eine guten Rufes vermählt wird. Sobald des Priesters Weib stirbt, wird er von allen geistlichen Verrichtungen entbunden. Er kann dann tun, was er will, sich in der Welt wieder beweiben und ein jegliches Handwerk oder Wesen an sich nehmen. Sofern er aber bei der Geistlichkeit zu bleiben willens ist und sich keusch hält, wird er zugelassen, an den Ämtern wie andere Kirchendiener als Ministrant teil- zunehmen, auch in den Chor zu gehen. Früher soll der Gebrauch gewesen sein, daß die Priester weiter wie vor der Witwerschaft die Sakramente, sofern sie sich keusch gehalten, haben verrichten dürfen. Aber nun- mehr wird kein Witwer zugelassen, Messe und Ämter zu halten, er ergebe sich denn in ein Kloster und lebe und halte sich der Klosterregel und -ordnung nach.

Wenn ein verwitweter Priester sich zum zweitenmal beweibt, wie es jedem erlaubt ist, so hat er nichts mehr mit der Geistlichkeit gemein. Ferner darf kein Priester sein Amt: wie Messe halten, taufen oder dergleichen Ämter, ohne seines Diakons Beisein verrichten.

Kein Priester verbringt sein kanonisches Gebet ohne

ein Bild: gleicherart tun auch die Laien ihre vorgenommenen Gebete verrichten.

Die Priester haben in der Kirche die oberste Stelle; und wer von ihnen wider den Glauben oder sein priesterlich Amt, was es auch sei, täte oder vollbrächte, steht dem geistlichen Gericht. Wird aber ihrer einer bei Diebstahl, Trunkenheit oder anderen weltlichen Unschicklichkeiten betreten, der wird durch das weltliche Gericht gestraft. Ich und mehrere haben in Moskau gesehen, daß die betrunkenen Priester mit Geißeln auf der Gasse geschlagen worden sind: die haben sich nicht anders beschwert, als daß sie durch einen Knecht und nicht einen Bojaren geschlagen wären. Vor wenigen Jahren hat des Großfürsten Statthalter einen Priester bei Diebstahl betreten und hängen lassen; da hat sich der Metropolit beschwert, dem Großfürsten geklagt; der Statthalter wurde vorgefordert, darum befragt, der sagte, er habe nach altem Vaterlandsbrauch einen Dieb, und nicht einen Priester gehangen – da ist es ohne Strafe geblieben.

Ein Priester klagt über einen Laien dem weltlichen Gericht, wie auch alle Bedrückungen und Injurien dem weltlichen Gericht zustehen. Und wenn sich befindet, daß der Priester dem Laien zur Beschwerde Ursach gegeben, oder dem Laien auch Unrecht getan hat, so wird der Priester durch den weltlichen Richter gestraft.

Priester und Pfarrer werden gewöhnlich aus Beiträgen ihrer Pfarrkinder unterhalten, dazu werden ihnen Häuser, Äcker und dergleichen angewiesen, davon sie

gleich ihren Nachbarn ihre Nahrung mit eigener Hand
oder durch ihre Dienstleute gewinnen. Gar geringe
Spenden kommen ihnen zu. An manchen Orten gibt
man der Kirche Geld, damit sie es auf Zinsen, zehn von
hundert, ausleiht; die Zinsen gibt man den Priestern,
damit die Pfarrleute sie von dem ihrigen nicht zu
unterhalten brauchen. Man hat es auch wohl, daß die
Priester durch die Fürsten unterhalten werden. Wenig
in Wahrheit findet man Pfarren, die Renten und Besitz
hätten: anders ist es jedoch mit den Bistümern und ein
paar Klöstern. Keinem wird eine Pfarre verliehen, er
sei denn Priester. In jeder Kirche aber ist nur ein Altar,
und an einem Tag wird in keiner Kirche mehr denn
eine Messe gehalten. Selten findet man eine Kirche
ohne einen Priester: und er ist nur schuldig, drei Tage
in der Woche den Gottesdienst der Messe zu verrichten.

Der Priester tägliche Kleider sind wie der Laien,
außer einem runden Häublein, womit sie ihre große
Platte decken; in Hitze und Regen setzen sie noch einen
breiten Hut darüber, oder einen langen Hut, grau, von
Otterhaar gemacht. Jeder trägt einen Stab, darauf er
sich lehnen kann, genannt Possoch.

Den Klöstern sind vorgesetzt, wie gesagt ist, Äbte
und Prioren, man nennt sie Igumen und Archimandrit:
die haben gar strenge und schwere Regeln und
Gesetze, mildern sich gleichwohl jetzt allmählich. Sie
dürfen keine Freuden genießen, sollte ein Saitenspiel
bei einem gefunden werden, schwerer Strafe möchte
er nicht entgehen. Fleischessens müssen sie sich ewig

enthalten. Sie alle müssen nicht allein dem Großfürsten, sondern einem jeglichen Bojaren, vom Fürsten
aus gesandt, Gehorsam leisten. Als ich von dem
Strome Wolga ans Land treten mußte, kamen wir in
das Kloster Sankt Elias; mein Pristaw (das ist der
Quartiermeister) begehrte etwas vom Prior. Da der
ihm solches weigerte, drohte ihm der Pristaw mit der
Geißel: gleich ward der Mönch gehorsam. Viele gibt
es, die aus den Klöstern als Einsiedler in die Wälder
ziehen und sich daselbst ärmlich aufhalten, einer allein
in einer Hütte oder auch zwei beieinander; dort nähren
sie sich von den Früchten der Bäume und den Wurzeln
des Erdreichs. Man nennt sie Stolpniki. Stolp heißt
eine Säule, und ihre Hütte steht gewöhnlich auf einem
Pfeiler oder Stecken gleich einer Säule.

Wenn die Metropoliten, Erzbischöfe und Bischöfe
angesehene Gäste haben an den Tagen, wo man Fleisch
ißt, mögen sie, wiewohl sie selbst es nimmermehr
essen sollen, den Gästen Fleisch an ihren Tischen
geben. Die Freiheit haben aber die Äbte und Prioren
nicht.

Die oben benannten zwei Metropoliten habe ich in
Moskau zweimal am Tag Mariä Himmelfahrt in ihren
zierreichen Ornaten ihr Amt verrichten sehen. Ihre
Mitren sind nicht so hoch gebaucht wie die gewöhnlichen Kolpaken, unten herum etwa zwei Finger breit
mit Hermelin verbrämt, darauf etliche Bildlein der
Heiligen: die Farbe war meines Erinnerns rot. Die
anderen Erzbischöfe, Bischöfe und die Äbte haben
schwarze und runde Hüte, allein der Erzbischof zu

Großneugarten hat einen weißen Zweispitz oder Inful, ungefähr wie unsere Bischöfe gebrauchen. Der Erz- und Bischöfe Ornat habe ich nicht gesehen.

Die Kleider der Bischöfe, die sie täglich tragen, sind gemeinhin ganz der Art wie die Mönche sie brauchen: einzig daß sie zu Zeiten auch seidene haben und in Sonderheit den Mantel schwarz. Daran sind drei weiße Säume in Wellenlinien, vom Herzen ausgehend, um zu deuten, daß aus ihrem Herzen und Mund fließen sollen Brünnlein der Unterweisung, des Glaubens und der guten Beispiele. Sie alle tragen auch Stäbe, womit sie sich im Gehen und Stehen behelfen, daran lehnend; zu oberst wie ein Kreuz, Possoch genannt. Der Erzbischof zu Großneugarten trägt ein weißes Pallium. Die Bischöfe alle sind gewöhnlich allein der Andacht obliegend; was die Wirtschaft belangt, haben sie ihre Amtleute, die solche verrichten.

Sie haben in ihren Kalendern etliche Päpste, die sie für heilig erachten; aber die, welche seit der Kirchenspaltung gewesen sind, hassen und verfluchen sie, als wären sie von der Lehre der Zwölfboten und der heiligen Väter und den Ordnungen der Konzilien abgegangen; und halten die und uns alle für nicht rechtgläubig und für Schismatiker und sind ihnen gehässiger denn den Tataren. Denn sie sprechen, es sei in dem siebenten allgemeinen Konzil gesetzt und beschlossen worden, daß das, was davor beschlossen und geordnet war, ewiglich unverändert bleiben sollte, darum auch verboten worden, daß fortan einer ein Konzil ausschreiben und besuchen dürfe, bei der Pön

des Banns und der Verdammnis. Und daran halten sie
sich aufs strengste. Es war zur Zeit des Papstes Eugen
ein Metropolit in Rußland, der ein Konzil besucht
hatte, auf dem sich beide Kirchen verglichen; als der
wieder ins Land kam, ward er gefangen, beraubt und
abgesetzt, entrann jedoch hernach.

Die Unterschiede zwischen den Römischen und Russischen mag man aus der Abschrift eines Briefes
ersehen, den ein Metropolit Johannes an den Erzbischof zu Rom (so nennen sie den Papst) geschrieben hat.

«Ich habe geliebt deine Ehre, allerseligster Herr und
Vater des apostolischen Stuhls und der Berufung
Allerwürdigster, der du von fern gesehen hast auf
unsere Demütigkeit und Armut und mit den Flügeln
der Liebe uns günstig bist; du grüßt uns als die
Deinigen aus Liebe und erkundigst dich vornehmlich
nach unserm wahren christlichen Glauben, denn was
du von ihm vernahmest (so hat uns deiner Heiligkeit
Bischof berichtet), darüber hast du dich gewundert.
Und weil du ein so hoher und solcher Priester bist,
darum grüße ich dich als ein Armer, dein Haupt
ehrend, und küsse deine Hände und Arme: sei fröhlich
und durch die Hand des Höchsten beschirmet, und
gebe Gott der Allmächtige dir und deinen Geistlichen
und uns eine gute Ordnung.

Ich weiß nicht, woher die Ketzereien von dem
rechten Weg der Seligkeit und Erlösung entsprungen
sind; ich kann mich nicht genug verwundern, welcher

gehässige und böse Teufel der Wahrheit so feind und
der allgemeinen Einigkeit so widerwärtig gewesen ist,
daß er unsere brüderliche Liebe von der ganzen allgemeinen christlichen Versammlung abgetrennt hat und
spricht, wir wären nicht Christen. Wir, fürwahr, haben
euch im Anfang aus göttlicher Benedeiung als Christen erkannt, wiewohl ihr den christlichen Glauben
nicht in allem haltet und ihm in vielem widerwärtig
seid: das will ich aus den sieben großen Konzilien
zeigen, in welchen der christliche gerechte Glaube
gesetzt ist und gänzlich besteht, auf welchen auch als
auf sieben Säulen die Weisheit Gottes sich ein Haus
gebaut hat. In diesen sieben Konzilien sind alle Päpste
würdig des Stuhls Sankt Peters geachtet worden, denn
sie sind mit uns einhellig gewesen: in dem ersten
Konzil war Silvester der Papst, in dem andern Dama-
sus, in dem dritten Coelestinus, in dem vierten der
seligste Papst Leo, in dem fünften Vigilius, in dem
sechsten Oaphanius, ein ehrenreicher Mann und in der
Heiligen Schrift gelehrt, in dem siebenten der heilige
Papst Hadrianus, der zuerst Peter, den Bischof und Abt
des Klosters Sanct Sabas, geschickt hat, wovon hernach die Zwietrachten entsprungen sind, welche zwischen uns und euch ausgegangen, sonderlich in der
alten Rana.

Es sind fürwahr viele böse Sachen, die von euch
wider die göttlichen Gesetze und Statuten gehandelt
werden, davon wir ein weniges zu deiner Liebe schreiben. Und zwar zum ersten von dem Fasten des Sams-
tags, das wider das Gesetz gehalten wird. Zum an-

dern von dem großen Fasten, davon ihr eine Woche
abschneidet und Fleisch esset und von wegen der Ge-
fräßigkeit des Fleisches die Leute zu euch bewegt.
Dann, welche Priester nach dem Gesetz Weiber nehmen, die verwerft ihr. Dann, welche von Priestern in
der Taufe gesalbt wurden, die salbt ihr zum zweitenmal, sprechend: das gezieme gemeinen Priestern nicht
zu tun, sondern allein den Bischöfen. Dann, von den
Azymis (das ist dem ungesäuerten Brot), welches eine
offenbare jüdische Dienstbarkeit oder Ehrerzeigung
ist. Dann, ein Haupt alles Übels: was bestätigt ist durch
die heiligen Konzilien, das habt ihr angefangen zu
verändern und zu verkehren, sprechend von dem
Heiligen Geist, daß er nicht allein vom Vater, sondern
auch vom Sohn her fließe; und viel anderes Größeres,
wofür deine Seligkeit sich an den konstantinopolitani-
schen Patriarchen, deinen geistlichen Bruder, wenden
und allen Fleiß daran kehren sollte, daß die Irrtümer
niedergelegt würden und wir einmütig wären in geistlicher Eintracht, wie denn Sankt Paulus spricht, uns
unterweisend: Ich bitt euch Brüder durch den Namen
des Herrn Jesu Christi, daß ihr gleiches haltet und
redet, und daß zwischen euch keine Zwietracht sei;
und seid in Einem Verstand gestärkt und in Einem
gleichen Gedanken.

Von diesen sechs Übertretungen haben wir, soviel
wir können, schreiben wollen; später werden wir von
den anderen auch deiner Liebe schreiben. Wenn die
Sache sich dermaßen verhält, wie wir gehört haben,
mögest du samt uns erkennen, durch euch seien über-

treten die Gesetze der heiligen Apostel und Satzungen der großen sieben Konzilien, in denen all eure vornehmsten Patriarchen gewesen sind: die haben einhellig gesagt, daß euer Wort eitel wäre. Was aber ihr öffentlich irrtet, will ich auch öffentlich zeihen.

Am ersten von den Fasten am Samstag. Seht, was die heiligen Apostel derhalben gelehrt haben, deren Lehre ihr habt; am meisten der selige Papst Clemens, der nächste nach Sankt Peter, dem Zwölfboten: der schreibt nach den Gesetzen der Apostel also, das ist in dem 64. Kanon, von dem Samstag redend: Wenn ein Geistlicher gefunden würde, der am Sonntag und Samstag fastet, außer dem großen Samstag, der soll seiner Würde entsetzt – ists aber ein Laie, der soll in Bann getan und von der Kirche abgesondert werden.

Das andre war von den Fasten, die ihr verkehrt. Es ist der Jakobiter und Armenier Ketzerei, die Milch und Eier in den heiligen Fasten gebrauchen. Welcher wahre Christ darf solches tun oder denken? Leset die Canones des sechsten großen Konzils, in welchem Oaphanius, euer Papst, solches verbeut. Fürwahr, als wir das in Armenien angetroffen, und auch an etlichen anderen Orten, daß man in den großen Fasten Eier und Käse brauchte, haben wir den unsern von Stund an geboten, sich solcher Speis und teuflischen Opfers zu enthalten, und welcher sich deren nicht enthielte, ihn von der Kirche abzuscheiden: wärs ein Priester, dem solle sein Amt eingestellt sein.

Der dritte ist auch der größte Irrtum und Sünde, von der Priesterehe: daß von denen, die Weiber haben,

Gottes Leichnam zu nehmen euch widert. Denn das
heilige Konzil, das zu Gangra gehalten worden,
schreibt im vierten Kanon: Wer da verschmäht den
Priester, der nach dem Gesetz eine Hausfrau hat, und
spricht, daß es nicht gebühre, aus seinen Händen das
Sakrament zu nehmen, sei verflucht. Item, das Konzil
spricht: Ein jeglicher Diakon oder Priester, der sein
eigen Weib verläßt, soll seines Amts entsetzt werden.

Die vierte Sünde war die Salbung oder Firmung.
Spricht man nicht überall in den Konzilien: Ich
bekenne *Eine* Taufe zur Vergebung der Sünden? Ist
also *Eine* Taufe, wird auch Ein Chrisma sein, und
gleiche Kraft des Bischofs wie des Priesters.

Der fünfte Irrtum von den Azyma, das ist dem
ungesäuerten Brot: der Irrtum ist ein Anfang und
Wurzel der ganzen Ketzerei, wie ich zeigen will.
Wiewohl vonnöten wäre, hier viele Schriften herzu-
zählen, so will ich das ein andermal tun und jetzt das
allein sagen: solche Azyma wurden von den Juden
gemacht zum Gedächtnis ihrer Befreiung und Flucht
aus Ägypten. Wir aber sind einmal Christen und sind
in der Ägyptier Arbeit nie gewesen; darum ist uns
geboten, solche Beobachtungen der Juden von Sab-
bath, Azyma und Beschneidung zu unterlassen. Und
wenn jemand deren eines aus dem Grunde hielte, weil
Sankt Paulus spricht, er sei schuldig, das ganze Gesetz
zu erfüllen – derselbe Apostel spricht auch: Brüder,
ich habe vom Herrn empfangen, was ich euch auch
erzählt: der Herr, in der Nacht, da er verraten wurde,
nahm das Brot, segnete, heiligte, brach es und gab es

den heiligen Jüngern, sprechend: Nehmet und esset usw. Merk, was ich sage – er hat nicht gesprochen: Der Herr nahm die Azyma, sondern das Brot. Denn es waren zu der Zeit keine Azyma, und sie hielten auch das Passah nicht, und es hat der Herr zu der Zeit der Juden Passah nicht gegessen, daß er die Azyma seinen Aposteln gegeben hätte. Das ist mit dem zu beweisen, daß der Juden Ostermahl stehend gehalten und gegessen wurde, welches in Christi Nachtmahl nicht eingehalten wird, wie die Schrift spricht: Sitzend mit den Zwölfen, item: und der Jünger lag an seiner Brust beim Abendmahl. Dann, da er sprach: mit Begierde habe ich begehrt, dies Passah mit euch zu essen, hat es nicht der Juden Passah bedeutet, das er zuvor allemal mit ihnen gegessen hat. Da er sprach: das tut zu meinem Gedächtnis, hat er nicht der Juden Passah eingesetzt und hat ihnen keine Azyma, sondern Brot gegeben, denn er spricht: nehmt wahr das Brot, das ich euch gebe; gleichermaßen zu Judas: Dem ich geben werde das Brot, eintunkend in das Salz, der ists, der mich verraten wird. – Wo ihr aber die Ursache vorgebt: wir wandeln das in Azyma, darum, daß kein Irdisches noch Vermischung sei im Göttlichen – warum habt ihr des Göttlichen vergessen und folgt der Juden Gebrauch, wandelnd in der Ketzerei des Julianus, Mahumet und Apollinaris von Laodicäa und des Syrers Paulus von Samosata, auch des Eutychius und Diasterius und andrer, die im sechsten Konzil die allerboshaftigsten Ketzer waren und mit teuflischem Geist erfüllt?

Der sechste Irrtum endlich ist von dem heiligen Geist. Denn wie sprecht ihr? ‹Ich glaube an Vater, Sohn, Heiligen Geist, der vom Vater und Sohn fließt.› Es ist fürwahr wunderlich und entsetzlich zu sagen, wie ihr den Glauben verkehrt: weil von Anfang an durch die ganze Welt in allen christlichen Kirchen beständiglich gesungen wird: ‹Ich glaube an den Heiligen Geist, den Herrn, den lebendmachenden, vom Vater herfließend, der mit dem Vater und Sohn gleich angebetet und verherrlicht wird.› Warum sprecht ihr nicht wie alle andern Christen, sondern macht Zusätze und bringt eine neue Lehre? Da doch der Apostel spricht: ‹Wenn jemand euch verkünden wird wider das, was wir euch gesagt, der sei verflucht.› Wolle Gott, daß ihr in solche Ungnad nicht einlauft! Denn es ist fürwahr beschwerend und grausam, Gottes Schrift, durch die Heiligen verfaßt, zu verändern und zu verkehren; ihr wißt nicht, ein wie großer Irrtum das ist. Wenn ihr zwei Mächte, zwei Willen, zwei Anfänge von dem Heiligen Geist anbringt, nehmt ihr ihm und achtet seine Ehre klein, und gleicht der Ketzerei des Macedonius – was doch ferne sein sollte.

Ich bitte und nahe mich deinen heiligen Füßen, daß du von solchen Irrtümern, die unter euch sind, ablassest und sonderlich dich der Azyma enthaltest. Ich habe auch etwas schreiben wollen von den erstickten und unreinen Tieren und von der Mönche Fleischessen, von dem aber werde ich, so Gott will, später schreiben. Verzeihe durch die große Liebe, daß ich dieserhalb an dich geschrieben habe. Ob aber das zu tun sei, was man tut – frag die Schrift, so wirst du es finden. Ich bitte dich, Herr, du wolltest an unsern Herrn Patriarchen zu Konstantinopel und an die heiligen Metropoliten schreiben, die das Wort des Lebens in sich haben und als die Lichter in der Welt leuchten. Es mag ja sein, daß Gott durch diese solcher Irrtümer Erforschung und Besserung setzen werde. Danach, sofern es dir gut scheinen will, schreibe mir als dem Mindesten unter denen allen zurück.

Ich, Metropolit der Russen, grüße dich und alle Geistlichen und Laien, dir untergeben; dich grüßen auch samt mir die heiligen Bischöfe und Mönche, auch der König und große Herren. Die Liebe des Heiligen Geists sei mit dir und allen den deinen. Amen.»

HIERNACH FOLGEN GESETZE EINES METROPOLITEN JOHANN,

den man den Propheten nennt,
soviel ich in Eile bekommen konnte

Die Kinder werden in der Not ohne Priester getauft. Tiere und Gevögel, von Vögeln und Tieren zerrissen, soll man nicht essen. Wer sie aber ißt und mit Azyma sich nährt oder in den großen Fasten Fleisch ißt oder von Lebendigem das Blut frißt, soll bestraft werden. Erstickte Tiere und Vögel soll man nicht essen.

Die Russen dürfen in der Not mit den Römischen essen, doch nicht Messe halten.

Die Russen sollen die Römischen, die nicht recht

getauft sind – weil sie nicht ganz in das Wasser getunkt werden – zum rechten Glauben bekehren. Wenn die nun bekehrt sind, soll man ihnen, wie auch den Tataren und anderen, die nicht unseres Glaubens sind, das Sakrament nicht so bald reichen.

Die alten Gemälde und Tafeln, auf welchen Weihen geschehen sind, sollen nicht verbrannt werden, sondern in Gärten oder an anderen ehrlichen Orten, damit ihnen kein Unrecht oder Unehr geschehe, vergraben werden.

So du an der Statt, da eine Kirche gestanden hat, ein Haus erbauest, soll der Platz, darauf der Altar gestanden hat, leer gelassen werden.

Wenn ein Ehemann sich in ein Kloster begibt, darf er zum Priester geweiht werden, falls sein Weib einen andern nimmt.

Des Fürsten Tochter soll dem, der in Azymis Gottes Leichnam empfängt und unreine Speise genießt, nicht vermählt werden.

Die Priester dürfen in Winters Zeiten von den Häuten oder Fellen der Tiere, die man ißt, Untergewand tragen.

Die nicht beichten und fremdes Gut nicht wiedergeben, soll man zu der Kommunion nicht zulassen.

Priester und Mönch sollen bei Hochzeitstänzen nicht sein.

Der Priester, der eins, das zum drittenmal heiratet, wissentlich zusammengibt, soll seines Amtes entsetzt werden.

Die Mutter, die ihre Kinder will taufen lassen, und

die Kinder können nicht fasten – soll die Mutter an deren Statt fasten.

Welcher Mann sein Eheweib läßt und eine andere – oder welche einen anderen – nimmt, derer keins soll zur Kommunion gelassen werden, sie träten denn wieder in den ersten Ehestand.

Keiner soll an fremden Glauben verkauft werden.

Wer wissentlich mit einem Römischen ißt, der soll mit reinen Gebeten gereinigt werden.

Des Priesters Weib, von Ungläubigen gefangen, soll ausgelöst und wieder durch ihren Mann angenommen werden, ob sie gleich Gewalt erlitten hat.

Kaufleute und Pilger, die ins Land der Römischen reisen, sollen der Kommunion nicht beraubt sein, sondern bei ihrer Wiederkunft nach Auflegung von Bußgebeten wieder versöhnt und zugelassen werden.

In Klöstern soll man nicht Mahlzeiten mit Einladung von Weibern halten.

Die Ehen sollen nirgends als in der Kirche geschlossen werden.

FRAGSTÜCKE EINES CYRILLUS AN NIPHONT, BISCHOF ZU NEUGARTEN

Was tun, wenn einer nach Empfang des Sakraments aus Überfluß von Speise oder Trank sich erbricht?

Antwort: Er soll büßen mit vierzig Tagen Fasten. Falls aber nicht aus Überflüssigkeit, sondern aus einem Ekel, zwanzig Tage. Ist es aus anderen, geringeren Ursachen, noch weniger. Ein Priester, dem ein solches widerfährt, soll sich vierzig Tage seines Amts enthalten und fasten. Ist es aus anderen, geringeren Ursachen geschehen, soll er eine Woche fasten und sich des Mets, Fleisches und Gemolkenen enthalten. Auch wenn er am dritten oder vierten Tage nach der Kommunion sich erbricht, so soll er Buße tun. Wenn aber wer das Sakrament erbrochen hat, hundertundzwanzig Tage soll er büßen; doch wenn es in Krankheit geschehen, drei Tage. Das Erbrochene soll er verbrennen und hundert Psalmen sprechen. Wenn aber ein Hund das Gebrochene fräße, hundert Tage soll der Schuldige fasten.

Wenn die Geschirre von Irden oder Holz unrein wären, was ist zu tun?

Antwort: Mit reinen Gebeten soll man sie reinigen.

Was soll man für des Verstorbenen Seele tun? – Man gebe eine Grifna für fünf Messen mit Räucherungen, Brot und gekochtem Weizen, den man Kuthia nennt; der Priester habe seinen eignen Wein.

Was dann, wenn ich einem kranken Mönch, der mit dem seraphischen Kleid angetan ist, in acht Tagen nichts zu essen gegeben habe?

Antwort: Es ist wohlgetan, denn er ist im Engelsreigen gewesen.

Wenn ein Lateiner sich zum russischen Ritus bekehren wollte?

Antwort: Der gehe sieben Tage in unsere Kirchen, ihm werde ein neuer Name gegeben, an jeglichem Tage sollen vier Gebete andächtig in seiner Gegenwart gesprochen werden; dann wasche er sich ab im Bad.

Sieben Tage enthalte er sich des Fleisches und Gemolkenen, am achten Tage gehe er gewaschen in die Kirche. Über ihn werden dann die vier Gebete gesprochen, mit reinen Kleidern soll er angetan werden, eine Krone oder Kranz auf das Haupt gesetzt; mit dem Chrisma soll er gesalbt, ein Wachslicht in seine Hand gegeben werden; wenn die Messe gelesen wird, soll er das Sakrament empfangen und dann für einen neuen Christen gehalten werden.

Ob Vögel, Fische und andere irdische Tiere am Feiertag umzubringen sich gebührt?

Antwort: Am Sonntag, weil das ein Feiertag ist, soll der Mensch zur Kirche gehen. Wenn es jedoch die menschliche Notdurft erfordert, mag er sie töten.

Ob es sich gebührt, das Sakrament, das in der Palmwoche konsekriert ward, das ganze Jahr zu behalten?

Antwort: Es werde in einem reinen Gefäß gehalten. Der Priester, so er es dem Kranken reicht, soll ein wenig Wein dazu tun.

Ob sichs gebührt, Wasser zu dem Wein zu tun, wenn ein Kranker kommuniziert?

Antwort: Ein wenig Wein ist genug.

Ob dem Kranken, Besessenen oder Wahnsinnigen das Sakrament zu reichen sich gebührt?

Antwort: Mit dem Sakrament sollen ihre Mäuler berührt werden.

Ob dem Priester, der sein Weib im Kindbett hat, gebühre, die Gebete zu sprechen, gleich wie es über eines Laien Weib geschieht?

Antwort: Nein, denn solche Gewohnheit wird bei den Griechen nicht gehalten; es wäre denn, daß man keinen anderen Priester haben könnte.

Was ist am heiligen Tage der Kreuzerhöhung zu essen?

Antwort: Die Mönche sollen keine Fische essen, die Laien aber, die das heilige Kreuz geküßt haben, mögen Fleisch essen, es wäre denn, daß der Tag auf den Mittwoch oder Freitag fiele.

Ob dem Priester, der die Nacht bei seinem Weibe gelegen, morgens in die Kirche zu gehen gebührt? – Er wasche sich zuvor an der Stelle unter dem Nabel, gehe in die Kirche, lese das Evangelium; aber zum Altar darf er nicht gehen, auch nicht Messe halten. Will aber der Priester am Sonntag und Dienstag Messe halten, mag er am Montag bei dem Weib liegen, und so fort.

Ob einem, der kein Weib hat, das Sakrament gereicht werden soll?

Antwort: Sofern er die ganzen Fasten mit keiner Vermählten oder unvernünftigem Tier zu tun gehabt hat.

Ob die Kinder nach der Taufe gespeist werden sollen?

Antwort: Im Tempel, wenn man die Messe oder Vesper hält, speist man sie.

Was man für Speise in den großen Fasten genießen soll? – An Sonntagen und Samstagen Fisch, an den anderen Tagen Ikri, das sind Fischrogen. Die Mönche essen in den Fasten Honig, trinken Kwass, ein gesäuertes Wasser.

Wieviel Wachslichter bei Segnung der Kuthia anzuzünden sind?

Antwort: Für die Seelen zwei, für Heil und Glück der Lebenden drei.

Wie macht man Kuthia?

Antwort: Man kocht drei Teile Getreide, der vierte Teil von Erbsen, Bohnen und Kichern wird auch gekocht, das Ganze mit Honig und Zucker vermischt. Man mag auch andere Früchte dazu tun, wenn man sie haben kann. Diese Kuthia gebraucht man in der Kirche nach vollbrachten Totenfeiern.

Wann soll man Bulgaren, Polowtzen und Czudi (Finnen) taufen?

Antwort: Wenn sie vierzig Tage zuvor gefastet haben, und die reinen Gebete über sie gesprochen sind. Wenn es aber ein Slawe ist, soll er nur acht Tage fasten. – Wer aber ein Kind tauft, soll die Ärmel gut aufstreifen, damit nicht, wenn er das Kind ganz in das Wasser taucht, vom Taufwasser etwas am Kleid hängen bleibe. Die geboren hat, soll vierzig Tage nach der Geburt nicht in die Kirche gehen.

Ob dem Weib nach ihrer Monatskrankheit das Sakrament zu reichen sei?

Antwort: Nicht, wenn sie nicht erst gewaschen ist.

Ob es gebühre, in das Zimmer der Wöchnerin zu gehen?

Antwort: Den Raum, wo eine Frau geboren hat, soll in drei Tagen niemand betreten. Wie andere unreine Gefäße fleißig zu waschen sind, so ist solche Wohnung erst mit Gebeten zu reinigen.

Ob man nach Sonnenuntergang begraben soll?

Antwort: Nach Niedergang der Sonne soll keiner begraben werden: das nämlich ist die Krone der Toten, die Sonne zu sehen, ehe sie begraben werden. – Der aber hat großes Verdienst, welcher die Knochen der Toten und alte Bilder beisetzt.

Ob es dem Ehemann gebührt, das Sakrament zur Osterzeit zu nehmen?

Antwort: Ja, wenn er die Fasten über nicht bei seinem Weibe gelegen hat. Ferner, wer am Ostertag mit seinen Zähnen ein Ei berührt hat, oder aus wessen Zahnfleisch Blut gekommen ist, soll sich am selben Tage der Kommunion enthalten.

Ob es dem Ehemann gebühre, die Nacht nach der Kommunion beim Weibe zu liegen?

Antwort: Es gebührt. Doch sollen am Freitag, Samstag und Sonntag, wenn das Weib ein Kind bösen Geistes empfängt, die Eltern Buße tun. Wenn aber die Eltern adlig und großen Namens sind, sollen sie einem Priester ein paar Grifnen geben, daß er für sie bete.

Wenn etwa ein zerrissenes Papier, darauf etwas von der Heiligen Schrift gestanden, auf die Erde gefallen ist, ob es gebühre, auf die Stelle zu treten?

Antwort: Nein.

Ob sichs zieme von einer Kuh, die gekalbt hat, am selben Tag die Milch zu genießen?

Antwort: Nein, denn sie ist mit Blut vermischt, aber nach zwei Tagen ists erlaubt.

Wann kann einer vom geistlichen Amt suspendiert werden?

Antwort: Ein Priester, der zur Fastenzeit von eines Weibes Liebe entbrennt und in ihren Mund seine Zunge tut, auch seinen Samen vor Begier verschüttet, soll sich vom Gottesdienst ein ganzes Jahr enthalten. Wenn er aber vor dem Priestertum etwas der Art begangen hat, soll er zum Priester nicht geweiht werden. Ein Laie jedoch, der auf solche Weise sündigt, soll in dem Jahr nicht kommunizieren.

Ob einer in die Weihen einzuführen sei, bei dem eine nur einmal gelegen und empfangen hat?

Antwort: Sie empfangen selten vom ersten Beischlaf. Wenn er aber zehnmal bei ihr gewesen ist, soll er nicht geweiht werden. Außerdem, wer eine Jungfrau geschwächt oder seine Hausfrau im ersten Beilager nicht als Jungfrau gefunden hat, soll gleichfalls nicht zum Priester geweiht werden.

Wer sich von seinem Gemahl scheidet, welche Buße soll er tun?

Antwort: Er soll sich ewig das Sakraments enthalten, außer in seiner letzten Stunde.

Gebührt es jemandem, im Leben für seiner Seele Sligkeit Totenfeiern zu halten?

Antwort: Ja.

Darf Gemahl dem Gemahl in Verrichtung der Buße helfen?

Antwort: Er darf es nicht, auch nicht der Bruder dem Bruder.

Darf ein Priester den Tag, da er einen begraben oder geküßt hat, seine Messe verrichten?

Antwort: Er darf es nicht.

Darf eine Wöchnerin in Verzweiflung am Leben kommunizieren?

Antwort: Sofern sie von der Stelle, wo sie niedergekommen, weggetragen und gewaschen ist.

Ists erlaubt, bei seinem Weib an einer Stätte zu liegen, wo Bilder der Heiligen sind?

Antwort: Wenn du zum Weibe gehst, nimmst du nicht das Kreuz vom Hals? Desgleichen gebührt sichs auch nicht, in der Wohnung vor den Bildnissen, sie seien denn wohl verschlossen oder bedeckt, beim Weibe zu schlafen.

Gebührt sichs, gleich nach dem Morgen- oder Abendessen, eh du schläfst, im Tempel zu beten?

Antwort: Was ist besser, schlafen oder beten?

Darf der Priester ohne sein Priestergewand zu einem Kranken gehen und ihm das Sakrament darreichen?

Antwort: Er darf.

Wie soll man Weiber nehmen?

Antwort: Wer ein Weib nehmen will, soll sich vierzig Tage, oder mindestens acht Tage, anderer Frauen enthalten.

Soll ein Weib, das eine Fehlgeburt bringt, Buße tun?

Antwort: Die Frau, die nicht aus Zufall, sondern aus Trunkenheit so gebiert, soll Buße tun. Desgleichen, welche ihrem Mann das Wasser, damit sie sich gewaschen, als Liebestrank gibt, soll sechs Wochen fasten.

Darf man Fleisch und Milch einer Kuh genießen, mit der ein Mann zu tun gehabt hat?

Antwort: Alle dürfen es, außer dem Übeltäter.

Darf eine Frau alter Weiber Rat gebrauchen, um zu empfangen?

Antwort: Frauen, die nach Rat alter Weiber Kräuter brauchen, um zu empfangen, und nicht lieber zu den Priestern gehen, daß die ihnen mit ihren Gebeten helfen, sollen sechs Wochen büßen und dem Priester drei Grifnen zahlen. Wenn aber ein Betrunkener eine Schwangere verletzt, so daß sie fehlgebiert, soll er ein halbes Jahr büßen. Auch die Hebammen sollen sich acht Tage der Kirche enthalten, bis sie mit Gebeten gereinigt sind.

TAUFE

Also taufen sie. Ist das Kind geboren, beruft man gleich den Priester; der steht vor der Tür der Wohnung, darin die Wöchnerin ist, spricht gewisse Gebete und legt dem Kind den Namen auf. Danach wird das Kind gemeinhin am vierzigsten Tage, sofern es nicht schwach ist, zum Tempel getragen und getauft, dabei dreimal ganz ins Wasser getaucht: ohne das würde es nicht für getauft gehalten werden. Alsdann salbt man es mit dem Chrisma, das in der Karwoche geweiht ist; es wird auch mit Myrrhen bestrichen, wie sie sagen. Das Wasser der Taufe aber wird für jedes Kind besonders gesegnet, und sogleich nach der Taufe vor der Kirchentür ausgegossen. Immer werden die Kleinen in der Kirche getauft, außer wenn der Ort zu weit ab ist oder die Kälte dem Kind schaden kann. Und niemals wird laues Wasser, außer für kranke Kinder, genommen. Die Gevattern nimmt man nach dem Willen der Eltern; und so oft sie nach gewissen Worten des Priesters den Teufel bannen, so oft speuzen sie auf die Erde. Auch schneidet der Priester dem Kind Haare ab und tunkt sie in Wachs, das verwahrt er an einer Stelle der Kirche. Sie gebrauchen dabei kein Salz und auch nicht Speichel mit Staub.

FOLGT EINE BULLE PAPST ALEXANDERS, DARAUS DIE TAUFE DER RUSSEN KLAR ZU ERKENNEN IST

Alexander dem Bischof, Knecht der Knechte Gottes, zum ewigen Gedächtnis.

Die Hoheit des göttlichen Rats, den Menschenvernunft nicht zu begreifen vermag, pflegt nach dem Wesen ihrer unendlichen Güte, immer Neues zum Heile des Menschengeschlechts vortreibend, zur rechten Zeit in tiefem Geheimnis, das allein Gott kennt, Gelegenheiten hervorzurufen und sichtbar zu machen, daß die Menschen erkennen: aus ihren Verdiensten, gleichsam aus sich heraus, vermögen sie nichts vorwärts zu bringen, sondern ihr Heil und jedes Gnadengeschenk komme von ihm, dem höchsten Gott und Vater des Lichts. So haben wir wahrlich nicht ohne hohe, innerliche Freude unseres Geistes erfahren, daß einige Russen in dem Herzogtum Litauen und andere, die nach griechischem Brauche leben, sonst allerdings den Christenglauben bekennen, Bewohner der Städte und Diözesen Wilna und Kiew, Lukow und Melniki, auch anderer Orte dieses Herzogtums, mit der Hilfe des Heiligen Geistes erleuchtet, etliche Irrtümer, die sie bisher, nach Ritus und Sitte der Griechen lebend, festgehalten haben, ganz aus Geist und Herz zu bannen, die Einheit des katholischen Glaubens und der lateinisch-römischen Kirche anzunehmen und nach dem Ritus dieser Lateinischen und Römischen Kirche zu leben begehren und vorhaben. Doch weil sie nach Griechenart, das heißt in der dritten Person getauft sind und manche behaupten, sie müßten von neuem getauft werden, so weigern sich die genannten, die bislang nach griechischem Brauch gelebt haben und noch leben, als vormals rechtens getaufte, und lehnen es ab, von neuem die Taufe zu nehmen.

Wir also, die nach dem Hirtenamt, das uns vom Himmel – gewiß auf unzulängliche Verdienste hin – anvertraut ist, den Wunsch haben, jedes einzelne uns anvertraute Schaf zur wahren Hürde Christi zu geleiten, daß daraus ein Hirt und eine Herde werde und die heilige katholische Kirche nicht verschiedene und verkrüppelte, mit dem Haupte streitende, nein gleichförmige Glieder habe,

indem wir bedenken, was durch Papst Eugen IV., unsern Vorgänger glücklichen Angedenkens, auf dem Konzil, das er in Florenz gefeiert hat und an dem die Griechen und Armenier einhellig mit der Römischen Kirche teilgenommen haben, festgelegt wurde: nämlich es sei zwar die Formel dieses Taufsakraments ‹ich taufe dich im Namen des Vaters und Sohnes und

Heiligen Geistes, Amen›, indessen auch mit den Worten ‹es werde dieser Knecht Jesu Christi getauft im Namen des Vaters und Sohnes und Heiligen Geistes› oder ‹es wird getauft von meinen Händen dieser im Namen des Vaters und Sohnes und Heiligen Geistes›, werde eine echte Taufe bewirkt: indem die prinzipale Ursache, aus der die Taufe ihre Kraft hat, die Heilige Dreifaltigkeit, die instrumentale aber der Diener sei, der äußerlich das Sakrament mitteilt, daher, wenn man die Handlung auseinanderlegt, die in diesem Amt vollzogen wird, allein die Anrufung der Heiligen Dreifaltigkeit das Sakrament dabei bewirkt – und deshalb sei eine Wiederholung dieses Sakraments, wenn in der dritten Person gespendet, nicht vonnöten;

und nachdem wir mit unseren Brüdern hierüber reiflicher Erwägung gepflogen:

bestimmen und erklären, kraft apostolischer Autorität, wie sie uns und den anderen römischen Bischöfen von Jesus selber, unserm Herrn, durch den seligen Petrus (denn dem und seinen Nachfolgern hat er die Verwaltung des Apostolischen Amtes anvertraut) gegeben ist, durch dies Gegenwärtige:

daß alle und jegliche, die so in der dritten Person getauft sind und vom griechischen Brauch zu Brauch und Sitte der Lateinischen und Heiligen Römischen Kirche kommen wollen, schlechtweg und ohne irgendwelche Widerrede, und erst recht ohne Verpflichtung oder Zwang zu abermaliger Taufe, aus der Gesinnung heraus, daß sie auch sonst die von den Kirchen des

Ostens beobachteten Riten so weit einhalten mögen,
als darin kein ketzerischer Makel beschlossen liegt, zu
uns gelassen werden sollen, sowie sie nur allen Irrtümern der griechischen Riten, die von der lateinisch-
römischen Kirche, ihrem Ritus und ihren heiligen
Satzungen abweichen, abgeschworen haben;

wobei wir auch im Namen der innersten Barmher-
zigkeit unsres Gottes alle und jede, die auf die genannte
Art getauft sind und nach griechischem Ritus leben,
ermahnen, sie möchten in Verleugnung all der Irrtümer, denen sie nach Brauch und Sitte der Griechen
bisher gefolgt sind, und die von der unbefleckten und
heiligen katholischen Kirche der Lateiner und Römer,
von den anerkannten Satzungen unserer heiligen Väter
abweichen, sich dieser katholischen Kirche und ihren
Heilslehren um ihrer Seelen Seligkeit, um der Erkenntnis des wahren Gottes willen, anschließen.

Und damit ihr heiliger Vorsatz von niemandem
gehemmt werden kann, so geben wir nun unserem
ehrwürdigen Bruder, dem Bischof von Wilna, in der
Kraft des heiligen Gehorsams auf und gebieten, daß er
alle und jegliche so Getauften, zur Einheit der lateinischen Kirche Strebenden, die genannten Irrtümer
abzuschwören Gewillten zur Einheit der genannten
lateinischen Kirche sowie zur Abschwörung solcher
Irrtümer aufnehme und zulasse, und zwar persönlich
oder durch seinen Stellvertreter oder auch durch
andere weltliche Prälaten, ob sie nun im Kirchen- oder
im Predigtamt wirken, oder durch Bekenner der Minderen Orden geregelter Observanz, jedenfalls gelehrte

und brave und sonst taugliche Personen. Und sowohl ihm wie jenem oder jenen, dem oder denen er dies gegebenen Falles anvertrauen mag, gewähren wir durch gegenwärtiges Schreiben volle und freie Erlaubnis und Macht, alle der bezeichneten Art von ihren Übertretungen, die aus Beobachtung solcher Irrtümer und der daraus entspringenden Ketzerei entstanden sind, sowie vom Bannfluch und anderen kirchlichen Zensuren und Pönen, in die sie, welcher Art es auch war, deshalb verfallen sind, kraft der genannten apostolischen Vollmacht zu lösen und ihnen je nach Art ihrer Schuld heilsame Buße aufzulegen, auch sonst zu bewirken, was hierbei nötig ist.

Jedoch, weil es vielleicht schwer wäre, unseren gegenwärtigen Brief an alle einzelnen Orte hinzubringen, wo es nötig wäre, so wollen und bestimmen wir mit derselben apostolischen Autorität, daß eine Abschrift dieses Briefes, von der Hand eines öffentlichen Notars unterfertigt und mit dem Siegel des genannten Wilnaer oder eines anderen Bischofs oder kirchlichen Prälaten bestätigt, in und außer den Gerichten und überhaupt überall, wo sie vorgelegt oder gezeigt wird, ganz denselben Glauben genießen soll, wie ihn der Originalbrief genießen würde, wenn man ihn vorlegte oder zeigte, unbeschadet der apostolischen Gesetze, Verordnungen und dergleichen, die irgendwie entgegenstehen. Keinem Menschen also sei es irgendwie erlaubt, diese unsere Satzung, Erklärung, Vermahnung, Befehl, Gebot, Zulassung, Willen und Dekret zu brechen oder freventlich dawider zu han-

deln. Wenn aber wer sich solches unterstünde, so wisse
er, daß er dem Zorn des allmächtigen Gottes wie
der Seligen Peter und Paul, seiner Apostel, verfallen
wird.

Gegeben zu Rom bei Sankt Peter, im Jahre der
Fleischwerdung des Herrn 1501 am 22. August, unseres Pontifikats im neunten Jahr.

BEICHTE

Wiewohl ihnen die Beichte ein Gebot ist, sagt doch der
gemeine Mann, sie sei ein Werk, das den Fürsten, den
edlen Herrn und angesehenen Personen zugehöre. Sie
beichten zur Osterzeit mit aller Zerknirschung und
Ehrerbietung. Der Beichtvater und der Beichtende
stehen mitten in der Kirche; beide kehren ihr Gesicht
gegen ein hierzu aufgestelltes Bild. Nach der Beichte
und Bußerteilung neigen sie sich vor dem Bild und
zeichnen sich mit dem Kreuz, indem sie mit den
drei vordern, zusammengelegten Fingern an Kopf,
Brust und beide Achseln rühren. Dann rufen sie mit
schwerem Seufzen: Jesus Christus, Gottes Sohn,
erbarme dich unser. Denn dies ist ihr gewöhnliches
Gebet.

Manchen werden zur Buße Fasten, anderen eine
Anzahl Bittrufe auferlegt (das Vaterunser können nur
wenige vom gemeinen Volk), manche, die sich schwerer versündigt haben, waschen sie mit Wasser ab. Am
Dreikönigstag nämlich nehmen sie Wasser aus einem

fließenden Bach und behalten es das ganze Jahr über geweiht in der Kirche zur Abwaschung großer Sünden. Am Samstag begangene Sünden achten sie geringer und verhängen geringere Buße dafür. Es gibt viele, selbst geringfügige Übertretungen, deretwillen sie nicht in die Kirche gehen dürfen. Doch pflegen sie dann vor der Kirche durch Tür oder Fenster, die dazu gewöhnlich vorhanden sind, nicht weniger vom Gottesdienst zu sehen und zu hören, als wenn sie im Tempel wären. – Wer vor Mitternacht bei seinem Weibe liegt, mag sich abwaschen und zur Kirche gehen, wer nach Mitternacht, nicht.

KOMMUNION

Sie empfangen das Sakrament unter beiderlei Gestalt. Eh sie es segnen, mischen sie Brot und Wein oder Leib und Blut zusammen. So viele Kommunikanten sich ansagen, so viele Brote bringt man, ganz kleine Laiber, dazu eins für den Priester. Die Brote haben oben in der Mitte eine Schriftform eingedrückt; dies Stück schneidet der Priester viereckig unter besonderem Gebet heraus und legt es auf die Patene: es ist für den Priester. Aus dem übrigen Brot, das für die Kommunikanten ist, sticht er an der Seite dreieckige Stückchen heraus und legt sie auch auf die Patene. Zu seiner Zeit tut er sie dann alle in den Kelch und gibt den Wein und Wasser dazu. Wenn es zum Genuß des Sakramentes kommt, so hat der Priester einen kleinen Löffel; damit nimmt er sein Stück und gibt jedem Kommunikanten eins, alles mit dem Löffel.

So oft im Jahr einer kommunizieren will, erlaubt man es ihm, wenn er nur gebeichtet hat. Sonst ist als die gewöhnliche Zeit dafür Ostern angesetzt. Man gibt das Sakrament schon siebenjährigen Kindern, denn sie sagen, in dem Alter könnten sie sündigen. Wenn ein Kind schwach ist oder etwa im Sterben liegt, so daß es das Brot nicht genießen kann, läßt man ihm einen Tropfen aus dem Kelch in den Mund. Das Sakrament, das zum Kommunizieren dient, wird im Laufe der heiligen Handlung selber geweiht. Jedoch für die Kranken weiht man es am Gründonnerstag in der Karwoche und bewahrt es das ganze Jahr über auf. Wenn nötig, nimmt man dann ein kleines Stückchen vom Brot, erweicht es gut im Wein, tut auch ein wenig laues Wasser dazu und gibt es dem Kranken.

PRIESTERGEBET, BILDER UND BÜCHER

Kein Mönch oder Priester betet seine kanonischen Tagzeiten ohne ein Bild vor oder bei sich, das er mit ungemeiner Ehrerbietung anrührt. Wenn er es aber über die Gasse trägt, hält er es in die Höhe, und alle Vorübergehenden ehren es höchlich, indem sie sich mit entblößtem Haupt bekreuzigen und verneigen. Die Evangelienbücher verwahren sie an würdigen Orten als ein heilig Ding. Sie fassen sie auch nicht an, bevor sie sich bekreuzigt und mit bloßem Haupt

verneigt haben, und nehmen sie mit großer Ehrerbietung in die Hand. Auch das Gemisch von Brot und
Wein ehrt und adoriert man, schon ehe es mit den
gewohnten Worten auf unsere Weise geweiht ist, beim
Umtragen in der Kirche, als wäre es Sakrament.

FEIERTAGE

Die Feiertage werden von den Vornehmen nach dem
Kirchgang mit gutem Essen und Trunk, sowie feine-
ren Kleidern eingehalten. Volk, Gesinde und Sklaven
arbeiten wie an anderen Tagen, indem sie sagen, feiern
und sich der Arbeit enthalten kommt den Herren zu.
Bürger und Handwerker besuchen die Kirche, danach
arbeiten sie wie sonst; sie meinen, seliger sei Arbeiten,
als mit Trinken, Spielen oder anderem dergleichen
Geld und Zeit unnütz vertun. Den gemeinen Leuten ist
auch das Trinken von Met und Bier verboten, außer zu
einigen bestimmten Zeiten im Jahr, zu Weihnachten,
Fasching, Ostern, Pfingsten und einigen anderen Zeiten; an diesen Tagen lassen sie dann die Arbeit mehr
des Trinkens als der Andacht halber.

   Den Tag der Heiligen Dreifaltigkeit halten sie am
Pfingstmontag, und am Sonntag nach Pfingsten den
Allerheiligentag. Den Fronleichnamstag halten sie
nicht.

   Beim Schwören und Fluchen mißbrauchen sie selten
den Namen Gottes. Wenn sie schwören, festigen sie
Wort oder Versprechen durch einen Kuß auf das

Kreuz. Fluchen tun sie gewöhnlich ungefähr wie die Ungarn, «daß dir die Hunde deine Mutter verunreinigen mögen» usw.

Wenn sie sich mit dem Kreuze zeichnen, tun sie es mit der rechten Hand, indem sie erst die Stirn, dann die Brust, nun die rechte und zuletzt die linke Schulter in Kreuzesform anschlagen. Wenn einer die Hand anders führt, halten sie ihn nicht für einen Diener ihres Glaubens, sondern für einen Fremden; und ich entsinne mich, daß ich mit diesem Zuruf bezeichnet und gescholten wurde, als ich, mit der Zeremonie unbekannt, die Hand anders führte.

FEGEFEUER UND ANDERES

Sie glauben nicht an das Fegefeuer, sondern sagen, jedem Abgeschiedenen sei für seine Seele ein Platz nach Verdienst bestimmt: den Frommen einer im Licht mit holden Engeln, den Argen aber ein finsterer Platz voll dicker Nebel mit fürchterlichen Engeln. An diesen Orten warten sie auf das Jüngste Gericht. Die Seelen im Licht mit den holden Engeln vertrauen der göttlichen Gnade und bitten täglich um das Jüngste Gericht, die anderen aber das Widerspiel: denn sie sagen, die Seele leide ohne den Körper nicht und verdiene auch keine Strafen; denn da sie beide miteinander gesündigt, wäre es nicht billig, den einen Teil deshalb zu peinigen und dem andern seine Ruhe zu lassen. Damit aber, daß sie für die Seelen opfern und beten lassen, glauben sie den Seelen eine mildere Stätte und Verringerung der Pein, die sie am Jüngsten Tag erwartet, zu erlangen.

Mit dem geweihten Wasser besprengt keiner sich selbst; sie nehmen es nur, wenn die Priester damit sprengen. Sie weihen nicht die Friedhöfe zu ihrem Begräbnis und sagen, sei nur der Körper gesalbt und geweiht, so heilige nicht die Erde den Leichnam, sondern der Leichnam die Erde.

Nikolaus von Bari wird vor anderen geehrt, und sie erzählen viele Wunderzeichen von ihm, unter denen ich eins, das vor einigen wenigen Jahren geschehen, beifügen möchte. Ein großer und tapferer Kriegsmann, Michael Kisaletzki, hatte in einer Schlacht einen namhaften Tataren in die Flucht geworfen, und als er den Tataren nicht erreiten konnte, rief er laut: «Niklas, hilf mir, den Hund zu erreichen!» Der Tatar hört das und sagt: «Niklas, wenn mich der mit deiner Hilfe einholt, daran tätest du kein Wunderzeichen. Befreist du aber mich, der dich nicht kennt – davon würde dein Name groß werden.» Nun, sagen sie, sei des Michael Pferd stehen geblieben und der Tatar ihm entronnen. Darauf habe dieser Tatar sein Leben lang jährlich eine Menge Honig dem Nikolaus für seine Rettung dargebracht – dazu auch dem Michael einen gleichen Teil Honig zur Erinnerung geschickt sowie einen prächtigen Rock von Marderfell ihm verehrt.

Die Fasten vor Ostern nennen sie die großen Fasten und halten sie sieben ganze Wochen. In der ersten Woche genießen sie auch Gemolkenes, das nennen sie Szirna, das heißt käsig. All die anderen Wochen essen sie (außer die über Land reisen) nicht einmal Fisch. Man findet sogar unter ihnen Leute, die in dieser Zeit nur am Sonntag und Samstag essen, die anderen Tage sich aller Speisen enthalten, und andere, die allein am Sonntag, Dienstag, Donnerstag und Samstag essen, die anderen Tage auch nicht, und wieder etliche, die am Montag, Mittwoch und Freitag bloß ein Stück Brot, nicht mehr, zu sich nehmen. Die übrigen Fasten im Jahre halten sie nicht so streng. Und zwar beginnen sie zu fasten am Montag nach dem Sonntag der Heiligen Dreifaltigkeit (da sie Allerheiligen feiern) und fasten von da bis Sankt Peter und Paul: dies heißt Sankt Peters Fasten. Danach folgt Unser Frauen Fasten, vom ersten August bis Mariä Himmelfahrt. Und wenn der Sankt Peter und Pauls Tag oder Unser Frauen Himmelfahrt auf einen Mittwoch oder Freitag fällt, so fasten sie gleichermaßen auch diese Tage. Im Advent fasten sie ganze sechs Wochen und nennen das Sankt Philipps Fasten; denn nach ihrem Kalender fällt der Philippstag auf den 14. November. Dagegen fasten sie zu keines Heiligen Vorabend, außer bei Sankt Johannes Enthauptung, ein Tag, den sie am 29. August feiern. Und wenn ein namhafter heiliger Tag in die Fasten fällt, wie Sankt Matthias oder Unser Frauen

Verkündigung, so essen sie an diesen Tagen auch
Fisch.

Den Mönchen aber sind viel strengere Fasten auferlegt. Die müssen sich auch mit Kwass als Trank
begnügen, das ist gewöhnliches Wasser, mit einem
Teig gesäuert. Zu diesen Zeiten ist auch den Priestern
Met und Bier verboten: freilich lockern sich jetzt bei
ihnen alle Gesetze und Gebote und werden verletzt.
Außer der Fastenzeit essen sie am Samstag Fleisch und
enthalten sich dessen dafür am Mittwoch.

Die Lehrer, denen sie folgen, sind: Basilius der
Große, Gregor und Johannes Chrysostomus, den sie
Slatausta nennen, das ist goldner Mund. Prediger
halten sie nicht. Sie meinen, es sei genug, beim Gottesdienst zu sein und die Worte des Evangeliums, der
Episteln und der andern Lehrer zu hören, die ihnen der
Priester täglich in ihrer Sprache vorliest. So glauben sie
auch den vielen Irrtümern und Ketzereien zu entgehen,
die oft durch Predigten entstanden sind. Die Festtage
der folgenden Woche kündigen sie am Sonntag an und
verlesen die offene Beichte. Darüber hinaus sehen sie,
was der Großfürst glaubt oder für gut hält, halten es
für recht und folgen dem insgemein.

In Moskau wurde uns dazumal vertraulich mitge-
teilt, wie der Patriarch von Konstantinopel auf des
Großfürsten Begehr einen Mönch namens Maximilian
geschickt habe, um alle Bücher, Gesetze und einzelnen
Verordnungen, den Glauben betreffend, zu prüfen und
nach richtigem Urteil zu guter Ordnung zu bringen.
Der Mönch habe das getan und viele gar schwere

Irrtümer gefunden; und nachdem er sie dem Fürsten vorgebracht und ihn recht als Schismatiker genommen, der weder dem römischen noch dem griechischen Brauch nachfolge, sei er, wiewohl der Fürst ihn hoch in Ehren hielt, bald darauf verschwunden und nach der Meinung vieler ertränkt worden.

Drei Jahre darauf, als wir in Moskau waren, sollte ein griechischer Kaufmann, Markus von Capha, sich ähnlich geäußert haben. Der wurde gefangen gesetzt, ohne Rücksicht darauf, daß der Botschafter des Türken mit eifrigen, beinahe scharfen Bitten für ihn eintrat, und fortgebracht. Des Fürsten oberster Rat, Schatzmeister und Kanzler Georg, der Kleine zubenannt, ein Grieche, vertrat und förderte dieselbe Meinung, fiel darum in Ungnade und wurde aller Ämter entsetzt. Gleichwohl vermochte der Fürst ihn nicht wohl zu entbehren und nahm ihn wieder zu Gnaden an, aber in andere Ämter; denn er war gelehrt und in vielen Sachen erfahren, ein Mann, der mit des Fürsten Mutter ins Land gekommen war. Der Fürst ehrte ihn gewaltig: einmal schickte er nach ihm, als der krank war, und befahl einigen Räten von höchstem Namen, ihn mitsamt dem Schlitten, in dem er saß, auf sein Zimmer zu tragen. Aber als jener bis zur Treppe herangefahren war, wehrte er es ab, sich so viele hohe Stufen tragen zu lassen, ließ sich aus dem Schlitten nehmen und gemächlich die Treppe hinaufführen; als der Fürst das aber sah, regte er sich mächtig auf: man mußte ihn auf ein Bett legen und so zu ihm tragen. Nachdem er dann mit ihm seine Sachen beraten hatte,

mußte man ihn wieder im Bett die Treppe hinunter-
tragen, und er befahl, daß er von nun ab ständig
hinauf- und hinabgetragen werde.

Ihre Geistlichen verwenden große Mühe, viel Volks
zu ihrem Glauben zu bringen. Die Einsiedlermönche
haben schon vor Zeiten mit ihren Unterweisungen,
ihrem heiligen Leben und Mitteilung des Wortes Gottes die Abgötterei an vielen Orten in christlichen
Glauben verwandelt und tun es noch. Auch jetzt noch
ziehn sie nach Nord und Ost in die Gegend der
Ungläubigen unter nicht geringer Sorge, Hunger und
Arbeit und ohne alle Hoffnung weltlichen Lohns,
allein um Gott dem Herrn viele abgeirrte Seelen zu
gewinnen und sie zum rechten Glauben zu bringen.
Oft haben sie durch ihren Tod die christliche Lehre
bestätigt.

Es ist auch in Moskowien ein angesehenes Kloster
der Heiligen Dreifaltigkeit, zwölf deutsche Meilen von
Moskau gegen Sonnenuntergang, wo Sankt Sergius
begraben liegt und, wie sie sagen, viele Wunder tut.
Dahin ist denn jährlich ein großer Zulauf des Volks
und wunderbare Anbetung; auch der Fürst kommt
zuweilen hin, und alle werden vom Kloster gespeist.
Sie sagen, dort sei ein kupferner Hafen oder Kessel,
worin das Essen, gewöhnlich Kohl, gekocht wird.
Und mögen nun viel oder wenig Leute kommen, alle
werden daraus gespeist und jederzeit bleibt so viel
übrig, daß auch das Gesinde des Klosters seinen Teil
bekommt, derart, daß niemals Mangel und auch kein
Überfluß ist.

Wie vorhin gesagt, rühmen sich die Moskowiter, allein die rechten Christen zu sein, und verdammen uns, als die die ursprüngliche Kirche und die alten heiligen Satzungen verlassen hätten. Darum, wenn einer der Unsern freiwillig nach Moskau geht oder auch wider Willen seines Herrn zu ihnen flieht und vorgibt, es sei ihres Glaubens halb, dann lassen sie ihn nicht mehr fort und meinen auch, wenn sein Herr ihn rückfordert, ihn nicht herausgeben zu müssen. Das ist auch mir in einem besonderen Falle begegnet, den hier zu erzählen ich nicht unterlassen will.

Ein angesehener Bürger von Krakau, Michael Meydl, auch Spies genannt, bewegte mich, als ich zum zweitenmal nach Moskowien abgeordnet war, trotz meiner wiederholten Entschuldigung durch sein dringendes Ersuchen, einen jungen Bürgersohn, Erasmus Bethman, mit mir zu nehmen. Der war ein wohlgestalter Mensch, auch nicht ungelehrt und ziemlich beredt, aber dem Trinken so sehr ergeben, daß er sich nicht selten bis zur Sinnlosigkeit berauschte. Darum war ich zuweilen sogar gezwungen, ihn in Eisen schlagen zu lassen. Nun begehrte er sein Geld, das seine Freunde in meine Hand gegeben hatten, um etwas kaufen zu können. Damit gewann er drei Moskowiter und meinen Wagenknecht, der ein Pole war, kaufte Pferde und machte sich mit denen eines Nachts von Moskau davon. Er nahm seinen Weg südwärts auf die Stadt Asow zu und schwamm über den großen Okafluß.

Sobald der Großfürst erfuhr, daß der so verritten

war, wurden ihm die Posten, die sie Gonetz nennen, allerorten nachgeschickt. Als diese über die Flüsse Oka und Don kamen, meldeten sie die Sache denen, die in jenen Gegenden wider die beständigen Tatareneinfälle auf Wacht stehen, und die haben ihren Hufschlag gesucht und gefunden. Wie sie ihm nun nachritten, begegnete ihnen ein Bauer, von dem sie hörten, daß die fünf Flüchtlinge den Bauern genötigt hatten, ihnen den graden Weg nach Asow zu weisen, doch war er ihnen bei Nacht entronnen. Darauf eilten sie dem Hufschlag nach und ersahen eines Nachts die Fliehenden, wie sie sich der Rast überlassen, ihre Mahlzeit genommen und ihre Pferde auf die Weide gelassen hatten, beim Feuerschein.

Die Verfolger krochen auf dem Bauch heran, trieben die Pferde der Fliehenden von ihnen ab. Mein Fuhrmann erwachte und wollte die Pferde wieder näher heranholen, wie er aber zwischen die im Gras Verborgenen kam, fielen sie ihn an und drohten, wenn er nicht schweige, müsse er sterben; damit wurde er gebunden und ins Gras gelegt. Die Pferde wurden noch weiter fortgetrieben; noch einer erwachte und sah es und ging ihnen nach, so auch der Dritte: denen beiden wie dem Wagenknecht geschah. Dann gingen die Verfolger zu den Übriggebliebenen. Der Erasmus war ein beherzter Junge, er setzte sich mit bloßem Säbel zur Wehr. Als ihm die zuriefen, was er allein tun wolle, rief er den Wagenknecht. Als er da hörte, der sei gefangen, auf den er seine Hoffnung gesetzt hatte, warf er den Säbel aus der Hand mit den Worten, er wolle ohne die andern auch weder frei noch lebendig sein. – Sie hätten in zwei Tagen Asow erreichen können, und ich bin bei den Moskowitern im Verdacht gewesen, er wäre auf meinen Befehl oder mit meinem Wissen so verritten.

Als nun die Gefangenen nach Mosaisco gebracht worden waren, bat ich, mir die zwei wieder zuzustellen, und erbot mich, die ihrethalb entstandenen Unkosten zu bezahlen. Da ward mir zur Antwort: Es wolle sich nicht schicken, einen, der um Unterweisung des rechten christlichen Glaubens zu ihnen käme, auszuliefern. Den Fuhrmann gab man mir ohne Umstände. Weil ich verstand, daß Erasmus sich solcher Art helfen und damit vielleicht noch mehrerer Ungelegenheiten entledigen wollte, sagte ich zu meinem Pristaw oder Quartiermeister, man würde von dem Großfürsten in fremden Landen übel reden, wenn er den Botschaftern ihre Leute nähme; dem vorzubeugen, schlüge ich vor, der Großfürst möge den Erasmus in Beisein seiner Räte uns gegenüberstellen lassen, und wenn er dann diesen seinen Willen vor uns allen öffentlich erklärte, daß er Glaubens halber bleiben wolle, könnten wir davon Meldung erstatten und der Großfürst bliebe ohne Nachrede.

So geschah es: ich sprach ihn öffentlich deswegen an, er bekannte sich dazu, worauf ich ihm sagte: «Würdest du dich wohl gebettet haben, so würdest du um so viel besser liegen.» – Graf Nugarolis hatte einen Polen unter seinen Leuten, der besprach sich heimlich mit Erasmus, vernahm, daß er sich bei mir vor Strafe fürchtete, fragte, ob er vielleicht mit dem Grafen reisen

wollte: darein willigte er. Der Graf fragte, ob ich nichts
dawider hätte, wenn er mit ihm zöge, ich aber freute
mich darüber, denn ich besorgte, seine Freunde möchten sonst denken, ich hätte vielleicht seines Geldes
wegen anders gehandelt als sichs gehört. Der Großfürst bewilligte gleichfalls, daß Erasmus mit dem
Grafen reise, und so schieden wir von dannen.

Es kommt eben niemand nach Moskau, außer wer
an andern Orten nicht wohl bleiben darf oder wer sich
mit Worten oder Geschenken dazu bewegen läßt und
wer von den Bräuchen dort nichts weiß. Severin
Nordwed war seinerzeit unter König Christian in
Dänemark Seekapitän gewesen, ein Mann, der all sein
Tun in Teufels Namen tat – ich habe ihn selbst in
Dänemark gesehen und gesprochen, doch auch viel
von ihm gehört, was ich klug übergehe. Als dessen
König erfuhr: infolge der Grausamkeiten, die er zu
Stockholm, der Hauptstadt in Schweden, begangen,
rotteten sich die Dänen allenthalben zusammen, und
darauf selbst sein Königreich verließ, besetzte Severin
eine Feste auf der Insel Gotland (die etwa zwölf Meilen
lang ist), beraubte von da aus Freund und Feind und
machte das ganze Meer unsicher. Zuletzt aber, da er
wußte, daß man auch ihm allerseits nachstelle und er
nirgends mehr Sicherheit habe, brach er mit seinen
Gesellen auf und kam mit ein paar Schiffen auf dem
Flusse Narwa zu dem Moskowiter nach der Burg
Iwangorod. Von da wurde er ohne seine Gesellen zu
der Zeit, da ich dort war, nach Moskau gebracht und
ist auch da wenig nütze gewesen. Kaiser Karl hat ihn

durch Fürschriften herausbekommen, und bei der Belagerung von Florenz fiel er in dessen Dienst, von einer Eisenkugel erschossen.

VOM ZEHNTEN

Als Wolodimer die Taufe empfangen hatte, verordnete er zusammen mit dem Metropoliten Leo, daß von allem der Zehnte gegeben werde zugunsten der armen Waisen, Kranken, Alten, Fremden, Gefangenen, zum Begräbnis der Armen, zur Unterstützung derer, die viele Kinder haben, auch derer, die durch Feuer ihre Habe verloren, und überhaupt zur Unterstützung aller Armen, zur Hilfe für arme Klöster und Kirchen, allen gläubigen Seelen zu Hilfe und Trost.

WER DEM GEISTLICHEN GERICHT UNTERWORFEN IST

Derselbe Wolodimer hat auch dem geistlichen Gericht unterstellt: alle Äbte, Priester, Diakone, den ganzen Stand der Geistlichen, Mönche und Nonnen; auch die Weiber, welche das Brot backen, woraus das Sakrament gemacht wird – das Brot heißt Proscura und zum Backen davon braucht man Weiber, die so alt sind, daß sie ihre Blume nicht mehr haben, die heißen Proscurnitza –; ferner der Priester Frauen und Kinder, Ärzte, Witwen, Hebammen, auch die, an welchen durch einen Heiligen ein Wunder geschehen ist, die, welche zum Heil der Seele jemandes freigelassen wurden, auch alle Kloster- und Spitaldiener und die, welche die Kleider der Mönche machen. Was also zwischen diesen Personen an Zank und Zwist entsteht, darüber hat der Bischof zu entscheiden und festzusetzen. Was aber zwischen einer solchen und einer Laienperson vorfällt, wird in gemeinsamem Gericht entschieden.

Die Bischöfe haben auch die Scheidungen zwischen Knesen wie Bojaren, auch allen Weltlichen, die Kebsen bei sich halten, zu bestimmen. So gehört auch zu des Bischofs Gericht, wenn ein Weib ihrem Manne nicht gehorcht, wenn eines auf Ehebruch oder Hurerei ergriffen wird, wenn einer eine Blutsverwandte zur Ehe nimmt, wenn Gemahl gegen Gemahl etwas Übles vorhat. Ferner Wahrsagereien, Zaubereien, Vergiftungen, Streit wegen Ketzerei oder Unzucht; oder wenn ein Sohn Eltern oder Schwestern zu hart anfährt oder verletzt. Dazu strafen sie die Sodomiter, Kirchenschänder, Totenräuber, und die zu Zauberei etwas von den Bildern der Heiligen oder Kreuzen wegnehmen; die Hunde, Vögel oder andere unreine Tiere in das heilige Haus führen oder verzehren. In derlei Dingen sollen sie die Maße im einzelnen ordnen und festsetzen. Niemand möge sich aber wundern, daß in dieser Beschreibung vieles den kanonischen Gesetzen und Überlieferungen zuwider befunden wird. Denn es ist davon nicht allein durch Alter vieles da und dort verändert, sondern auch gar vieles um Geldes willen verkehrt und entstellt worden.

Wenn der Fürst zuweilen den Metropoliten zu Gaste ruft und seine Brüder nicht da sind, pflegt er ihm an der Tafel die erste Stelle zu geben. Wenn er aber bei einer Totenfeier den Metropoliten und die Bischöfe geladen hat, reicht er ihnen selber zu Beginn des Mahles Speise und Trank. Dann befiehlt er seinen Bruder oder einen andern fürstlichen Mann dazu, dies an seiner Statt bis ans Ende des Mahles zu verrichten.

Damit ich ihre Zeremonien sähe, die sie zu Festzeiten in den Kirchen begehen, habe ich beide Male, daß ich auf Botschaft dort war, am Fest von Unser Frauen Himmelfahrt, am 15. August also, erlangt, daß ich in die oberste Kirche gelassen wurde. In der Kirche waren bis zur Tür im Chor nicht eben kleine Baumzweige gestreut, in der Mitte war eine Bühne, zwei Staffeln hoch, gesetzt. Als ich eintrat, sah ich den Fürsten zur Rechten der Tür, durch die er gekommen war, an der Wand mit bloßem Haupte stehen, gelehnt auf den Stab, den sie Possoch nennen; einen Kolpak hielt er vor sich in der Rechten. Seine Räte standen an den Säulen der Kirche, wohin auch wir geführt wurden. In der Mitte des Tempels auf der Bühne stand der Metropolit in seinem hochzeitlichen Kleid, die runde Mitra auf dem Haupt, die oben mit Heiligenbildern, unten mit Hermelin geschmückt war, und lehnte sich wie der Fürst auf den Possochstab.

Nun sangen die andern, er betete mit seinen Dienern. Dann schritt er auf den Chor zu, gegen unsere Art zur Linken gewandt, (mußte dabei seine Füße in den langen Kleidern über die großen Äste hoch heben)

und trat durch die kleinere Tür hinaus. Vor ihm
schritten die Sänger, Priester und Diakone. Ein Diakon
trug die Patene auf dem Haupt, darauf lag das Brot, das
schon zur heiligen Handlung bereitet war, mit einem
Tüchlein bedeckt; ein anderer den Kelch mit dem
Wein, auch zugedeckt; die andern trugen Bilder von
Sankt Peter, Paul, Nikolaus, dem Erzengel mit großem
Zuruf und Verehrung des umstehenden Volks. Manche im Volke riefen: ‹Herr erbarme Dich›, andere
schlugen mit der Stirn auf den Boden, wie es des
Landes Brauch, und weinten. Mit vielerlei Andacht
und Kult gingen die Leute den umgetragenen Zeichen
nach.

Dann, als der Umgang zu Ende war, kamen sie
durch die mittlere Tür im Chore herein und begannen
das Hochamt oder, wie sie sagen, das höchste Amt, wie
allen Gottesdienst in ihrer Sprache. Dabei singen sie
viel Kyrie eleison und Christe eleison, doch nur in
ihrer Sprache: Gospodin pomilui. Die Epistel und das
Evangelium des Tages liest man außerhalb des Chors,
damit es besser vom Volk verstanden wird, an einem
hohen Pult mit lauter Stimme vor.

Bei meiner ersten Botschaft habe ich an diesem
Festtag über hundert Leute im Burggraben arbeiten
sehen; denn zu feiern pflegen nur die Fürsten und
Bojaren, wie wir später noch sagen werden.

Verächtlich ists für den jungen Mann, wenn er um jemandes Tochter wirbt. Sondern der Vater nimmt sich den Jüngling heran, damit er seine Tochter nimmt, und spricht zu ihm gewöhnlich etwa so: «Dein Wesen und Tun gefällt mir, darum wollte ich dir wohl meine Tochter vermählen.» Der junge Mann erwidert: «Wenn du mir deine Tochter vermählen willst und dir das gefällt, will ich mich mit meinen Verwandten darüber bereden.»

Wird es dann von Verwandten und Freunden für gut angesehen, so schließt man ab und handelt darüber, was der Vater seiner Tochter zur Mitgift geben will. Ist auch das abgemacht, so bestimmt man den Tag der Hochzeit. Inzwischen wird der Bräutigam vom Hause der Braut immer ferngehalten. Wenn er sie doch einmal zu sehen begehrt, sagt der Vater: «Frag andere, die sie kennen, von denen erfährst du wohl, wie sie ist.» Nur wenn die Abrede so bindend gemacht ist, daß der Bräutigam nicht ohne schwere Strafe zurücktreten kann, auch wenn er es wollte, so läßt man ihm vor der Hochzeit den Zutritt.

Als Heiratsgut gibt man gewöhnlich Rosse, Kleider, Waffen, Vieh, Knechte und dergleichen. Auch die zur Hochzeit Gebetenen schenken selten oder nie Geld, sondern schicken der Braut andere Gaben. Der Bräutigam läßt sorgfältig darauf schreiben, von wem ein jedes gegeben ist. Nach der Hochzeit übersieht er die Gaben der Reihe nach, ob etwas dabei ist, was er für seinen Nutzen zu behalten denkt: Das schickt er auf den Markt und läßt es von denen schätzen, die den Waren die Preise bestimmen. Die andern Waren schickt er mit seinem Dank an die zurück, von denen sie kamen. Was er aber behalten hat, bezahlt er in der Höhe der Schätzung nach Jahresfrist oder entgilt es mit anderen Waren gleichen Wertes. Wenn aber einer seine Gabe höher einschätzt, als der Bräutigam zahlen oder entgelten will, so muß er sich mit den vereideten Schätzungen begnügen. Vergütet aber der Bräutigam die Sachen nicht in Jahresfrist und stellt das Geschenk auch nicht zurück, so ist er schuldig, sie zwiefach zu vergüten; und hat er die Gaben nicht von den Geschworenen schätzen lassen, muß er sie dem Geber nach dessen Gutdünken und Anschlag vergüten. Diese Sitte aber hält das Volk bei jeder Art von Geschenken.

Blutsverwandte und Verschwägerte bis zum vierten Grad zu heiraten wird nicht erlaubt. Daß zwei Brüder zwei Schwestern nehmen, halten sie für ketzerisch. Ebenso darf keiner seines Schwagers Schwester nehmen. Auch achten sie strenge darauf, daß die geistliche Verwandtschaft, die Gevatterschaft nämlich, nicht untereinander heiratet.

Wenn einer eine zweite Frau zur Doppelehe nimmt, lassen sie es zu, doch meinen sie meist, das sei keine rechtmäßige Ehe. Eine dritte Frau nehmen duldet man nur, wenn ganz besondere Ursachen dazu sind. Eine vierte gibt man vollends nicht zu, sie sagen, das sei nicht christlich. Scheidung ist gewöhnlich bei ihnen,

sie geben Scheidebriefe. Immerhin verbergen sie das
nach Möglichkeit, denn sie wissen, daß es gegen die
Religion und ihre Gesetze ist. Wir haben erzählt, wie
der Großfürst die Salomea, die er einundzwanzig
Jahre, aber unfruchtbar, gehabt, von sich scheiden und
in ein Kloster nötigen ließ und wie er Helena, Tochter
des Knes Basilius Lintzki, zur Frau nahm. Einige Jahre
zuvor war ein Knes Basilius Bielski aus Litauen nach
Moskau geflohen. Da ihm die Freunde sein junges
Weib, das er eben erst genommen hatte, nicht nach-
ziehn lassen wollten (sie glaubten nämlich, er werde
aus Liebe und Sehnsucht zu ihr zurückkehren), brachte
er die Sache vor den Rat des Metropoliten, und nach
gehaltenem Rat sprach der Metropolit: «Weil die
Schuld nicht bei dir ist, sondern eher bei der Frau und
besonders ihren Verwandten, daß sie nicht bei dir
wohnen kann, so will ich dir an des Gesetzes Gnade
Teil geben und dich von ihr lösen.» Als er das vernommen, nahm er eine Fürstin von Resan, von der er Söhne
erhielt, die beim Fürsten in großem Ansehn standen
(auch wir haben sie gesehen). Der eine ging wieder
nach Litauen herüber und kam dann nach Innsbruck zu
dem römischen König Ferdinand, wo ich ihn vorge-
stellt und ihm Gutes erwiesen habe. Er ist dann nach
Venedig, in die Türkei und weiter durch die Tatarei
wieder nach Litauen gezogen. Die armen Leute hat er
unmenschlich gehalten und ist denn zuletzt von ihnen
erschlagen worden.

Ehebruch nennen sie es nur, wenn einer die Frau
eines andern besessen hat. Sie halten ihre Weiber in

schlechter Liebe, weil sie sie ungesehen nehmen und behalten müssen, wie sie sind. Besonders die Vornehmeren und Edlen, die viel und oft in Diensten sind und reisen müssen, verlassen sie oft und begehen andere unnatürliche Sachen.

Das Leben der Weiber ist erbärmlich. Denn sie halten keine für ehrbar, die nur auf die Gasse geht. Darum halten die Reichen und Vornehmen ihre Frauen so abgeschlossen, daß niemand ihnen zu Gesicht oder mit ihnen zum Reden kommt, übergeben ihnen auch nicht die Wirtschaft, einzig das Nähen und Spinnen. Die ganze Wirtschaft verrichten sie allein mit Knechten. Huhn, Vogel oder Fisch, von Weibern getötet, scheuen sie wie Unreines zu essen; wenn die Weiber der Ärmeren etwas zu töten haben und die Männer nicht daheim sind, stellen sie sich mit der Henne, oder was es ist, und einem Messer unter ihre Haustür, und wenn ein Mann vorbeigeht, bitten sie ihn, das Tier zu töten. Selten läßt man sie zur Kirche, noch seltener zu Freunden, sie wären denn so alt geworden, daß man nicht mehr auf sie achtet und keinen Verdacht hat. Nur zur Sommerszeit gestatten sie Frauen und Töchtern an bestimmten Festtagen zur Kurzweil auf den lieblichen Wiesen zusammenzukommen. Da haben sie gewöhnlich ein Rad wie das der Fortuna, darauf sitzen sie so, daß die eine die andere vom untersten zum obersten treibt. Oder aber sie hängen ein Seil auf, hängen sich hinein und schaukeln, indem sie sich hin und wieder stoßen. Oft kommen sie bei solcher Kurzweil schwer zu Fall. Oder auch sie stehen

vor ihren Häusern, singen und schlagen klatschend die
Hände zusammen. Tanzen tun sie nicht.

Es lebt in Moskau ein deutscher Kugelschmied und
Büchsenmeister, Jordan genannt, von Hall im Inntal,
der nahm eine Russin zum Weibe; und als sie schon
lange beieinander gewesen, spricht sie einmal freundlich zu ihm: «Warum hast du mich nicht lieb?» Er sagt,
er habe sie sehr lieb, dagegen sie: «Ich habe von dir kein
Zeichen davon.» Er fragt, was für ein Zeichen sie
wolle. «Hast du mich doch nie geschlagen», spricht sie.
Darauf sagt er, er hätte nicht gedacht, daß Schläge
Zeichen der Liebe seien, es solle aber auch an dem nicht
fehlen. Nicht lange danach schlug er sie unbarmherzig,
und hat mir selbst gesagt, daß sie ihm so viel Liebe
zuvor nie erzeigt hätte. Das übte er mehr und mehr.
Zuletzt, während wir in Moskau waren, schlug er ihr
Schenkel und Schädel ein.

NUNMEHR WEITER VON DER
WELTLICHKEIT

Alle im Land nennen sich ihres Fürsten Chlopn, das
heißt verkaufte Knechte. Alle Vornehmeren haben zu
Dienern gekaufte oder gefangene Leibeigene. Wenn sie
außerdem zuweilen einen Freien zum Diener haben, so
steht es dem nicht frei, jederzeit von seinem Herrn
wegzugehen; denn ginge er ohne Einwilligung seines
Herrn, so würde ihn niemand annehmen. Wenn ein
Herr einen wackeren Diener nicht gut hält, meiden alle

andern den Dienst bei ihm, und er kann nur schwer neue Diener bekommen.

Das Volk ist von solcher Natur, daß sie sich der Leibeigenschaft mehr als der Freiheit freuen. Sterbende lassen in ihren letzten Verfügungen oft Leibeigene frei: Die bleiben selten in der Freiheit, sondern verkaufen sich dann selbst an andere Herren. So verkauft auch der Vater den Sohn, und wenn sich der Sohn durch seine Dienste oder sonstwie frei macht, kann ihn der Vater zum zweiten und dritten Mal verkaufen; erst nach dem vierten Verkauf hat er kein Recht mehr über ihn. Wenn sie mit uns auf die Litauer zu sprechen kamen, pflegten sie spöttisch von ihnen zu reden, etwa: wenn deren König oder Großfürst einem beföhle, in einer Botschaft oder anders fortzureisen, so sprächen sie: ihr Weib sei krank oder die Pferde seien lahm. «Das ist bei uns hier nicht», sagen sie, und das mit lachendem Mund; «sondern willst du deinen Kopf gesund haben, so reite hin auf jeden Befehl.» – Allein der Großfürst, und wem er das überträgt, kann Leibeigene wie andere zum Tode verurteilen.

Der Fürst läßt in jedem zweiten oder dritten Jahre die Söhne der Bojaren in den einzelnen Provinzen zählen und aufschreiben, damit er ihre Zahl erfahre und wieviele Pferde und Diener ein jeder hat. Dann setzt er den einzelnen Jahrgelder, wie zuvor gesagt ist; die aber genug Vermögen haben, dienen ohne Besoldung. Selten läßt er ihnen Ruhe; denn er hat gewöhnlich Krieg mit den Litauern oder Livländern oder Tataren von Kasan, und ist auch einmal kein offener Krieg,

so hat er doch Jahr für Jahr in den Landen an Don und
Oka gegen die Einbrüche und Raubzüge der Tataren
von der Krim zwanzigtausend Mann auf der Grenz-
hut. Ferner pflegt er jährlich aus den Provinzen der
Reihe nach etliche aufzurufen, die ihm zu Moskau am
Hof in jeglichen Ämtern dienen müssen. Zur Kriegs-
zeit aber dienen sie nicht in den jährlich aufgeteilten
wechselnden Ämtern, sondern all und jede, die Jahr-
geld bekommen, wie die auf die Gnade des Fürsten
warten, müssen in den Krieg ziehen.

Ihre Pferde sind klein, verschnitten, unbeschlagen,
mit ganz leichtem Gebiß. Die Sättel sind klein und so
eingerichtet, daß sie sich ohne Müh nach allen Seiten
drehen können, um mit dem Bogen zu schießen. Sie
sitzen ganz kurz, als ob sie die Knie auf dem Sattel
zusammenbringen wollten, daher sie von Lanze oder
Speer keinen kräftigen Stoß ertragen können. Sie
brauchen die Sporen wenig, gewöhnlich die Geißel,
die hängt immer am kleinen Finger der rechten Hand;
da können sie sie greifen und gebrauchen, wenn es
nötig ist, und wieder, wenn Bogen oder Sehne in die
Hand genommen werden soll, so hängt die Geißel von
der Hand an dem Fingerlein herab.

Ihre gewöhnlichen Waffen sind Bogen und Pfeil,
ferner Speer und Axt; dann ein Holz, etwa zwei
Spannen lang, daran ist ein starker Riemen angeschla-
gen und an dessen Ende ein Knoten von Kupfer oder
Eisen, wohl auch von Hirschhorn eingenäht – der
Riemen ist auch fast anderthalb Spannen lang, und
damit meinen sie, hart zu schlagen. Diese Waffe wird

auf russisch Kesteni genannt, polnisch Basalick. Säbel
haben nur die Edlen und Reichen. Sie haben lange,
krumme Dolche, die sie neben andern Messen an der
rechten Seite hängen haben, so tief in die Scheide
gesteckt, daß man an das Heft nur ganz oben heran-
kommen und es in der Not kaum fest greifen kann.
Der Zügel am Zaum ist lang und am Ende mit einem
Loch, da greifen sie mit einem linken Finger hinein,
damit sie den Bogen spannen und zugleich den Zügel
ziehen können. So halten sie zusammen und zu einer
Zeit in Händen, Zügel, Bogen, Pfeil, Spieß und Geißel
und wissen sie geschickt und ohne alles Hindernis zu
brauchen.

Manche von den Vornehmen tragen Panzer, ungefähr wie ein Küraß, kunstvoll aus Schuppen zusam-
mengefügt, und Armschienen. Nur ganz wenige tragen Helme, gebaucht und zu oberst wie Pyramiden
zugespitzt. Andere wieder haben Kleider von Seide,
dick mit Wolle ausgefüttert, die einen gewöhnlichen
Pfeil aufhalten. Auch Spieße brauchen sie. Ihre Pferde
tragen den Kopf alle tief, sind sehr notleidig, leisten
viel Arbeit.

Fußvolk und Geschütz pflegten sie in Feldzügen
noch nicht zu brauchen. Denn all ihr Tun, ob sie
angreifen oder nachsetzen oder fliehen, tun sie plötzlich und in Eile, und so könnte ihnen weder Fußvolk
noch Geschütz folgen. Gleichwohl hat der jetzige Fürst
Basilius ein Jahr, nachdem der Tatarenkönig von der
Krim in das Königreich Kasan, das er dem Moskowiter abgedrungen, seinen Enkel eingesetzt hatte und

beim Rückweg zwei Meilen von Moskau gelagert war, am Fluß Oka sein Lager aufgeschlagen und dabei zum erstenmal Fußvolk und Geschütz gehabt, damit er seine Macht sehen ließe: vielleicht um so die Schmach seiner Flucht im vorigen Jahre abzuwischen, da man sagte, er habe einige Tage unter einem Schober Heu versteckt gelegen, oder vielleicht um den König, von dem er einen neuen Einfall besorgte, von seiner Grenze fernzuhalten. Gewiß hatte er in der Zeit, als wir dort waren, von Litauern und allerlei Nationen etwa fünfzehnhundert Mann zu Fuß.

Ihren Feind greifen sie im ersten Stoß verwegen an, verharren aber nicht lange; sie tun, als ob sie sagen wollten: flieht, oder wir werden fliehen.

Städte erobern sie selten mit Gewalt oder schärferem Berennen; aber mit langer Belagerung durch Hunger oder Verräterei bringen sie sie zur Übergabe. Smolensk hat Basilius mit viel Geschütz bestürmt und beschossen, das er zum Teil aus Moskau mitgebracht, zum Teil dort bei der Belagerung hatte gießen lassen, und konnte doch nichts schaffen. Auch Kasan hat er mit großer Gewalt belagert und gleichfalls Geschütze aufgeführt, die er auf dem Fluß herbeigeholt hatte, und auch da konnte er nichts schaffen; dieweil die Burg entzündet wurde, sahen seine Leute zu, bis sie niederbrannte und ganz von neuem aufgebaut wurde, und wagte keiner, derweil den kahlen Hügel zu ersteigen und zu besetzen.

Der Fürst hat jetzt Geschützgießer aus Deutschland und Italien, die Büchsen, Feldgeschütz, auch Eisenku-

geln, und was bei uns die Fürsten brauchen, gießen.
Die Moskowiter aber haben das im Kampf, weil sie
alles auf die Schnelligkeit gesetzt haben, nicht zu
brauchen gewußt.

Sie wissen auch schon gar nicht den Unterschied der
Geschütze oder ihre rechte Verwendung. Sie haben
kein Wissen, meine ich, wann sie das größere Geschütz
zum Mauerbrechen, oder das kleinere zur Feldschlacht
oder Abwehr von der Mauer brauchen sollen. Das ist
oft gesehen worden und zumal jüngst zu der Zeit, als
die Tataren im Land waren und sie besorgten, die
würden die Burg Moskau berennen. Einer der Statthalter berief den deutschen Büchsenmeister und
sprach: «Lieber Niklas, nimm die große Büchse und
laß sie unter das Tor bringen.» Er war ein altes
Eisenstück, wie ein Mörser, im Mundloch konnte ein
Mann aufrecht sitzen, so hoch und höher; es hatte da
viele Jahre unbewegt gelegen. Meister Niklas lachte
dazu, das brachte den Statthalter in Zorn: «Lachst du
darüber?» sagte er. Spricht Meister Niklas: «In drei
Tagen könnte ichs dir dorthin nicht bringen und zum
Schießen herrichten, und wenns dahin gebracht
würde, mit dem ersten Schuß täte das Tor umfallen.»

Jede Nation hat wie in andern Sachen auch im
Kriegführen ihre Unterschiede und Besonderheit. Der
Moskowiter, hat er einmal die Flucht ergriffen, denkt
kein Heil als das in der Flucht; wird er vom Feind
verfolgt oder erreicht, ergibt er sich nicht, begehrt
keine Gnade, läßt sich schlagen, flieht nur, so lang er
kann. Der Tatar dagegen, auch wenn er vom Pferd

gestürzt, aller Waffen beraubt, hart verwundet ist, schlägt, beißt, kratzt, wehrt sich, wie er immer kann, bis zum letzten Hauch. Der Türk, wenn er sieht, daß keine Hilfe und keine Hoffnung fortzukommen da ist, bittet flehentlich um Gnade, wirft die Waffen weg, bietet beide Hände, spricht: «Herr, binde und verdirb nicht einen redlichen Mann.»

Wenn sie ein Lager aufschlagen, wählen sie einen recht weiten Platz, wo die Vornehmen ihr Gezelt aufschlagen. Die andern machen auf der Erde aus Ruten eine Art Gewölb, darüber decken sie ihre Lapantze, das sind ihre Mäntel, und schützen so ihre Sättel, Bögen und andres der Art sowie sich selbst gegen Regen. Die Pferde treiben sie auf die Weide, und deretwegen haben sie so weit verstreute Zelte. Sie befestigen das alles weder durch Wagen noch Gräben, noch sonst ein Hindernis; höchstens daß der Ort von Natur mit Wald, Flüssen oder Sumpf geschützt ist.

Es möchte wohl manch einen Wunder nehmen, wie sie mit so wenig Besoldung und so lang, wie ich vorher gesagt habe, sich und die ihrigen unterhalten können. Deshalb will ich von ihrer Kargheit und sparsamem Leben ein wenig vermelden. Wer mit sechs oder zuweilen noch mehr Pferden auszieht, braucht von ihnen nur eins als Lasttier, darauf er das zum Leben Nötige führt. Zuerst hat er gemahlene Hirse in einem Sack, der zwei oder drei Spannen lang ist; dann gesalzenes Schweinefleisch, acht bis zehn Pfund; in noch einem Sack hat er Salz, und wenn er reich ist, auch Pfeffer dabei. Außerdem trägt jeder ein Beil

hinten am Gürtel, hat ein Feuerzeug und einen Kessel
oder Topf von Kupfer mit. Und erst, wenn er an einen
Ort kommt, wo gar nichts von Baumfrüchten, Wurzeln, Zwiebeln, Knoblauch oder auch Wildbret oder
Fisch zu finden ist, dann erst zündet er ein Feuer an,
füllt den Topf mit Wasser und tut einen Löffel Hirse
mit etwas Salz hinein: das kocht er, und mit der Speise
begnügt sich Herr und Knecht. Wenn aber der Herr
gar hungrig ist, nimmt er das Ganze, und so können
die Knechte manchmal zwei und drei Tage prächtig
fasten. Außerdem, wenn der Herr reichlicher tafeln
will, tut er ein kleines Stückchen Schweinefleisch
dabei.

Solches ist nicht von den Vornehmen gesagt, sondern von Leuten mittleren Standes. Die Führer und
andern Befehlsleute im Heer laden zu Zeiten auch die
Ärmeren zu sich ein; haben die dann ein gutes Mahl
bekommen, so fasten sie hernach wohl zwei oder
drei Tage. Ebenso wenn sie Früchte, Wurzeln oder
Zwiebeln haben, können sie leicht alles andere entbehren.

Sollen sie in den Kampf gehen, so setzen sie ihre
meiste Hoffnung auf die Menge, daß sie mit vielen
Truppen den Feind angreifen, weniger auf die Kraft
der Soldaten und ein recht in Ordnung aufgestelltes
Heer. Besser kämpfen sie auf Pfeilschußweite als im
Handgemenge, darum tun sie auch alles, den Feind zu
umgehen und im Rücken anzugreifen.

Trompeter haben sie viele. Wenn die nach Art ihres
Landes alle auf einmal aufblasen, ist es erstaunlich und

fremd anzuhören. Sie haben noch eine andere Art Musik, wie eine Schalmei, die nennen sie Szurna. Wenn sie die spielen, blasen sie wohl eine Stunde lang ohne Aufhören und Atemholen. Die Backen aber pflegen sie vorher mit Luft zu füllen; dann ziehen sie, sagt man, den Atem beständig durch die Nase ein, und so gibt die Schalmei ohne Unterlaß ihren Ton.

Alle tragen Kleidung nach gleicher Form: lange Röcke, schmal, ohne Falten, mit engen Ärmeln, ungefähr wie die ungarische Tracht. Darauf haben die Christen die Knöpfe, womit sie die Brust zusammenhalten, auf der rechten, und die Tataren, die sonst ähnliche Kleidung tragen, auf der linken Seite. Die Stiefel sind allermeist rot, kurz genug, daß sie nicht an die Knie reichen, mit kleinen Nägeln auf den Sohlen; auch vorn die Spitze und hinten die Ferse hinauf sind sie oft beschlagen, welches sie statt der Sporen gebrauchen. Ihre Hemden haben sie um den Hals alle mit vielen Farben geschmückt und gewöhnlich vergoldete Knöpfe von Silber oder Kupfer, auch Perlen daran, die das Koller zusammenhalten. Den Leib gürten sie nicht, sondern die Lenden, und so tief herab, daß der Bauch kräftig hervorsteht. Das war mir damals fremd, aber jetzt sieht man auch die Deutschen und andere große Bäuche ziehn, da doch die Deutschen auch ohne das für schwer und großleibig geachtet werden.

Die Jünglinge und Knaben haben gewöhnlich in der Stadt einen großen offenen Platz, wo sie an Festtagen zusammenkommen und von den Leuten gesehen und gehört werden können. Mit bestimmten Pfiffen als

Zeichen rufen sie sich zusammen; dann laufen sie hin und kämpfen untereinander. Erst schlagen und stoßen sie sich mit den Fäusten, bald auch mit Knien und Füßen durcheinander mit aller Kraft ins Gesicht, auf Hals, Brust, Bauch, Gemächte oder wie sie es sonst können; einer wirft den andern hin im Streit um den Sieg, daß man sie oft halb lebendig davonträgt. Wer dann die meisten besiegt, am längsten auf dem Platz bleibt, am tapfersten die Schläge erträgt, der hat den Ruhm. Diese Art Wettkampf haben sie, daß sich die Buben gewöhnen, Schläge zu geben und Stöße zu ertragen.

Wider die Räuber hält man strenge Gerechtigkeit. Ergreift man sie, so zerschlägt man ihnen erst die Fersen, dann läßt man sie zwei oder drei Tage liegen, bis es schwillt; dann bewegt man sie so hin und her. Sie haben keine andere Art der Tortur, daß die Verbrecher ihren Raub bekennen und ihre Gesellen angeben. Hat man so einen ausgefragt und des Todes schuldig befunden, so hängt man ihn auf. Mit anderm Tode strafen sie selten, es habe denn einer allzu Übles begangen. Ich habe Leute hängen sehen, denen die Füße abgefallen oder von Wölfen abgefressen waren, habe auch die Wölfe dran fressen sehen: so tief hängt man sie.

Diebstahl straft man selten mit dem Tod, ja auch Todschlag selten, er sei denn Raubes halber geschehen. Wer aber einen Dieb beim Diebstahl ergreift und tötet, bleibt ohne Strafe, doch nur, wenn er den Getöteten vor den Hof des Fürsten bringt und meldet, wie die

Sache geschehen. Nicht einmal die mit Tieren umgehen, werden mit dem Tode bestraft.

Wenige von den Amtleuten haben die Macht, zum
Tode zu verurteilen. Von den Untertanen wagt keiner
unter Tortur zu verhören. Die meisten Übeltäter
werden nach Moskau oder den andern Hauptstädten
gebracht. Man hält aber solches Strafgericht meist nur
im Winter; denn im Sommer stehen die Kriegssachen
im Weg.

FOLGEN VERORDNUNGEN DES
GROSSFÜRSTEN JOHANN, BASILIUS' SOHN,
ERLASSEN IM JAHRE 7006

Wenn ein Beklagter zu einem Rubel verurteilt ist, zahle
er dem Richter zwei Altin, dem Notar acht Dengen.
Sofern sich die Parteien in Güte vereinigen, eh sie auf
den Platz des Zweikampfs kommen, sollen sie dem
Richter und Notar nicht weniger zahlen, als wenn das
Gericht ergangen wäre. Wenn sie an den Platz eines
Zweikampfs kommen, wo nur der Ocolnick und
Nedelschnick entscheiden kann, und sich dort etwa in
Güte vereinigen, sollen sie dem Richter zahlen wie
vorher, dem Ocolnick fünfzig Dengen, dem Nedel-
schnick auch fünfzig Dengen und zwei Altin, dem
Schreiber vier Altin und eine Denge. Kommen sie aber
zum Kampf und einer wird besiegt, dann zahle der
Beklagte dem Richter so viel von ihm verlangt wird,
dem Ocolnick gebe er eine Poltina und die Waffen
des Besiegten, dem Schreiber fünfzig Dengen, dem

Nedelschnick eine Poltina und vier Altin. Geschieht aber der Zweikampf wegen Brandlegung, Tötung eines Freundes, Raub oder Diebstahl, dann empfange der Kläger, wenn er siegt, vom Beklagten, was er verlangt, dem Ocolnick gebe man eine Poltina und die Waffen des Überwundenen, dem Schreiber fünfzig Dengen, dem Nedelschnick eine Poltina, dem Veston (das ist der, der beide Parteien nach den vorgeschriebenen Bedingungen zum Kampf zusammenläßt) vier Altin. Und was dem Überwundenen noch bleibt, werde verkauft und den Richtern gegeben; am Leibe aber strafe man ihn nach dem Maße seiner Untat.

Die ihre Herren töten, Burg oder Stadt verraten, die Kirchenschänder, Kinderdiebe, ferner, die heimlich Sachen in eines andern Haus bringen und dann sagen, sie seien ihnen gestohlen (die nennen sie Podmetzschek), dazu die Brandleger und offnen Übeltäter werden mit dem Tode bestraft.

Wer erstmals des Diebstahls überführt wird und dabei nicht um Kirchenschändung oder Kinderdiebstahl beklagt wird, soll nicht mit dem Tode, sondern mit öffentlicher Büßung bestraft werden: das heißt, er wird mit Stöcken geschlagen und vom Richter mit Geldstrafe belegt. Wird er abermals auf Diebstahl betreten und hat nichts, um den Kläger oder Richter zu bezahlen, soll er getötet werden. Wenn sonst ein Dieb überführt ist und nichts hat, daß er den Kläger befriedigen kann, soll er mit Stöcken geschlagen und dem Kläger überlassen werden. Wird einer um Diebstahl beklagt und ein ehrbarer Mann bestätigt mit seinem

Eid, daß er schon früher Diebstahls überführt war oder
wegen Diebstahls sich mit jemandem ohne Gericht-
spruch ausgeglichen hatte, soll er getötet werden. Mit
seinen Gütern geschehe wie vorher. Wird ein Mensch
von gemeinem Stand oder verdächtigem Leben des
Diebstahls beklagt, soll er zum Verhör gerufen werden. Wenn er dann des Diebstahls nicht überführt
werden kann, soll er Bürgschaft geben und bis zu
weiterer Untersuchung losgelassen werden.

Für eine schriftliche Erkenntnis, die auf eines Rubels
Wert geht, sind dem Richter neun Dengen zu zahlen;
dem Sekretär, der das Siegel führt, ein Altin; dem
Notar drei Dengen.

Amtleute, die keine Befugnis haben, einen Rechts-
fall zu führen und das Urteil zu fällen, sollen die eine
Partei zu etlichen Rubeln verurteilen und dann ihr
Gutdünken an die ordentlichen Richter schicken.
Wenn die es für recht und billig erkennen, sollen für
jeden Rubel dem Richter ein Altin, dem Sekretär vier
Dengen gezahlt werden.

Wer einen andern um Diebstahl, Raub oder Totschlag
beklagen will, geht nach Moskau und bittet jenen
vorzuladen. Darauf wird ihm ein Nedelschnick angewiesen, der dem Beklagten den Termin setzt und ihn
nach Moskau bringt. Der Beklagte, vor den Richter
gestellt, verneint gewöhnlich die Zicht. Wenn der
Kläger Zeugen vorbringt, fragt man beide, Kläger und
Beklagten, ob sie bei ihren Aussagen bleiben wollen;
darauf sagen sie gewöhnlich: «Man verhöre die Zeu-

gen nach Recht und Brauch.» Sagen die Zeugen gegen den Beklagten aus, so erhebt er sofort Einsprache gegen ihre Aussage und Person und erklärt: «Ich bitte mich zum Eid zuzulassen; ich befehle mich dem göttlichen Recht und begehre den Platz und den Kampf.» So wird ihnen nach dem Brauch ihres Landes der Zweikampf angesetzt.

Zum Kampf darf jeder einen andern an seiner Statt aufstellen und die Waffen nehmen, die er will, außer Büchse und Bogen. Oft nehmen sie lange Panzer, sogar zwei übereinander, Harnisch, Armschienen, Helm; dann in die Hand meistens einen Spieß, ein Beil und statt des Dolches ein Eisen, aus zwei Stücken zusammengesetzt, wo man die Hand hindurchstecken kann – es ist trotzdem zu allem zu brauchen: das Eisen hat an beiden Teilen unter und über der Hand scharfe Spitzen zum Stechen; sie verwenden es meistens beim Fußkampf.

Zuerst brauchen sie die Spieße, dann die andern Waffen. Seit Jahren haben die Moskowiter in Kämpfen mit Ausländern: Deutschen, Polen und Litauern, fast immer verloren. Zuletzt, als ein junger Litaue von sechsundzwanzig Jahren mit einem Moskowiter, der davor in zwanzig Kämpfen gesiegt hatte, den Kampf gewagt und ihn erschlagen hatte, empörte sich der Großfürst, forderte den Mann vor sich und spuckte vor ihm aus, wie er ihn sah; danach befahl er, künftig dürften die Ausländer mit den Moskowitern nicht mehr kämpfen. Die Moskowiter überladen sich mit ihren vielen Waffen, die Ausländer dagegen gehen mehr mit Klugheit als Schutzwaffe vor. Vor allem hüten sich die Ausländer, daß es nicht zu Handgriffen kommt, denn sie wissen, daß die Moskowiter stark an Händen und Armen sind. Sondern sie machen sie durch Geschicklichkeit und Behendigkeit müde und siegen so. Dem jungen Litauer hatten sie hier und da Steine hingelegt, er tat darum im Anfang, als wiche er vor dem Bathyr (so nennen sie einen redlichen Mann), und strebte den Steinen zu; dann hob er einen nach dem andern auf und siegte durch sein Werfen. Jeder Kämpfer hat gemeinhin einen großen Beistand von Freunden als Zuschauer, doch ohne Waffen – allein Stöcke haben sie und gebrauchen sie auch zuweilen. Denn geschieht es, daß ein Teil meint, seinem Manne geschähe Unbill, so kommen sie zu Krieg und zu Schlägen, was lustig zu sehen ist, denn es geht mit bloßem Raufen, Boxen und Prügeln ab.

Eines einzigen Edelmanns Zeugnis gilt mehr als das von vielen aus dem gemeinen Volk. Sie haben selten Anwälte oder Fürsprecher, jeder muß seine Sache selber reden. Wiewohl der Fürst unmäßig streng, ist trotzdem das Recht bei ihnen gradezu öffentlich käuflich Wir haben gehört, wie ein hochangesehener Rat überführt wurde, von zwei Parteien in einer Sache Gaben genommen und für den, der am meisten gab, geurteilt zu haben. Die Sache wurde vor den Fürsten gebracht, der Rat leugnete auch gar nicht, sondern sagte: «Der ist ein reicher, ehrbarer Mann, darum ist ihm mehr als dem Armen zu glauben.» Obwohl der Fürst das Urteil aufhob, lachte er doch dazu und ließ den Rat ohne Strafe. Vielleicht ist an solcher Habgier und Ungerechtigkeit die große Armut mit schuld; weil der Fürst weiß, daß seine Leute nichts haben, läßt er solche Untaten und Unrechtlichkeit hingehen, als ob ihnen keine Strafe gebühre. Die Armen gelangen gar nicht bis zum Fürsten, sondern nur zu den Räten, und selbst dahin nicht so leicht.

Ocolnick ist so viel wie ein vom Fürsten eingesetzter Praetor oder Richter; zugleich wird der oberste Rat, der beständig um den Fürsten weilt, so bezeichnet.

Nedelschnick ist ein gewöhnliches Amt bei ihnen; die haben zum Gericht vorzuladen, Verbrecher zu fassen und ins Gefängnis zu setzen. Sie sind aus dem Bojarenstand. –

Der Bauer muß für den Herrn sechs Tage in der Woche arbeiten, der siebente ist sein. Er hat ein eigenes, vom Herrn zugemessenes Stück Feld und Wiese, womit er auskommen muß; alles übrige gehört dem Herrn. Es ist ein elendes Volk, mit allem Leib und Gut der Edlen Raub; dazu schlägt man sie furchtbar; sie werden als mit einem Schmähwort Christian (Christ) und Schwarzmännchen genannt. Es sind ihrer stets zwei in einem Haus, der eine arbeitet für den Herrn, der andere für das Haus.

Der Bojar oder Edelmann ist zwar arm, doch deucht es ihm schmählich, mit der Hand zu arbeiten. Aber dessen schämten sie sich nicht, wenn wir oder unsere Diener von Früchten wie Äpfeln, Birnen, Melonen die Schalen wegwarfen, die aufzuheben und zu essen – sogar von Zwiebeln die Schalen. Wie sie mit Essen kargen, so sind sie mit Trinken maßlos, wo sich nur die Gelegenheit bietet. Ziemlich alle sind sie langsam zum Zorn, aber in ihrer Armut arg hochmütig. Doch haben sie einen schlimmen Gefährten der Armut, die Dienstbarkeit. Sie tragen lange Kleider und weiße spitzige Hüte von Filz, woraus man sonst grobe Mäntel macht. Die Stuben in ihren Häusern sind wohl weit und hoch, die Türen aber niedrig und die Schwellen hoch, so daß sie beim Hineingehen, besonders mit ihren Hüten, sich ordentlich bücken und zugleich in den langen Kleidern die Füße hoch aufheben müssen. Ich habe ihnen ausgelegt, warum: damit sie in Übung bleiben, sich mit dem Kopf zu neigen und die Füße den Sitz zu Pferd in Übung zu halten. Es ist aber nur wegen der Kälte in den Stuben.

Handwerker und Arbeiter nehmen als Tagelohn anderthalb Dengen, das wäre viereinhalb Wiener Pfennig, Meister zwei Dengen, und auch die arbeiten ohne Eifer, wenn man sie nicht tüchtig dazu schlägt. Den Dienern geht es so, wie hiervor vom Weibe gesagt ist: sie meinen, ihre Herren lieben sie nicht, wenn sie ungeschlagen bleiben.

VOM BESUCH IM HAUSE EINES ANDERN

Ein jeder hat in seinem Haus oder Zimmer Bilder von Heiligen, gemalt oder gegossen, über seiner Sitzstatt an ehrbarem Platz. Wenn ein Gast kommt und in das Gemach tritt, entblößt er gleich das Haupt und sieht

sich um, wo das Bild ist. Hat er das ersehen, bekreuzigt
er sich dreimal, neigt das Haupt und sagt: Herr erbarm.
Dann erst grüßt er den Wirt mit diesen Worten: Gott
gebe dir Gesundheit. Nun bieten sie sich die Hände,
küssen einander, neigt ein jeder den Kopf gegen den
andern. Und zugleich schaut einer auf den andern,
damit er sich nicht zu wenig neigt und herabläßt, denn
jeder will für höflicher gelten. Und so verbeugen sie
sich drei- und viermal, je länger, je tiefer, und erweisen
sich Ehre.

Danach setzen sie sich, und wenn sie ihr Geschäft
verrichtet haben, steht der Gast auf, geht in die Mitte
des Zimmers, entblößt dabei seinen Kopf gegen das
Bildnis, und wieder bekreuzigt er sich dreimal, und
mit den Worten und Verbeugungen, mit denen er
gekommen ist, geht er wieder fort. Ist der Gast ein
Mann von Ansehen, so folgt ihm der Wirt bis an die
Treppe; ist er noch vornehmer, so begleitet er ihn noch
weiter, je danach von welchen Würden er ist.

Wunderbar beachten sie die Schicklichkeit. Keinem
jungen oder geringern Mann ziemt es, bis unter des
Älteren oder Oberen Haustor zu reiten, er steigt davor
ab. Schwer kommen die Ärmeren selbst zu den gemeinen Edelleuten; denn die sitzen stets im Haus und
kommen selten hervor, damit sie ihre Würde und
Achtbarkeit erhalten. Auch kein Adliger, der nur
etwas reich ist, geht bis zum vierten oder fünften Haus
zu Fuß; er reitet oder man führt ihm das Pferd nach.
Allein im Winter, wenn es gefroren und glatt und mit
ihren Pferden, die unbeschlagen sind, gefährlich zu

reiten ist oder wenn sie in den Hof des Fürsten oder in die Kirchen gehen, dann lassen sie ihre Pferde zuhaus. Jederzeit aber trägt man ihnen Mantel und Stab nach, und sobald einer geht, nimmt er den Stecken in die Hand; doch ist der nicht jedem erlaubt, so nicht den Jüngeren und minder Angesehenen.

Die Herren sitzen immer in ihren Gemächern, selten oder nie verhandeln sie etwas im Auf- und Niedergehen. Sie haben sich höchlich verwundert, als sie sahen, wie wir in unseren Quartieren auf- und abgingen und dabei oft unsere Sachen berieten.

POST

Posthäuser hält der Fürst in allen Teilen seines Gebiets, an verschiedenen Orten und mit der rechten Zahl von Pferden. Wenn der königliche Laufbote wohin geschickt wird, findet er immer gleich Pferde bereit, und man bringt ihm mehrere vor, damit er wähle nach seinem Gefallen. Als ich auf der ersten Botschaft von Großneugarten schnell nach Moskau reiste, ließ der Postmeister, den sie in ihrer Sprache Jamschnick nennen, am frühen Morgen manchmal dreißig, bisweilen auch vierzig und fünfzig Pferde vorführen, da ich nur zwölf gebrauchte. So nahm sich jeder von uns das Pferd, das ihm bequem dünkte, und waren die müde, so kamen wir unterwegs zu einem anderen Posthaus, was sie Jama nennen, da behielten wir nur Sattel und Zaum und wechselten die Pferde.

Jeder darf die Pferde im schnellsten Gang gebrauchen; und wenn eins erliegt oder nicht mehr weiter kann, dann darf er aus dem nächsten besten Haus ein andres rauben oder auch jedem, der ihm begegnet, nur nicht dem Läufer des Fürsten, das Pferd ungestraft wegnehmen. Das Tier aber, das am Weg liegen geblieben ist, läßt der Jamschnick suchen, auch dem, dem seins weggenommen ward, ein anderes geben und zahlen, was der Weg ausmacht. Meist rechnet man für zehn bis zwanzig Werst sechs Dengen.

Mit solchen Postpferden ist mein Diener von Neugarten nach Moskau, das sind 600 Werst oder 120 Meilen, 72 Stunden geritten. Das ist um so mehr wunderbar, weil die Pferde so klein sind und viel schlechter als bei uns gepflegt werden. Sobald man in die Posthöfe kommt und Sattel und Zaum abgenommen sind, treiben die Postknechte die Pferde auf den Anger oder in den Schnee, je nach der Jahreszeit, pfeifen ihnen zu, und die überwälzen sich zwei- oder dreimal. Dann treiben sie sie in den Stall und geben ihnen nichts, bis sie so abgekühlt sind, als ob sie frisch vom Stall gekommen wären. Nun geben sie ihnen etwas Heu und treiben sie danach zum Wasser, dann geben sie ihnen ihr Futter, nämlich wieder Heu, soviel sie fressen mögen. Sie füttern gewöhnliche Pferde nur einmal zur Nacht, aber so, daß sie Nacht und Tag daran zu fressen haben; allein zur Tränke treiben sie sie zweimal am Tag.

VON DER MÜNZE

Sie haben vier Arten Silbermünze; von Moskau, Neugarten, Twer und Pleskow. Die Moskowitische Münze ist nicht rund, sondern länglich, ungefähr eiförmig, heißt Denge. Sie hat verschiedene Bildstempel. Die alte Denge zeigt auf der einen Seite Rosen, auf der andern einen Reiter zu Pferd. Immer hat sie auf beiden Seiten eine Schrift. Hundert Dengen gelten einen ungarischen Gulden. Sechs Dengen machen einen Altin, zwanzig eine Grifna, hundert eine Poltina, zweihundert einen Rubel, hernach hat man auch halbe Dengen geschlagen, auf beiden Seiten mit Schriften, da machen denn vierhundert einen Rubel.

Die Münze von Twer hat Schrift auf beiden Seiten, und Wert wie die von Moskau.

Die Neugartner zeigt auf einer Seite den Fürsten auf dem Thron sitzend und gegenüber einen Mann, der sich verneigt. Auf der andern Seite hat sie die Schrift und gilt zweimal so viel wie die von Moskau. Die Neugartner Grifna hat vierzehn Dengen, der Rubel zweihundertzweiundzwanzig Dengen.

Die von Pleskow hat einen gekrönten Ochsenkopf und auf der andern Seite die Schrift. Sie haben auch eine Kupfermünze, die nennen sie Polani, sechzig davon machen eine moskowitische Denge.

Goldmünzen haben sie nicht und schlagen sie auch nicht, doch brauchen sie öfter die ungarischen, selten auch die rheinischen Gulden. Der gemeine Wert für einen ungarischen Gulden waren hundert Dengen, aber sie verändern ihn oft. Besonders wenn man auf dem Markt weiß, daß ein Fremder mit Gold etwas einhandeln will, setzen sie gleich den Wert des Goldes herab. Will aber einer reisen und braucht Gold dazu, so setzen sie es teuer.

Rubel von Riga brauchen sie auch wegen der Nachbarschaft, davon gilt einer zwei moskowitische. Die Münze von Moskau ist aus purem und gutem Silber gewesen, jetzt hat man aber auch angefangen, sie zu verfälschen. Ich habe aber nicht gehört, daß man jemand darum gestraft hätte. Fast alle Goldschmiede in Moskau schlagen Münzen, und wer ihnen pures, rohes Silber bringt und Geld haben will, dem legen sie Silber und Münze auf die Waagschale und wiegen es auf. Es ist nur ein kleiner, bestimmter Preis, den man über das Gewicht dem Goldschmied zahlen muß, sie verkaufen eben ihre Arbeit billig.

Einige haben geschrieben, dies Land habe nur sehr wenig Silber, und der Fürst verbiete darum, es auszuführen. Das Land hat allerdings kein Silber, man bringt aber viel Silber hinein, und der Fürst verbietet nicht es auszuführen, sondern beugt dem nur vor, denn er läßt seine Untertanen im Handel tauschen, und für Ware andre Waren geben, wovon sie genug haben, Felle und anderes der Art; damit hält er dann Silber und Gold im Land. Sie sagen selbst, es seien noch kaum hundert Jahre, daß sie Geld brauchen und gar daß bei ihnen gemünzt wird. Zu Anfang, als Silber ins Land gebracht wurde, gossen sie längliche Silberstückchen, ohne Bild und Schrift, im Wert von einem Rubel. Die sieht man jetzt gar nicht mehr. Auch im Fürstentum Galitz hat man gemünzt, aber das Geld hatte gar zu geringen Wert, ist darum verschwunden. Vor der Münze haben sie Rüssel und Öhrchen von Feh (sie nennens Wielki) und andern Tieren gehabt, um wie mit Geld des Lebens Notdurft zu kaufen.

Rechnen tun sie so, daß sie alles mit Sorock, das ist vierzig, und Dewenosto, das ist neunzig, zählen und teilen wie wir mit hundert. Sie wiederholen und vervielfachen also zwei Sorock, drei Sorock, vier Sorock oder zwei, drei, vier Dewenosto. Tausend heißt Tischuze. Zehntausend benennen sie mit einer Silbe Tma; zwanzigtausend Dwetma, dreißigtausend Tritma.

HANDEL

Wer Waren, einerlei welche, nach Moskau bringt, muß sie sofort bei den Mautnern oder Zollbeamten bekennen und anzeigen. Die beschauen sie zur bestimmten Stunde, schätzen sie, und dann ist niemandem erlaubt, sie zu verkaufen und zu kaufen, bis sie dem Fürsten gemeldet sind. Wenn der Fürst etwas davon kaufen möchte, so darf der Kaufmann inzwischen keinem andern etwas zeigen und feilbieten. Damit werden die Kaufleute oft lang hingehalten.

Es steht auch nicht jedem Kaufmann frei, nach Moskau zu kommen, nur den Litauern und Polen und die dem Polenreich untertan sind. Die Schweden, Liven und Deutschen aus den Seestädten haben ihre

Handlungen und Niederlagen zu Großneugarten, da halten sie ihre Factores das Jahr über. Die Türken und Tataren dürfen nur zu Chloppigrod Handel treiben; dort kommen zum Jahrmarkt vielerlei Menschen aus den fernsten Gegenden zusammen. Wenn aber Gesandte und Botschafter nach Moskau reisen, so nehmen sie überall die Kaufleute in ihre Gefolgschaft und Schutz, und dann können sie frei und ohne Zölle nach und von Moskau gehen. So auch wenn der Moskowiter Botschafter schickt, ziehen ebenso ihre Kaufleute mit, so daß oft achthundert, tausend, zwölfhundert Pferde mit einer Botschaft kommen.

Der größte Teil der Ware ist Rohsilber, Tuch, Seide, seidene und goldene Tücher, Perlen, Edelsteine, Goldfiligran. Zuweilen, zu bestimmten Zeiten, bringen sie auch ganz gemeine Sachen und haben keinen kleinen Gewinn davon. Oft geschieht es auch, daß alles eine Ware begehrt; wer die dann zuerst bringt, hat Vorteil über Gebühr; hernach, wenn mehr Kaufleute diese Ware in großer Menge herangebracht haben, wird sie manchmal so wohlfeil, daß der erste, der seine Sache so teuer verkauft hatte, sie wieder an sich bringt und mit großem Gewinn wieder heimführt.

Waren, die man von Rußland nach Deutschland bringt, sind Pelze und Wachs. Nach Litauen und der Türkei Leder, Pelze und weiße, lange Tierzähne, die man bei uns Fischzähne nennt – sind aber von einem Tier, das im Nordmeer lebt, sie nennen es Mors; daraus machen die Türken kunstreiche Dolchgriffe. Nach der Tatarei Sättel, Zaumzeug, Kleider, Leder; Waffen

jedoch und Eisen bringt man nur insgeheim oder mit
ganz besonderer Erlaubnis der Statthalter nach Osten
und Norden hinaus. Dafür nehmen sie Kleidung von
Tuch und Linnen, Messer, Beile, Nadeln, Spiegel,
Geldbörsen und andres der Art mit.

Sie handeln mit viel Betrug und List, und nicht mit
wenig Worten, wie manche geschrieben haben. Sie
trauen sich ihre Waren um das dreifache Geld anzubie-
ten und wollten sie nicht um den halben Wert nehmen;
dann halten sie den Verkäufer oft nicht nur einen oder
einen zweiten Monat im Ungewissen, sondern bringen ihn oft ganz bis zur Verzweiflung. Wer sich aber an
ihre Art hält und sich um ihre listigen Worte nicht
kümmert, der verkauft und kauft seine Ware ohne
Verlust. Ich kaufte einmal Zobelfelle, die wurden mir
geboten um 1800 ungarische Gulden, ich legte 600
dagegen. Er ließ mich verreiten und meinte mich zu
überharren; ich schickte die 600 Gulden von Mosaisko
noch einmal nach Moskau – da gab er die Zobel her.

Ein Bürger von Krakau hatte zweihundert Zentner
Kupfer hineingebracht, die wollte der Fürst kaufen
und hielt den Mann so lange hin, daß der zuletzt im
Verdruß die Maut bezahlte und mit dem Kupfer
wieder heimfuhr. Als er ein paar Meilen von der Stadt
fort war, wurden Leute verordnet, die ihm nacheilten;
die nahmen seine Güter in Beschlag, weil er den Zoll
nicht bezahlt hätte. Der Kaufmann ging wieder nach
Moskau, beklagte sich bei den Räten des Fürsten
wegen der Unbill. Die hören ihn an und erbieten sich,
den Handel zu vertragen: wofern er Gnade begehrte,

wollten sie sie für ihn erlangen. Der Kaufmann war schlau, er wußte, daß der Fürst es für Schmach nehmen würde, wenn solche Waren wieder aus seinem Lande kämen, als fände sich da keiner, der so große Ware kaufen und bezahlen könnte, und dachte sich, daß der ganze Handel allein zum Schein angefangen wäre. So bat er nicht um Gnade, sondern allein um Recht. Endlich, als sie ihn so eigensinnig und fest in seinem Vorhaben sahen, auch meinten, daß er ihrem Trug und List nicht weichen wollte, kauften sie das Kupfer im Namen des Fürsten, zahlten den rechten Preis und ließen ihn gehen.

Ausländern verkaufen sie alle Sachen teurer; was sie manchmal um einen Dukaten kaufen, das bieten sie um fünf, acht, zehn, selbst zwanzig Dukaten. Jedoch erhandeln auch sie sich öfter eine seltene Ware von Ausländern um zehn oder fünfzehn Florin, die kaum einen oder den andern Florin wert ist.

Was man beim Handeln mit ihnen etwa zusagt und vorschnell verspricht, daran erinnern sie sich genau und ziehn es zu ihrem Nutzen hoch an; wenn sie aber selbst etwas versprechen, darum kümmern sie sich nicht. Sobald sie anheben, zu schwören und Zeugen anzurufen, wollen sie betrügen. Ich hatte einen Rat des Fürsten gebeten, er sollte mir beim Kauf von Pelzen helfen, daß ich nicht betrogen würde; so leicht er mir seinen Beistand versprach, so lange hielt er mich nachher hin: er wollte mir seine eigenen Pelze aufdrängen. Dazu liefen noch andere Kaufleute zu ihm hin und versprachen ihm Lohn, wenn er mir ihre Waren zu gutem Preise verkaufte. Denn das ist die Art der Kaufleute: bei Käufen und Verkäufen kommen sie als Vermittler, und indem sie von beiden Parteien getrennt Geschenke nehmen, versprechen sie jedem treulich zu helfen.

Es ist ein großes, gemauertes Haus, nicht weit von der Burg, genannt Hof der Herren Kaufleute, darin wohnen die Kaufleute und lagern ihre Waren. Da verkauft man Pfeffer, Safran, Seidenstoffe und andere solche Waren weit billiger als in Deutschland. Das liegt am Tauschgeschäft, denn da die Moskowiter ihre Pelze, die sie billig bekommen, sehr hoch anschlagen, setzen auch die Ausländer, wohl nach ihrem Beispiel, auch ihre billig gekauften Waren als teuer dagegen. So kommt es zu einem gleichen Tausch, und sie können die Sachen, die sie für Pelze bekommen haben, um mäßigen Preis und ohne Gewinn hergeben.

Unter den Pelzen ist große Verschiedenheit. Bei Zobel zeigen die langen, ganz schwarzen, dichten Haare, daß sie gut ausgewachsen sind. Wenn sie zur besten Zeit (so hält man es auch bei den andern Pelzen) gefangen werden, erhöht es den Wert. Man findet sie, aber sehr selten, im Land diesseits der Flüsse Ustjug und Dwina, um die Petzora jedoch die meisten und besten.

Marderfelle bringt man aus mancherlei Gegenden: gute aus Sewera, auch aus Polen und Litauen, doch nicht in so großer Menge; die besseren kommen aus der Schweiz, die besten aus Schweden, sind aber auch seltener. Ich habe gehört, daß es einmal in Moskau

Zobel gegeben hat, die um dreißig und sogar zwanzig Gulden verkauft wurden, habe aber keine solchen sehen können.

Hermelinfellchen, umgedrehte, bringt man gleichfalls von vielen Orten, doch werden die meisten Käufer mit ihnen betrogen. Sie haben bestimmte Zeichen an Kopf und Schwanz, an denen man erkennt, ob sie zur richtigen Zeit gefangen sind. Denn gleich wenn dies Tier gefangen ist, zieht man es ab und dreht den Balg um, um das Haar zu schonen, damit es nicht gerieben wird. Ist es nun nicht zu seiner Zeit gefangen, dann mangelt dem Fell die gute und natürliche Farbe; darum reißen und ziehen sie dann aus Kopf und Schwanz die Haare aus, an denen man das ersieht, daß sie zur unrechten Zeit gefangen sind, und so täuschen sie den Käufer. Man verkauft das Stück ungefähr für drei oder vier Dengen. Die größeren haben nicht das rechte Weiß, das findet man ganz rein nur bei den kleinen.

Fuchspelze, namentlich die schwarzen, wovon man gewöhnlich die Bräm um die Kolpaken, ihre Hüte macht, sind sehr teuer; man gibt sie nur um zehn, sogar fünfzehn Gulden her.

Feh oder Eichhörnchen bringt man auch aus vielen Gegenden; die größten aus dem Land Sibirien, die feinsten jedoch nicht von da, sondern aus Schuwai, nicht weit von Kasan. Ferner bringt man sie aus Perm, Wiatka, Ustjug und Wologda, auch gewendet und immer zehn in ein Bündel zusammengebunden, dabei sind dann in jedem Bündel zwei die besten, die heißen

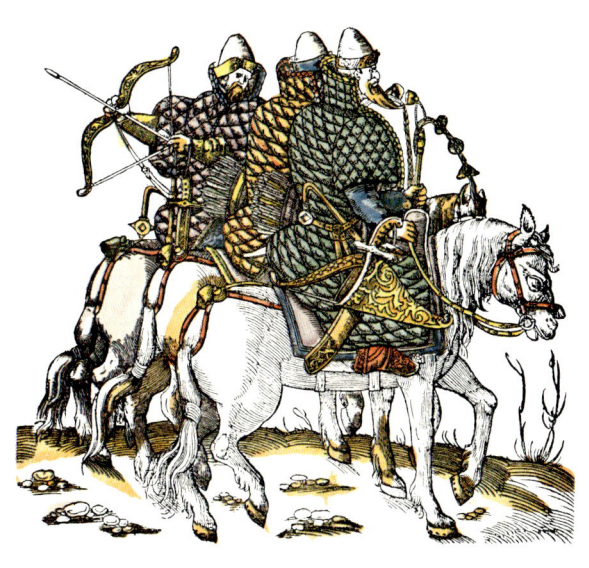

RUSSISCHE REITER

Litzschna; drei etwas schlechter, genannt Crasna; vier noch geringer, Procrasna; und das letzte, Moloischna genannt, ist von allen das schlechteste. Man kauft eins um ein bis zwei Dengen. Die besten und erlesenen bringen die Kaufleute nach Deutschland und andern Ländern zu ihrem großen Vorteil.

Luchsfelle sind wohlfeil; Wolfsfelle dagegen werden seit der Zeit, daß man sie in Deutschland wie in Rußland wert zu halten begann, teuer bezahlt. Übrigens schlagen sie den Rücken vom Wolfspelz lange nicht so hoch an wie wir.

Biber stehen bei ihnen hoch im Preis. Man findet sie dort schön rauh und ganz schwarz, und sie verbrämen alle ihre Schauben und Pelzröcke damit am Kragen und den vorderen Saum hinunter.

Die Felle der Hauskatzen gebrauchen die Weiber, sie essen auch das Fleisch. – Dann haben sie ein Tier, das sie Pessetz nennen, weiß und rauhhaarig; das Fell ist nicht hoch geachtet, hält aber sehr warm, und sie gebrauchen es allermeist auf Reisen. Man kann es Weißfuchs nennen.

Maut oder Zoll von allen Waren, die man ein- oder ausführt, fällt an den Staat. Auf jederlei Ware, die auf einen Rubel geschätzt ist, legt man sieben Dengen; außer bei Wachs, wo sie nicht allein nach dem Wert, sondern auch nach dem Gewicht Zoll verlangen. Auf jedes Gewicht aber, das sie Pud nennen, fallen vier Dengen.

Wucher ist gewöhnlich. Sie nennen ihn ja eine große Sünde, aber kaum einer hält sich davon frei. Dabei ist er gradezu unerträglich, denn sie nehmen von fünf immer eins, von hundert also zwanzig. Die Kirchen scheinen hierin milder zu handeln, wie ich erwähnt habe, die nehmen zehn von hundert.

JETZT DIE CHOROGRAPHIA,

das ist Landbeschreibung, der Fürstentümer und Herr-schaften des Großfürsten von Moskau, dabei setze ich den Mittelpunkt in Moskau, der Hauptstadt; von da werde ich rundum weitergehen und wenigstens die namhafteren Fürstentümer beschreiben; denn aller Länder Namen habe ich in so ausgedehnten Weiten nicht gründlich erfahren können. Darum möge der Leser mit den Namen der Städte, Flüsse, Gebirge und etlicher berühmterer Orte sich genügen lassen.

Die Stadt Moskau also, Rußlands Haupt und Mitte, das Land und der Fluß, der es durchfließt, haben alle denselben Namen und heißen in der Sprache dieses Volkes Mosqua. Welcher Teil nun den andern den Namen gegeben hat, ist ungewiß. Doch will es schei-nen, der Fluß habe den Namen zuerst gehabt (wie auch an vielen andern Orten); denn wiewohl die Stadt einstmals nicht das Haupt des Volkes gewesen ist, ist doch der Name Mosker den Früheren keineswegs unbekannt gewesen.

Der Fluß Mosqua entspringt im Lande Twer, unge-fähr siebzig Werst oberhalb Mosaisko (ein Werst ist etwa so viel wie eine welsche Meile) nicht weit von dem Ort, der Oleschno heißt. Von da fließt er neunzig Werst, bis er zu der Stadt Moskau kommt; und nachdem er etliche Flüsse in sich aufgenommen, mündet er, nach Osten gewandt, in den Fluß Oka. Sechs Meilen oberhalb Mosaisko fängt er an, befahrbar zu werden; und von dort wird das Holz zum Bau von Häusern und zu anderem Bedarf nach Moskau geflößt. Unterhalb Moskau aber fährt man Waren, und was sonst die Ausländer bringen, auf Schiffen heran. Aber gar langsam schifft man auf dem Fluß und schwer, wegen der Umkreise oder Mäander, die er läuft: zumal zwischen Moskau und der Stadt Columna, die dreitausend Schritt von der Mündung am Ufer des Flusses liegt; da macht es zweihundertsiebzig Werst, daß er mit seinen vielen langen Windungen die Schiffahrt hindert und aufhält. Die Mosqua hat nicht viele Fische, außer den ganz gemeinen gar keine.

Das Fürstentum Moskau ist weder sehr groß, noch fruchtbar. Der Boden ist überall sandig; wenn es nur ein wenig zu dürr oder zu feucht ist, tötet er die Saaten, und das bewirkt die Unfruchtbarkeit. Dazu kommt die unmäßige, gar zu rauhe Kälte der Luft; oft, wenn die Winterstrenge die Wärme der Sonne besiegt, kommen die Saaten nicht zur Reife. So stark ist dort nicht selten der Frost, daß sich das Erdreich davon, wie bei uns im Sommer von zu großer Hitze, auftut und spaltet; dann gefriert auch das Wasser, das man in die Höhe gießt, oder der Rotz, den man ausspuckt, eh sie auf die Erde kommen.

Wir haben selber im Jahre 1526, als wir dahin

kamen, gesehen, wie Zweige von Fruchtbäumen von der Strenge des vorangegangenen Winters ganz erstorben waren. In dem Winter hatte man mehrere Grenzposten, die sie Gonetz nennen, auf ihren Schlitten von der übergroßen Kälte festgefroren gefunden. Damals war es auch geschehen, daß etliche Herren um Rinder an ihre Meierhöfe schickten zum Schlachten; von deren Dienern führte einer ein Rind, den Strick am Arm angebunden, und ist sitzend erfroren; ebenso das Rind neben ihm. Auch hat man damals viel fahrende Leute, die mit Tanzbären in jenen Ländern umherzuziehen pflegen, tot am Wege gefunden. Ja die Bären selbst verließen vor lauter Hunger die Wälder, gingen hier und da in die nächsten Höfe, brachen in die Häuser ein: da flohen die Bauern samt den Kindern aus Angst und sind draußen elend erfroren.

Aber zu solcher Kälte kommt auch manchmal zu große Hitze, wie im Jahr 1525; da wurden von der unmäßigen Sonnenglut schier alle Saaten ausgebrannt, und folgte so große Teuerung auf diese Dürre, daß man, was zuvor um drei bis vier Dengen zu kaufen war, um zwanzig oder dreißig kaufte. Man hat auch viele Dörfer und Wälder, dazu das Getreide auf dem Feld von der großen Hitze angezündet gesehen. Davon war ein so großer Rauch im ganzen Land, daß vorübergehende Menschen an den Augen schweren Schaden genommen haben, und auch ohne den Rauch entstand ein Dunst, von dem viele erblindeten.

Diese Gegend wird vor nicht gar langer Zeit sehr bewaldet gewesen sein, das zeigen die Strünke von

großen Bäumen daselbst, deren ich viele gesehen habe.
Jetzt ist das Land durch Fleiß und Mühe der Leute
reichlich bebaut, aber alles, was man nicht mit dem
Pflug gewinnt, muß man aus den Nachbarländern
hinzubringen. Sie haben Getreide und gemeine Zwie-
beln gar viel; aber süße Kirschen und Nüsse (außer
Haselnüssen) findet man im ganzen Lande nicht. Von
andern Bäumen haben sie Früchte, aber keine zarten.
Melonen jedoch säen sie mit besonderem Geschick und
Fleiß: Sie werfen Erdreich auf, wie ein höheres Beet,
darauf schütten sie Mist, dann noch einmal Erde eine
Spanne dick, nehmen eine Schüssel, drücken ein Loch
in die Mitte des Beetes und setzen den Kern da hinein.
So schützen sie ihn zugleich vor zu viel Kälte und
Hitze. Denn wird es einmal zu heiß, machen sie mit
einem Stecken Luftlöcher durch den Mist, damit der
Same nicht von Hitze erstickt; und wird es zu kalt,
dann kommt ihm die Wärme des Düngers zu Hilfe.

Honig mangelt dem Lande Moskau, auch Wild,
außer Hasen. Das Vieh ist viel kleiner als bei uns, aber
nicht ohne Hörner, wie einer geschrieben hat. Ich habe
da Ochsen, Kühe, Ziegen, Schafböcke gesehen, alle
mit Hörnern.

Nun aber die Stadt Moskau. Unter den andern
Städten des Nordens liegt sie sehr weit nach Osten
hinaus. Das haben wir auf unserer Reise gar leicht
bemerken können, wo uns die Sonne morgens gewöhnlich in die Augen schien. Denn von Wien aus
zogen wir gradezu nach Krakau und von da zuerst
einen Weg von etwa hundert Meilen nach Norden,

dann aber immer nach Osten gewandt. Und wenn Moskau nicht in Asien liegt, so liegt es doch ganz an der Grenze, wo Europa an Asien rührt; davon will ich später bei der Beschreibung des Don mehr sagen.

Die Stadt ist von Holz erbaut und recht groß; sie sieht auch von fern noch größer aus, als sie ist. Denn jedes größere Haus hat Gärten und Höfe, das gibt der Stadt solchen Umfang; dann wohnen auch die Schmiede und die andern Handwerker, die mit Feuer umgehen, am Rande der Stadt, je in einer langen Zeile, die von der Stadt hinweggebaut ist, dazwischen sind Wiesen und Äcker – das macht die Stadt noch größer. Es sind auch noch andere Häuschen nicht fern von der Stadt, und über dem Fluß sind Häuser, wo vor nicht vielen Jahren der Fürst Basilius für sein fremdes Kriegsvolk eine neue Stadt, Nali, gebaut hat, das bedeutet nach ihrer Sprache ‹schenk ein›; dies darum, weil den andern gemeinen Russen Met und Bier zu trinken die meiste Zeit im Jahr verboten ist, allein denen als Kriegsleuten ist es vom Fürsten erlaubt, und deshalb auch sind sie vom Verkehr mit den übrigen getrennt, um die andern nicht durch ihr Leben zu verderben. Nicht weit von der Stadt liegen ein paar Klöster, die schon allein, wenn man sie von fern anschaut, wie eine Stadt aussehen.

Der weite Umfang der Stadt macht auch, daß sie gar keine bestimmte Grenze hat, sie ist auch weder mit Mauern, noch Graben, noch Zinnen künstlich befestigt. Hier und da haben die Gassen Gatter- oder Holztüren, damit man sie absperren kann; die schließt man zu früher Stunde in der Nacht und setzt Wächter dazu, daß keiner nach der gesetzten Stunde da hineingehen kann. Wer hernach etwa von den Wächtern ergriffen wird, den prügelt man, zieht ihn aus, oder wirft ihn gar ins Gefängnis, außer wenn es ein bekannter, ehrlicher Mann ist, denn solche werden von den Wächtern bis nachhause geleitet. Auch stellt man Wachen da auf, wo man offen in die Stadt hineingehen kann. Denn einen großen Teil der Stadt umfließt die Mosqua, und in sie mündet auch am Rande der Stadt die Jausa, die hohe Ufer hat, daß man nicht an vielen Orten hinübergelangt. In dies Wasser sind viele Mühlen gebaut, zum Vorteil der Bürgerschaft. Durch ihre Flüsse ist die Stadt doch ein wenig befestigt. Sie hat von Stein nur wenige Häuser, dazu Kirchen und Klöster, sonst ist alles von Holz. Sie nennen für die Gebäude in dieser Stadt eine kaum glaubliche Zahl. Sie sagen nämlich, sechs Jahre vor unserer Ankunft in Moskau hätte der Fürst die Häuser zählen lassen, und mehr als 41 500 gefunden.

Moskau, so groß und weit es ist, ist sehr schmutzig; auch lassen sie Straßen und Gassen, da das Land sandig ist, gar liederlich tief werden. Darum hat man auf Plätzen, Gassen und an besuchteren Stellen hier und da Brücken hingebaut. In der Stadt ist die Burg aus Ziegeln gemauert, mit der einen Seite liegt sie an der Mosqua, mit der andern an der Neglima. Die Neglima aber rinnt aus Sümpfen nicht weit her und wird von der Stadt am obern Teil der Burg so abgedämmt, daß es wie ein Teich wird; von da läuft sie ab und füllt die

Burggräben, darin auch Mühlen sind; schließlich läuft sie gleich unter der Burg, wie ich sagte, in die Mosqua.

Die Burg könnte ihrer Größe wegen ein Städtchen genannt werden, denn darin sind nicht allein die weit gebauten, prächtigen Häuser des Fürsten, sondern auch der Metropolit, ebenso des Großfürsten Brüder, vornehmste Räte und sehr viele andre haben große Holzhäuser dort, dazu sind viele Kirchen darin. Diese Burg ward zu Beginn bloß mit Gehölz umgeben; und bis an die Zeiten des Großfürsten Johann, Daniels Sohn, war sie klein und armselig. Der nämlich hat auf Rat seines Metropoliten Peter zuerst den Sitz des Reiches dahin gebracht. Denn Peter hatte sich einem Alexius zu Liebe, der dort begraben ist und Wunder getan haben soll, schon vorher seinen Sitz dort gewählt; und als er selber starb und dort begraben ward, und auch an seinem Grabe Wunder vorfielen, bekam dieser Ort gar großen Ruf von Religion und Heiligkeit und wurde so berühmt, daß alle späteren Fürsten nach Johannes meinten, da müßte der Sitz ihrer Herrschaft sein. So starb Johann, und sein Sohn, auch Johann, behielt den Sitz dort; und nach ihm Demetri, und nach Demetri Basilius, dann dessen Sohn von Witolds Tochter, Basil der Blinde. Von dem war Johann gezeugt, des Fürsten Vater, bei dem ich auf Botschaft war. Der hat angefangen die Burg zu ummauern, und etwa dreißig Jahre danach haben seine Kinder diese Arbeit zum Ende gebracht.

In dieser Burg sind die Bollwerke und Hauptkirchen wie das Schloß des Fürsten aus Ziegeln, von welschen

Meistern, die der Fürst um großen Lohn aus Italien gerufen hatte, in welschem Stil erbaut. Viele Kirchen sind aber, wie ich gesagt habe, auch darin, fast alle aus Holz, außer den zwei vornehmsten, die aus Ziegeln gemauert sind; davon ist die eine Unsrer Frauen und die andere Sankt Michael geweiht. In der Frauenkirche sind die Leichname der zwei Erzbischöfe begraben, die das erwirkt haben, daß die Fürsten ihr Reich hierher gesetzt und hier die Metropole errichtet haben; und vor allem deswegen verehrt man sie als Heilige. In der andern Kirche begräbt man die verstorbenen Fürsten. Als wir da waren, wurden noch mehr Kirchen von Stein gebaut.

Die Luft des Landes ist so gesund, daß jenseits der Ursprünge des Don, zumal nach Norden, aber auch zum größten Teil nach Osten hin, seit Menschengedenken keine Pest gewesen ist. Sie haben gleichwohl eine Krankheit im Gedärm und im Haupt, der Pest nicht ungleich, die sie Wretze nennen, das ist Hitze oder das Heiß-Sterben. Wer davon getroffen ist, geht in wenigen Tagen ein. Diese Krankheit wütete in Moskau, als wir da waren, auch einer von unsern Leuten ist davon gestorben. Und weil sie in so gesunder Gegend leben, so fürchten sie auch die Anstekkung, und wenn in Neugarten, Smolensk oder Pleskow die Pest ist, dann lassen sie von da keinen zu ihnen kommen.

Das Volk zu Moskau ist listig und betrüglich vor allen andern, zumal in Verträgen biegen sie ihre Treue. Das ist bekannt, und sie wissen es auch selber gut;

wenn sie mit Ausländern Handel haben, verleugnen sie sich, damit sie mehr Vertrauen erlangen, und nennen sich nicht Moskowiter, sondern Fremde.

Der längste Tag zur Sommersonnenwende soll in Moskau siebzehn und dreiviertel Stunden haben. Ich habe die Erhöhung des Pols damals von niemandem genau erfahren können, nur einer sagte, er hätte gehört, 58 Grad, wußte aber nicht von wem. Ich selbst habe mit dem Astrolabium die Probe gemacht und habe die Sonne zu Mittag des 9. Juni mit 58 Grad gesehen. Aus dieser Beobachtung haben die Erfahrenen der Kunst ausgerechnet, es sollte die Höhe des Pols 50 Grad sein und der längste Tag nur siebzehn Stunden und ein Viertel haben.

Da ich so von Moskau der Hauptstadt geschrieben, will ich zu den übrigen Fürstentümern gehen, die dem Großfürsten von Moskau unterworfen sind, und mich zuerst nach Osten wenden. Danach gehn wir über Süden, Westen und Norden im Kreis und werden so zuletzt zum nördlichen Osten gelangen.

Wladimir kommt am ersten, eine große Stadt mit einer Burg von Holz dabei: diese war von der Zeit Wolodimers, der später Basil genannt wurde, bis auf Johann, Daniels Sohn, die Hauptstadt von Rußland. Sie liegt zwischen zwei großen Flüssen, Wolga und Oka, 36 Meilen von Moskau nach Osten, an einem gar fruchtbaren Platz, wo aus einem Maß Getreide oft zwanzig, nicht selten dreißig Maß erwachsen. Das Wasser Clesma rinnt daran hin, sonst sind gewaltig große Wälder rundum. Die Clesma aber entquillt 4 Meilen von Moskau, hat viele Mühlen, ist auch bequem und viel befahren. Man kann sie unterhalb Wladimir bis zur Stadt Murom an der Oka, wo sie mündet, 12 Meilen lang beschiffen. Von Wladimir 24 Meilen grad nach Osten war dereinst in den mächtigen Wäldern ein Fürstentum, dessen Völker nannte man Muromani, die sind reich an Pelzen, Honig und Fischen gewesen.

Niederneugarten: eine große Stadt von Holz mit einer Burg, die Basil, der jetzt herrscht, aus Stein auf einen Felsen gebaut hat, wo die zwei Wasser, Wolga und Oka, zusammenfließen. Man sagt, es liege 40 Meilen von Murom nach Osten; wenn dem also ist, wird es 100 Meilen von Moskau abliegen. Das Land kommt an Fruchtbarkeit und Reichtum dem von Wladimir gleich. Hier ist nun das Ende des christlichen Glaubens nach Sonnenaufgang. Denn wiewohl der Fürst von Moskau noch über dies Neugarten hinaus eine Burg mit Namen Szura hat, so liegen doch dazwischen Völker, Czeremissen genannt, die nicht Christen, sondern mahometisch sind. Ferner sind dort noch andere Völker, Mordwa geheißen, mit den Czeremissen vermischt, die bewohnen einen guten Teil des Landes an der rechten Seite der Wolga abwärts bis Szura. Czeremissen leben auch jenseits der Wolga gegen Norden; zum Unterschied davon heißt man die, welche um Niederneugarten wohnen, die oberen oder Berg-Czeremissen, nicht von Bergen zwar, denn da sind keine, immerhin von Hügeln, an denen sie siedeln.

Szura: ein Fluß, trennt das Gebiet des Moskowiters von dem kasanischen Königreich; er kommt von Süden, wendet 28 Meilen unter Neugarten den Lauf nach Osten und fällt dann in die Wolga. Bei deren Zusammenfluß hat Basilius am andern Ufer eine Burg erbaut und nach seinem Namen Basilowgorod genannt; und von da sind später viele Übel ausgegangen. Nicht weit davon ist der Fluß Moscha, der auch von Süden kommt und ober Murom in die Oka fließt, nicht weit von der Stadt Casimowgorod, die der Großfürst den Tataren zu bewohnen vergönnt hat. Dieser Tataren Weiber schwärzen mit einer eigenen Kunst ihre Nägel zur Zier, und sie gehen immer mit entblößtem Haupt und aufgelöstem Haar.

Vom Moschafluß gen Ost und Süd sind ungeheure Wälder, darin wohnen die Mordwa-Völker, die eine eigne Sprache haben und dem Großfürsten unterworfen sind. Manche sagen, sie seien Götzendiener, andre, sie folgten dem Mahomet. Sie wohnen verstreut in Dörfern, bebauen das Land, Nahrung haben sie von Wildpret und Honig, haben auch viel kostbares Rauhwerk; ein hartes Volk. Sie haben die tatarischen Horden oft wacker abgefertigt, alle nur zu Fuß mit ihren langen Bogen, womit sie zu schießen wohl geübt sind.

Resan: ein altes Fürstentum zwischen den Flüssen Oka und Don, mit einer hölzernen Stadt nicht weit vom Ufer der Oka. In der war eine Burg, Jaroslaw geheißen; davon sieht man nur noch den Grundriß und einige Pfosten. Nicht weit von dieser Stadt macht die Oka eine Insel, mit Namen Strub. Einst war dies

Fürstentum keinem andern unterworfen und ist auch Großfürstentum genannt worden. Wenn man von Moskau den Weg dahin nimmt, mitten zwischen Aufgang und Mittag oder, wie etliche sagen, gegen Winteraufgang, kommt man an die Stadt Columna, dann nach Resan, von Moskau 36 Meilen. Diese Gegend um Resan soll die fruchtbarste von all den russischen sein; sie sagen, daß die Getreidehalme oft zwei und drei Ähren tragen, und die Halme wachsen so dicht, daß es beschwerlich ist, dadurch zu reiten, und die Wachteln da nicht auffliegen können. Honig, Fisch, Geflügel und Wildpret gibt es in großer Menge, Obst viel besser und lieblicher als zu Moskau. Das Volk ist gar beherzt und kriegerisch.

Wenn man von Moskau zum Don-Strom zieht, die Schiffe mit Kaufmannswaren zu beladen, so zieht man den Weg nach Resan und kommt 24 Meilen weiter bei einem Platz, Donco genannt, zum Don. Von da fährt man mit den Schiffen ab nach Asow, und kommt dann weiter aus dem Fluß in das Meer, das man lateinisch Mäotissumpf nennt, dann nach Capha und fürder nach Konstantinopel. Solche Beladung der Schiffe geschieht gewöhnlich im Herbst, zur nassen Zeit des Jahres; denn der Don hat dort nicht jederzeit genug Wasser zum Schiffen.

Vormals herrschte da zu Resan Großfürst Basilius, der nahm zur Ehe die Schwester Johanns, des Großfürsten von Moskau, Basils Sohn, und überkam von ihr zwei Söhne Johann und Pheodor, das ist Dietrich. Als der Vater starb, folgte Johann und nahm des Knes

Dietrich Babitz Tochter, die gebar ihm Basil, Dietrich und Johann. Nach dem Tod dieses Vaters Johann, stritten sich die zwei ältesten Söhne um das Fürstentum: der eine erschlug den andern in der Schlacht auf dem Feld von Resan, aber nicht lang danach fiel auch der andere auf demselben Feld; dort ist ein Kreuz von Holz zum Gedächtnis errichtet.

Als der Jüngste den Tod seiner Brüder hörte, kam er mit der Tataren Hilfe und nahm das Fürstentum, darum sie gestritten, mit Gewalt von seiner Mutter. Dann verhandelte er mit dem Großfürsten zu Moskau, daß er wie seine Voreltern frei, ohne Anerkenntnis einer Obrigkeit, im Fürstentum sitzen und gebieten dürfe. Zwischen solcher Unterhandlung ward er dem Großfürsten angezeigt, daß er bei dem tatarischen König der Krim (mit dem der Großfürst im Krieg stand) um dessen Tochter anhalte. Darum wurde er vom Großfürsten nach Moskau gefordert, weil er sich aber fürchtete, verzog er mit seiner Ankunft. Erst auf Anhaltung seines Rats Simon Crubin ließ er sich bewegen, nach Moskau zu reisen; da wurde er gefangen und in ehrlicher Haft verwahrt.

Hernach stieß der Großfürst auch seine Mutter aus und tat sie in ein Kloster; Burg und Fürstentum nahm er selbst. Und damit das Volk von Resan sich nimmer von ihm ablöste, teilte er viele von ihnen aus und mischte sie in andere Fürstentümer ein. Damit ist dies ganze starke Fürstentum von seinen Kräften gekommen. Als dann im Jahre 1521 die Tataren bis nah an Moskau rückten, kam der Fürst Johann in der Verwirrung aus seiner Haft und floh nach Litauen, wo er denn zur Zeit unserer Reise noch als Verbannter gewesen ist.

Tula: eine Stadt, bei vierzig Meilen von Resan, von Moskau aber 36 Meilen nach Süden. Es ist die letzte Stadt am Rande der Wüstländer, und dahin hat der Basilius, bei dem ich war, eine gemauerte Burg gebaut. Ein Wasser, auch Tula genannt, fließt vorbei, und die Uppa, ein zweiter Fluß, rinnt gegen Osten an der Burg hin. Dann nimmt sie die Tula auf und mündet in die Oka etwa zwanzig Meilen ober Worotin; die Burg Odoyow steht nicht fern von dieser Mündung. Die Stadt Tula hatte noch bis zu Basils Zeit einen eigenen Fürsten.

Don: der hochberühmte Fluß, der Europa von Asien trennt. Er hat seinen Ursprung acht Meilen von Tula gegen Süden, nur ein wenig nach Osten abbiegend: nicht aus den Riphei-Bergen, wie viele der Alten geschrieben, sondern aus einem mächtigen See, Iwanowosero genannt, so viel wie Hansensee. Der soll in die Länge und Breite 1500 Werst haben und liegt in einem Wald, den die einen Okonitzkilies, die andern Jepiphanowlies nennen. Aus diesem See strömen zwei große Wasser, Schat und Don. Der Schat fließt nach Westen, nimmt die Uppa in sich auf und mündet gegen Nordwesten in die Oka. Der Don aber nimmt seinen ersten Fluß grade gegen Aufgang, danach zwischen den Reichen Kasan und Astrachan, kommt er bis auf sechs oder sieben Meilen an den großen Strom Wolga, wendet sich dann wieder nach Süden und macht den Sumpf, den man Mäotis nennt. Die nächste Stadt an seinen Quellen ist Tula; an der Mündung aber drei Meilen oberhalb, liegt am Ufer dieses Don Asow, eine sehr große Stadt, die vor Zeiten Tanas ließ. Oberhalb dieser liegt vier Tagereisen weit ein Städtchen Achas.

Diesen Fluß nennen die Russen Don, die Lateiner Tanais. Die Gegend an diesem Don wird gar sehr gerühmt wegen der vielen und besonders guten Fische, wegen der lieblichen Luft, der Kräuter und angenehmen Gewürze, der reichlichen Früchte an beiden Gestaden, als ob es ein fleißig gepflanzter Garten wäre. Man soll da auch Wildpret die Fülle bekommen, das man ganz leicht mit Pfeilen erlegt, also daß die Reisenden dort zu ihrer Speise und Notdurft nichts bedürfen denn einzig Salz und Feuer.

In diesen Gegenden rechnet man die Wege nicht nach Wersten oder Meilen, sondern nach Tagereisen. Demnach, weil sie 30 Werst oder nach meiner Rechnung 6 Meilen für eine Tagereise rechnen, so findet sich, daß vom Ursprung des Don bis zu seiner Mündung grad über Land ungefähr 80 deutsche Meilen wären. Aber auf dem Wasser kommt man von Donco aus, wo man den Don zuerst befahren kann, kaum in zwanzig Tagen bis Asow: Diese Stadt ist den Türken zinsbar, fünf Tagereisen von der Stadt Prekop oder dem Taurischen Isthmus. Hier zu Asow ist ein großer Handelsplatz von mancherlei Völkern der Erde; der steht jedermann offen, welcher Nation er auch sei, und ist jedem frei zu kaufen und zu verkaufen, es sei einer nur friedlich, ist auch jederzeit ein- und auszugehen frei; vor der Stadt aber sehe sich jeder vor so gut er kann.

Von Altären aber des großen Alexander und Caesars, wieviel davon auch geschrieben ist, habe ich gar nichts erfragen können, daß auch nur Spuren davon noch zu sehen wären. Deswegen habe ich viel mit denen, die von dort stammen, und andern, die da oft umhergereist sind, geredet, habe auch die Kriegsleute gefragt, die der Großfürst wider die Züge der Tataren alle Jahr zur Hut dahin schickt; sie haben alle geantwortet, sie hätten nie so etwas gesehen oder gehört. Nur meinten sie, am Gestade des kleinern Don, vier Tagereisen von Asow, hätten sie bei dem Ort Welikiprewos, an den heiligen Bergen, Bildwerke von Marmor und Stein gesehen.

Der kleine Don oder Donetz entspringt im Fürstentum Sewera, darum wird er Donetz Sewerski genannt; er fällt drei Tagereisen über Asow in den Don. Die nun über Land von Moskau nach Asow reisen, die setzen zu Donco über, das ist eine alte, zerstörte Stadt, und wenden sich nun von Süden ein wenig gegen Ost zurück. Darum, wenn eine Linie von der Mündung des Don zu seinem Ursprung gezogen würde, möchte man wohl sagen, daß Moskau in Asien und nicht in Europa liege.

Mscenek liegt an einem sumpfigen Ort, gleichwohl hat eine Burg da gestanden, wie man an etlichen Spuren noch sieht. Es wohnen auch jetzt noch in kleinen Hütten Leute dort, die in Feindesnot ihre Zuflucht in die Sümpfe nehmen. Von Moskau zieht

man südwärts ungefähr 60 Meilen bis dahin; von Tula
sinds etwa 30 Meilen. Von Mscenek 18 Meilen nach
links entspricht der Oka-Strom: Er nimmt seinen Lauf
zuerst nach Osten, dann gegen Norden, führt ihn
wieder gen Sommer-Aufgang, wie sie es nennen und
beschließt im Mscenek seinen Halbkreis. An diesem
Fluß liegen viele Städte: Worotin, Coluga, Cirpach,
Corsira, Columna, Resan, Casimowgorod und Murom. Zuletzt fällt er unter Niederneugarten in die
Wolga. Er hat viele Wälder auf beiden Seiten, aus
denen man reichlich Honig, Feh, Hermelin und Marder bekommt.

Alles Land, das dieser Fluß berührt, ist fruchtbar,
aber sein vornehmster Reichtum sind seine Fische, die
edler als alle andern in dem Moskowiter Gebiet sind,
sonderlich die man bei Murom fängt. Er hat auch seine
eigentümlichen Fische, die sie Beluga nennen, wunderbar groß, haben auch keine Gräten, nur Knorpel,
wie die Hausen, großen Kopf und Maul wie die
Scheiden, die man an manchen Orten Waller nennt.
Dann Sterlet, Schewriga, Osseter, die drei vom Geschlecht der Störe; ferner Bielaribitza, das ist Weiß-
fisch, hat kleine, lichte, wie silberne Schuppen, von
feinstem Geschmack. Sie meinen, die alle kämen aus
der Wolga und in die Wolga aus dem Meer, ausgenom-
men die Weißfische.

Aus den Quellen der Oka sollen noch zwei Flüsse
ausfließen, Sem und Schosna. Der Sem rinnt durch das
Land Sewera, dann an der Stadt Potiwlo vorbei, und
mündet in die Desna, die aber durchfließt die Stadt

Czernigo und eilt unter Kiew in den Dnjepr. Die Schosna dagegen eilt grade dem Don zu.

Corsira liegt am Gestade der Oka, 6 Meilen oberhalb Columna. Die Stadt hat früher einen eigenen Herrn gehabt. Von dem wurde dem Fürsten Basilius angezeigt, er stelle ihm nach dem Leben. Darum forderte ihn der Großfürst vor, als wär es zu einer Jagd, der gute Herr aber ließ sich durch einen bereden, daß er mit Waffen zum Fürsten kam. Da wurde er nicht vorgelassen, sondern Michael, des Georg Sohn, Sekretär des Fürsten, nahm ihn mit sich in das nächste Städtlein Czirpach, um auf den Fürsten zu warten. Und dort, da ihm der Sekretär einen Trunk brachte, um nach ihrem Brauch auf des Fürsten Gesundheit zu trinken, verstand er, wie seine Sache gestellt war, begehrte einen Priester, nahm dann den Trunk an und starb. Durch solche Missetat hat der Großfürst auch Czirpach, das acht Meilen von Corsira liegt, gewonnen. Daselbst sind Eisenbergwerke in der Ebene.

Coluga, eine Stadt, liegt an der Oka, 36 Meilen von Moskau, von Czirpach 14. Da macht man schönes Holzwerk, Schüsseln, Trinkgeschirr und dergleichen, und führt es von da nach Moskowien, Litauen und andere Gegenden rundum. Da hält der Fürst jährlich seine Leute auf der Hut wider der Tataren Einfall.

Worotin: Fürstentum, Stadt und Burg eines Namens, drei Meilen oberhalb Coluga, nicht weit vom Ufer des Flusses Oka gelegen. Das Fürstentum hatte der Knes Iwan Worotinski inne, ein streitbarer und des Kriegs geübter Mann, durch den der Großfürst

Basilius viele Siege über seine Feinde gewonnen hat.
Aber im Jahr 1521, als der tatarische König der
Krim über die Oka mit seinem großen Heer ins
Moskowitische eingefallen war, wie schon gesagt
wird, und der Fürst den Demetri Knes Bielski, einen
jungen Mann, mit seinem Heer wider ihn gesandt
hatte, verachtete Demetri den Knes Worotinski und
der andern Älteren Rat; sobald sich aber die Feinde
diesseits des Wassers sehen ließen, warf er sich in die
Flucht. Hernach, da die Tataren abgezogen, hielt der
Fürst Erkundung, wer solcher Flucht Urheber gewesen, und wiewohl alles den Andree, des Großfürsten
Bruder, zieh, mußte doch Knes Worotinski Schuld und
Ungnade tragen, ja ward noch gefangen gesetzt und
ihm sein Großfürstentum genommen. Zuletzt hat man
ihn aus der Haft entlassen, er mußte sich aber verbinden, von Moskau nicht zurückzukehren, und dort
haben wir ihn dazumal am Hofe des Fürsten gesehen.

Sewera ist ein Großfürstentum, darin die Burg
Nowogrodek, wo nicht eben lange ein Fürstensitz
war, bis Basil die Herrschaft an sich nahm. Von
Moskau zieht man südwärts, doch mehr zur rechten
Hand, dorthin durch Coluga, Worotin, Serensko und
Bransko, hundertfünfzig deutsche Meilen. Es reicht in
der Breite bis an den Dnjepr. Es hat weite, verlassene
Steppen, um Branski aber einen mächtigen Wald.
Viele Burgen und Städte sind dort: Staradub, Potiwlo,
Czernigow sind die namhaftesten. Wo das Land
bebaut wird, trägt es reichlich Frucht; in den Wäldern
gibt es Hermelin, Feh, Marder und Honig die Fülle.

Das Volk ist aus der täglichen Übung gegen die Tataren geschickt zum Kriege.

Basilius, des Johann Sohn, hat wie andre Fürstentümer auch dies unter sich gebracht. Es waren dort zwei Basile, zweier Brüder Söhne: der eine, mit Zunamen Semetzitz, hielt Hof zu Nowogrodek, der andere zu Staradub; zu Potiwlo aber saß ein Fürst Demetri. Der Basilius Semetzitz war ein Kriegsmann, den auch die Tataren, seine Nachbarn, fürchteten: der wollte alleiniger Fürst sein und gab nicht Ruhe, bis er den Basilius Staradubski verjagte. Danach griff er den Demetri mit andern Listen an: er verleumdete ihn beim Großfürsten, als wollte der von ihm abfallen. Darum befahl der Großfürst dem Semetzitz, daß er Demetri fange und ihn nach Moskau zubringe. Der überfiel ihn auf einer Jagd und hatte zuvor Reiter zur Burg geschickt, wenn Demetri die Flucht nach Hause nähme, daß sie ihn abfingen. So ward er ergriffen, nach Moskau gebracht und ins Gefängnis gelegt.

Sein einziger Sohn aber empörte sich dermaßen über das Unrecht, daß er zu den Tataren floh; und seinen Vater zu rächen, verleugnete er seinen christlichen Glauben und ließ sich nach mahometischem Brauch beschneiden. Inzwischen aber verliebte sich dieser Sohn bei den Tataren in ein sehr schönes Mädchen, und weil er sie anders nicht erlangen konnte, entführte er sie heimlich wider ihrer Eltern Willen. Das zeigten seine Diener, die sich mit ihm beschneiden lassen, den Verwandten der Entführten an, die überfielen ihn bei Nacht und erschossen ihn samt dem Mädchen mit

ihren Bögen. Der Großfürst Basilius aber, wie er von
dem Entweichen des Sohnes erfuhr, hielt den Vater um
so viel härter in Fesseln; davon und wie er seines
Sohnes Tod vernommen, starb Demetri im selben Jahr
1519. An dem allen nun war Basilius Semetzitz schuld,
wie auch vorher der Großfürst durch sein Anstiften
den Herrn von Corsira mit seinem Bruder im Gefängnis getötet hatte.

Doch was oft in gleichen Fällen kommt: wie einer
andern Netze spannt, daß er auf gleiche Weise in sie
hineinfällt: das ist auch dem Semetzitz geschehen.
Denn man hat eine gleiche Ursache gegen ihn genommen und ihn bezichtigt, er wollte vom Großfürsten
abfallen. Er wurde mehrmals vorgefordert, wollte
aber nicht kommen, er hätte denn Sicherung und
Geleit, mit des Großfürsten und des Metropoliten
geschworenen Eiden bekräftigt. Als er dann solch
einen Brief empfangen, kam er am 18. April 1523 nach
Moskau und wurde anfangs in Ehren empfangen, auch
beschenkt, aber wenige Tage danach ins Gefängnis
gesetzt, wo er zu unsern Zeiten noch gesessen hat.

Als Ursache seiner Gefangenschaft gab man vor, er
hätte Briefe an den König von Polen geschrieben, darin
er sich erboten hätte, zu ihm abzufallen; die Briefe soll
er an den Hauptmann von Kiew geschickt, der sie
eröffnet und dem Großfürsten übersandt haben. Eine
andere Ursache sagen andere, die glaublicher ist. Weil
kein Fürst mehr im ganzen Gebiet des Großfürsten
war, der irgendwelche Festungen hatte, außer diesem,
sei das dermaßen mit Tücke erdacht worden, damit

der auch weggenommen und des Großfürsten Herr-schaft desto sicherer wäre. Die Ursache machte auch ein Schalksnarr glauben, der mit denen, die dem Semetzit entgegenritten, auch mitgegangen war, da-bei Besen und Schaufel mittrug, öfter ein Häufchen zusammenkehrte und mit der Schaufel vom Weg warf. Als man den fragte, was er doch täte, gab er Antwort: Moskau sei ziemlich gereinigt und gekehrt, es sei nur noch eine Unsauberkeit übergeblieben, und sei gleich Zeit, daß die auch gereinigt würde.

Dies Fürstentum hatte Johann, des Basilius Sohn, als das Heer Alexanders, des Großfürsten von Litauen, geschlagen war, zuerst für sein Reich gewonnen. Die gewesenen Fürsten stammten von Demetri, dem Großfürsten von Moskau. Nämlich Demetri hatte drei Söhne, Basil, Andree und Georg. Basil als der Älteste folgte nach den Gesetzen dem Vater im Reich. Von den beiden andern stammten die Fürsten von Sewera, von denen jetzt gesagt ist.

Czernigow liegt 30 Meilen von Kiew und ebenso-viele von Potiwlo. Dies Potiwlo aber ist 140 Meilen von Moskau, und 60 von Kiew, von Branski 83; es liegt über einem großen Wald hinaus, der 24 Meilen in die Breite geht.

Nowogrodek liegt 18 Meilen von Potiwlo, von Staradub 14. Und Staradub von Potiwlo 22 Meilen.

Von Potiwlo nach der Krim, die man lateinisch Taurica nennt, reist man durch Wildnisse über die Flüsse Sna, Samara und Ariel. Die letztern beiden sind breiter und tiefer, und öfter werden da die Reisenden bei der Überfuhr von den Tataren überrascht und gefangen. Nach diesen kommt man an die Flüsse Koinskawoda und Moloscha, die übersetzt man auf eine neue Weise: man haut von Bäumen Äste und bindet sie zu Büscheln, darauf legt man die Leute mit ihrer Habe und läßt sie abtreiben, rudert dazu ein wenig, damit man an das andre Ufer treibt. Andre binden solche Büschel ihren Pferden an die Schwänze, treiben sie mit Feuer in das Wasser, und schwimmend ziehn da Pferde die Menschen mit hinüber.

Ugra, ein tiefes schmutziges Wasser, entspringt nicht weit von Drogobusch in einem Wald, und fällt zwischen Coluga und Worotin in die Oka. Vor Zeiten war dieser Fluß die Grenze zwischen Litauen und Moskau.

Demetriowitz: Stadt und Burg zwischen Süd und West 18 Meilen von Wiesma, von Worotin vielleicht 20.

Smolensk hat eine Burg und eine Stadt. Den Teil, der nicht befestigt ist, nennen sie die Stadt; der aber befestigt ist – und das ist in Smolensk ein großer Platz mit vielen Häusern, eingeschlossen von Holzwerk, das mit Steinen und Erdreich ausgeschüttet ist – den Teil nennen sie Gorod, das ist nach gewöhnlichem Wendisch eine Burg, aber nach ihrer Deutung, was durch Umzäunung befestigt ist.

Smolensk ist ein Fürstentum und bischöflicher Stuhl, es liegt an dem berühmten Wasser Dnjepr, auf Latein Borysthenes. Die Burg liegt über dem Strom gegen Osten nach einem Hügel hin; oben auf dem

Hügel steht eine gemauerte Kirche Unsrer Frauen, alles andere ist von Holz. Um die Burg ist ein Graben, nicht viel über knietief, darein sind Stöcke geschlagen, wie in Österreich in den Weingärten, nur daß die Stöcke kürzer, stärker und enger geschlagen sind. Damit meinen sie Erstürmung zu verhüten. Basilius, wie vermeldet, hat das mit Gewalt nicht zu nehmen vermocht, aber durch Verrat der Dienstleute in seine Hand gebracht. Was man aber die Stadt nennt, sind viele Häuser im Tal zwischen fruchtbaren Hügeln; neben der Stadt sieht man allerlei Gemäuer stehen, wo zuvor Klöster gewesen sind. Dies Fürstentum liegt inmitten gewaltiger Wälder, aus denen man Pelzwerk und besonders viel guten Honig gewinnt.

Wenn man von Moskau nach Smolensk reist, führt der Weg zwischen Süd und West; zuerst kommt man bei 18 Meilen nach Mosaisko, von da sind es 26 nach Wiesma, weiter 18 Meilen nach Drogobusch und wieder 18 nach Smolensk. Der ganze Weg also macht 80 Meilen, wiewohl beide, Litauer und Moskowiter 100 Meilen rechnen; ich bin aber den Weg dreimal gereist und habe nicht mehr gefunden. Dies Fürstentum hat Witold oder Witowd (man findet beide Namen), geborener Großfürst in Litauen, einem Basilius von Moskau, der hernach seine Tochter nahm, im Jahr 1413 abgewonnen. Dann hat es der jetzige Basilius, Johannus Sohn, am 30. Juli 1514 vom König Sigmund von Polen wiedererobert.

Drogobusch und Wiesma, Burgen und Städte von Holz, beide am Dnjepr gelegen, sind vorzeiten auch unter Litauen gewesen. Unweit von Wiesma fließt ein Bach gleichen Namens, der etwa zwei Werst von der Stadt in den Dnjepr fällt. Dort belädt man die Schiffe nach Smolensk und läßt sie auch von Smolensk gegen den Strom bis dahin fahren, wie auch unsere Güter jüngst dahinauf und wieder herabgefahren wurden.

Mosaisko ist auch eine Stadt und ein Fürstenhof, alles von Holz. Dort hat der Fürst alljährlich seine Jagdlust, es gibt da viele Hasen von mancherlei Farben, dergleichen ich nie gesehen habe. Zu der Zeit, als wir mit dem Moskowiter um Frieden verhandelten und die litauischen Boten holen ließen, zog der Großfürst dahin, indem er vorgab, er wolle die Litauer in seine Hauptstadt nicht lassen; auch uns lud er dahin und fertigte uns dort ab, nachdem der Stillstand geschlossen war. Bei dieser Abfertigung ließ der Großfürst fragen, welchen Heimweg wir nehmen wollten, und seine Sekretäre erklärten: darum hat der Herr fragen lassen, weil ihm Kundschaft von seinen Grenzen gekommen ist, daß der Türke in Ofen gewesen, er wisse aber nicht, was der ausgerichtet habe. – Das Reich der Fürsten von Moskau reichte zur Zeit des Witold nur 5 oder 6 Meilen über Mosaisko hinaus.

Biela ist auch ein Fürstentum mit Burg und Stadt, an einem Wasser, Opscha genannt, zwischen großen Wäldern; von Moskau, vom Süden mehr nach West gewendet, sechzig Meilen; von Smolensk sechsunddreißig, von Toropetz dreißig Meilen. Die Fürsten, die

daselbst einmal gewohnt, stammten von Gidemin,
aber als König Casimir über Polen gebot, gewannen
die Jagellonen dies Fürstentum. Zu der Zeit fiel Basilius Fürst von Biela (daher sie Bielski genannt werden)
zu Johann über, dem Vater des Basilius und Großfürsten von Moskau, ließ sein junges Weib, wie schon
gesagt, in Litauen, und nahm in Moskau eine andere.
Sein ältester Sohn von dieser, Demetri, wurde bei
unseren Zeiten in großen Ehren gehalten und lebte mit
seinen Brüdern von den jährlichen Einkünften von
Biela; aber das Fürstentum behält der Großfürst und
setzt es in seinen Titel.

Rsowa Demetri ist eine Stadt mit Burg, von Moskau grad im Westen 23 Meilen. Die Burg, die der Fürst
auch in seinen Titeln hat, liegt an dem großen Wolga-
strom und beherrscht ein großes, weites Gebiet. Es
gibt aber auch noch eine andre Rsowa, 140 Meilen von
Moskau und von Welikiluki 20, von Pleskow ebensoviel, die wird die Öde genannt. Wenn man von Rsowa
Demetri aus gegen Westen einige Meilen zieht, kommt
ein Wald, Wolkonski genannt, daraus fließen vier
namhafte Wasser. In dem Wald ist ein Sumpf, Fronow
mit Namen, dem entfließt ein Bach und kommt mit
nahezu zwei Meilen in einen See, genannt Wolgo, aus
dem fließt um etwas größer derselbe Bach und wird
nun Wolga genannt. Diese durchfließt viele Sümpfe
und Seen, wird groß von vielen andern einlaufenden
Wassern, strömt gen Osten und fällt in das Meer, das
die Moskowiter Chwalinsko, die Lateiner Caspicum
und Hircanum nennen, manche sagen, in 25, andere,

in 70 Armen. Die Tataren, deren Land er zum großen Teil durchfließt, nennen diesen Fluß Edel, Ptolemaeus nennt ihn Rha. Er kommt mit dem Don an einer Stelle bis auf sieben Meilen zusammen, wie zuvor gesagt ist. – In demselben Wald, etwa 10 Meilen von dem Sumpfe Fronow, ist ein Dorf, die Dniepersko genannt; zunächst dabei entspringt der Dnjepr; der ist es, den man lateinisch Borysthenes nennt. Nahe dabei ist ein Kloster, zur Heiligen Dreifaltigkeit, da entspringt ein Bach, Niepretz, das ist kleiner Dnjepr, und ist doch größer denn der andere. Die beiden Bäche kommen zusammen und werden bald schiffbar. Und an der Stelle belädt man die Schiffe mit Kaufmannswaren, die der Moskowiter oder andre Kaufleute von Chlopigorod hinbringen und nach Litauen weiterführen, und es pflegen die Kaufleute in jenem Kloster ihre Herberge zu nehmen.

Daß aber Rha oder Wolga und Borysthenes oder Dnjepr nicht aus einem Ursprung kommen, wie manche geschrieben haben, habe ich von vielen Kaufleuten und andern, die daselbst zu tun gehabt und gewandert sind, glaubhaft erfahren. Der Dnjepr hat seinen Lauf zuerst auf Wiesma zu nach Süden, wendet sich etwas gen Osten nach Drogobusch, Smolensk, Orscha und Mohilew, kehrt sich dann wieder gen Süden nach Kiew, Circasia, Otzakow, und fällt dann in das Schwarze Meer. Wie er dem Meer nahekommt, weitet er sich, als wäre er ein See, daher viele getäuscht wurden, die gesagt haben, er fiele in einen See.

Als wir von Orscha nach Smolensk kamen, luden

wir dort unsere Sachen auf ein Schiff und ließen sie bis Wiesma hinauffahren; wir selbst zogen zu Ostern von Smolensk aus. Da aber der Schnee zerging, wurden die Wasser so gewaltig groß, daß bei einem Kloster auf einer kleinen Fischerzille ein Mönch den Grafen Nuga-rolis und mich durch die Wälder, die voll Wasser standen, weit bis wieder zur Straße fahren mußte. Da warteten wir, bis unsere Sättel und dergleichen auf derselben Zille nacheinander gebracht wurden. Die Pferde aber mußten wir drei- oder viermal von einem Hügel zum andern schwemmen. Denn dort sind viele Hügel den Dnjepr entlang und immer zwischen zwei Hügeln rinnt ein Bächlein; die waren aber so groß geworden, als sich der Dnjepr in sie hineingeschwellt hatte, daß unsere Pferde dadurch haben schwimmen müssen.

Dwina ist ein See zehn Meilen vom Ursprung des Dnjepr und ebensoviel vom Fronow-Sumpf entfernt. Daraus entspringt ein Wasser desselben Namens, fließt nach Westen zu bis 20 Meilen von Wilna, dann kehrt es sich nach Norden und fällt bei Riga, der Hauptstadt von Livland, in das Deutsche oder Livländische Meer, das die Russen Waretzkoye nennen. Die Dwina fließt auch an Vitepskow und Polotzkow vorbei, kommt aber nicht nach Pleskow, wie einer geschrieben hat, wohl aber nach Dünaburg; das gehört den Livländern und hat seinen Namen von dem Fluß, den sie Duna sprechen. Auf dem Fluß bin ich bei der ersten Reise mehr als 12 Meilen im Schlitten stromauf nach Polotz-kow gefahren. Dabei kam ich an eine Stelle, wo die

Breite des Flusses offen ohne Eis war, bloß die schmale Stelle, wo die eingefahrene Straße ging, hatte sich, durch das Fahren gefestigt, noch zwischen den Wasserflächen hüben und drüben erhalten. Auf fünf Schritte ungefähr war die Breite, grad so viel, wie die gewöhnlichen Schlitten faßten; darüber bin ich mit allem Gesinde nicht ohne Sorge gekommen, Gott Lob.

Lowat, der vierte Fluß, ist den andern bei weiten nicht gleich an Größe. Er entspringt zwischen dem See Dwina und dem Fronowsumpf oder aus dem Sumpfe selbst, ich habe es nicht genau erfragen können. Dieser Fluß ists, wie die Russen schreiben, zu dem Sankt Andree, der Apostel, sein Schifflein vom Dnjepr aus übers Trockne gezogen hat, dann soll er auf ihm nach Großneugarten gefahren sein. Der Fluß kommt, nachdem er 40 Meilen geflossen, gen Welililuki und danach weiter in den See Ilmen.

Wolock, Stadt und Burg, liegt genau nach Westen 24 Meilen von Moskau, von Mosaisko bei 12, von Twer 20. In des Fürsten Titel wird es auch als Fürstentum genannt. Er hat jährlich seine Lust daselbst mit Falkenhatz auf Hasen.

Welikiluki: Burg und Stadt nach Westen von Moskau 140 Meilen weit, von Großneugarten etwa 60, von Polotzko 36 Meilen. Da entlang nimmt man den Weg von Moskau nach Litauen.

Toropetz: Burg und Stadt, zwischen Smolensk und Welikiluki, an der lettischen Grenze, 18 Meilen von Welikiluki.

Twer oder Otwer, ein Großfürstentum, hat dereinst

weite Gebiete gehabt; es liegt an der Wolga, von
Moskau 36 Meilen nach Sommer-Sonnenuntergang.
Die Burg ist von Holz auf dem Ufer nach Moskau zu,
die Stadt und andere viele Häuser stehen an beiden
Ufern. Der Burg gegenüber mündet ein Fluß, genannt
Twertza; den bin ich bei meiner ersten Reise zur Wolga
hinabgeschifft. Den Tag darauf setzte ich mich in ein
größeres Schiff, in der Meinung, etliche Meilen die
Wolga hinunterzufahren; als wir aber nicht ganz eine
Meile gefahren waren, erblickten wir an einer Biegung
das Eis noch fest von einem Ufer zum andern. Wir
mußten mit großer Mühe und Arbeit die großen,
dicken Eisstücke, die am Ufer lagen, aufhebeln und
forttreiben lassen, um ans Land treten zu können. Da
gingen wir zu einem Kloster, Sankt Elias, und blieben
stundenlang, bis man uns Pferde herbeischaffte.

Diese Stadt war auch Bischofssitz zur Zeit, da in
Twer Boris als Großfürst herrschte. Dessen Tochter
Maria nahm der Fürst von Moskau, Johann, des
Basilius Vater, und bekam von ihr seinen ersten Sohn
Johann, wovon oben Meldung geschehen ist. Als
Boris starb, hinterließ er einen Sohn Michael; den hat
hernach sein Schwager verjagt und sein Fürstentum an
sich genommen; er starb dann in Litauen.

Tersak, ein Städtchen zehn Meilen von Twer, war
zur Hälfte unter der Herrschaft von Neugarten und zur
Hälfte unter der von Twer, und zweierlei Amtleute
walteten da. Auch entspringen daselbst zwei Bäche,
der eine Sna, auf Neugarten zu nach Westen, der
andere Twertza, gen Osten fließend.

Neugarten, das große, wo vor Zeiten die russischen
Fürsten Stuhl und Hofhaltung gehabt, heißt russisch
Nowogorod, das wäre Neustadt oder Neuburg. Denn,
wie vorhin gesagt, was umschlossen oder befestigt ist,
heißen sie Gorod. Es ist eine große, weite Stadt,
gleichwohl nur ein Teil umschlossen. Der Fluß Wolchow fließt hindurch, der aus dem See Ilmen zwei
Werst oberhalb der Stadt entspringt; er ist fischreich
und fällt in einen See, vor alters Newa genannt, jetzt
aber nennt man ihn nach dem Städtchen, das dabei
liegt, Ladoga. Nach Neugarten reist man von Moskau gegen Sommer-Sonnenuntergang 120 Meilen,
nach andern nur 100; es liegt von Pleskow 36 Meilen,
von Welikiluki 40 und von Iwanowgorod auch so
viel.

So lange die Stadt in ihren Freiheiten stand, hatte sie
ein großes, weites Gebiet, das meiste nach Nord und
Ost. Es war in fünf Teile geteilt, und jeder Teil hatte
seine zuständige Obrigkeit in der Stadt, wo man Recht
und Bescheid in allgemeinen und besondern Sachen
holte; von diesen Obrigkeiten oder Magistrat ging
keine Angelegenheit weiter. Auch konnte jeder Bürger
allein in seinem Stadtteil seinen Handel treiben und
wider seine Mitbürger Recht erlangen. Zu der Zeit
wurden große Gewerbe-Niederlagen von Kaufleuten
aller Länder da gehalten. Es war der große Handelsplatz von ganz Rußland, daher auch die Einwohner
reich wurden. Ja, noch zur Zeit, als ich dort war, gab es
dort deutsche Kaufleute, Händler oder Factores; sie
haben einen Schlitten, auf dem ich von Augsburg bis

RUSSISCHE WINTERLANDSCHAFT
MIT SCHLITTEN UND SCHNEESCHUHLÄUFERN

dahin gefahren war, von mir zum Andenken erbeten, ihn in die Kirche zu setzen.

Die Neugartner grenzten an die Livländer, Finnländer und auch andere Meerlande, die zu Schweden gehören, dazu an die Norweger. Es standen auch Fürstentümer unter ihnen, so gegen Osten Dwina und Wologda, im Süden die Hälfte der Stadt Tersak, nicht weit von Twer. Obwohl diese Fürstentümer und Länder wegen der vielen Wasser und Wälder nicht recht bewohnt werden können, geben sie doch reichen Ertrag an Wildpret, Rauhwaren, Honig, Wachs und zumal Fischen.

Die Vorsteher ihres Gemeinwesens setzten sie sich nach ihrem Willen und Bedünken. Sie zogen ihre Nachbarn mit allem Fleiß in ihre Freundschaft, verpflichteten sie auch durch große Gaben, sie zu verteidigen. Aus dieser Art von Bündnissen ist gefolgt, daß sich die Moskowiter berühmen, sie hätten jederzeit ihre oberste Behörde bei den Neugartnern gehalten, und daß die Litauer sagen, die Neugartner wären ihnen mit Tribut dienstbar gewesen. Ein Erzbischof hat da eine Zeitlang großes Ansehen gehabt und mit Macht regiert; zu dessen Zeit führte der Großfürst Johann sieben Jahre schweren Krieg wider sie, und nachdem er sie im November des Jahres 1477 an dem Wasser Scholona geschlagen hatte, ergaben sie sich ihm unter Bedingungen und nahmen einen Statthalter von ihm.

Da aber der Großfürst noch nicht die volle Gewalt über sie hatte und ohne Waffen auch nicht zu bekommen hoffte, erdachte er als Weg, daß er vorgab, sie wollten vom russischen Glauben abfallen; und er kam mit seinem Heere hin, als wollte er sie im Glauben erhalten. So gelangte er in die Stadt, nahm sie in ewige Dienstbarkeit und beraubte gänzlich den Erzbischof, die Bürger, Kaufleute und Ausländer. Wie ich von vielen vernommen, hat er mehr als dreihundert Wagen, beladen mit Gold, Silber, Edelgestein, kostbaren Sachen und anderem, dazu den Erzbischof und auch Bürger mit nach Moskau gebracht. Ihre Häuser gab er andern zu bewohnen, die Bürger behielt er in Moskau, dem Erzbischof machte er ein großes Einkommen. Nach Neugarten setzte er einen neuen Bischof, dem er nur einen kleinen Teil des Einkommens zuteilte. Nach dessen Tod stand das Erzbistum lange ohne Bischof, endlich hat er auf Bitten der Bürger und Untertanen wieder einen hingeschickt.

Die Neugartner verehrten vor Zeiten einen Abgott mit Namen Perun; er stand an einem Ort, wo jetzt ein Kloster steht, das noch den Namen Perunski daher hat. Als sie die Taufe angenommen hatten, warfen sie den Abgott in den Wolchowfluß; da, sagen sie, sei er stromauf geflossen, und bei der Brücke soll man eine Stimme gehört haben: «das nehmt, ihr Neugartner, zu meinem Gedächtnis»; dazu sei ein Prügel auf die Brücke geworfen worden. Es begibt sich noch jedes Jahr, daß eine Stimme oder ein Geschrei gehört wird: Perun, Perun. Dann läuft das Volk zusammen, und sie schlagen mit Prügeln und Fäusten aufeinander; es wird ein großer Auflauf, den die Obersten mit Mühe stillen müssen.

In ihren Annalen findet man auch, daß die Neugartner gegen Griechenland gezogen sind, wo sie Corsun sieben ganze Jahre belagerten. Da hofften ihre Weiber nimmer auf sie und nahmen ihre Knechte zu Männern. Als nun Corsun gewonnen war und die Mannen wieder heimzogen, brachten sie eine kupferne Tür und Glocke als Zeichen ihres Sieges mit: diese Tür steht noch jetzt an ihrer Kirche zu Neugarten und wurde mir da gezeigt, die Glocke soll im Kirchturm hängen. Die Knechte aber empfingen ihre Herrn im Feld und wollten sie verjagen. Da soll einer von den Herren den Rat gegeben haben, man solle nicht mit Waffen, sondern mit Prügeln und Geißeln gegen die Knechte ziehen: so würden sie der alten Dienstbarkeit gedenken und verzagen. So ist es auch geschehen: die Knechte flohen bis zu einer Stätte, die heutigentags, obgleich da keine Befestigung mehr ist, Chlopigorod genannt wird, also Knechtsburg oder -stadt, da wurden sie überwunden und jämmerlich getötet. Die Weiber erhängten sich selbst.

Der längste Tag im Jahr zu Großneugarten hat 18 Stunden und mehr. Eine mächtig kalte Gegend, mehr noch als Moskau. Es soll ein ehrliches und gar menschliches Volk daselbst gewesen sein, jetzt aber, mit der Moskowiterpest vermischt, ist es sicher ganz verdorben.

Ilmen, der See, den man in den alten russischen Schriften Ilmer genannt findet – manche Lateiner nennen ihn Limidissee –, liegt zwei Werst oberhalb Großneugarten. Er hat in die Länge zwölf, in die Breite acht Meilen. Es fließen, außer andern kleinen, zwei namhafte Flüsse hinein, die Lowat und die Scholona, die aus einem andern See kommt. Aus dem Ilmen aber fließt nur ein Fluß, die Wolchow, durch Neugarten und 36 Meilen weiter, fällt dann in den Ladogasee, wie oben geschrieben ist. Dieser Ladoga soll sein nach der Länge 100, nach der Breite 60 Meilen, er enthält auch einige Landflecken und Werder. Aus ihm fließt ein großes Wasser, Newa genannt, nach Westen zu und fällt dann in das Livländische oder Finnländische Meer. An seiner Mündung hat der Moskowiter eine Burg, nach seiner Sprache Oreschak, auf deutsch Nitenburg genannt.

Ruß, ehedem Altrußland genannt, ist ein altes Städtchen im Gebiet von Neugarten, zwölf Meilen von da und dreizehn vom See. Es hat einen salzigen Fluß, den die Bürger in einer Grube stauen wie einen Teich; von da lassen sie das Wasser durch Röhren in ihre Häuser und sieden das Salz.

Iwanowgorod hat der Großfürst Johann nach seinem Namen genannt und erbaut, am Gestade des Flusses Narwa; es ist gemauert. Gegenüber der Burg am andern Ufer ist die Burg der Livländer, nach dem Wasser Narwa genannt, der Fluß aber scheidet die zwei Herrschaften voneinander. Er kommt aus dem See, den sie in ihrer Sprache Cutzko oder Czudin nennen, lateinisch heißt er Bicis oder Pelas, im Deutschen Peipus. In den See münden zwei Flüsse, die Pleca und die Welikareca, die von Süden kommt. Diese fließt an Opotzka vorbei, wo ich über die Brücke gezogen bin, und läßt die Stadt Pleskow zur Rechten liegen. Man könnte von Pleskow leicht bis ans Meer fahren, indes es kommen hohe Felsen und hohe Fälle im Wasser nahe bei Iwanowgorod.

Pleskow, eine namhafte Stadt, liegt an einem See. Aus dem See kommt ein Fluß gleichen Namens wie die Stadt, fließt mitten hindurch und dann sechs Meilen in den Peipussee. Dies ist die einzige ummauerte Stadt im ganzen Gebiet des Moskowiters. Sie ist in vier abgesonderte Orte geteilt, daher viele gesagt haben, die Stadt hätte vier Mauern um sich. Sie hieß vor Zeiten Pskow und Obskow und hatte ein großes Gebiet als freie Stadt. Aber Großfürst Johann hat sie im Jahr 1509 durch Verrat einiger Geistlichen eingenommen, hat die Glocke, womit sie bis dahin, den gemeinen Nutzen zu ordnen, den Rat zusammengeläutet hatten, hinweggeführt und die Stadt in ewige Dienstbarkeit gebracht. Die Einwohner wurden herausgenommen und anderwärts verteilt, Moskowiter an ihrer Stelle hineingesetzt und damit Sittigkeit, Menschlichkeit und gute Art ganz zum Schlechten verkehrt. Sie waren davor redlich, ordneten mit wenig Worten gleichmäßig ihre Sachen, überboten keine Ware, sondern kauften und verkauften mit einem Wort. Die in der Stadt geblieben sind, halten noch die Manier, das Haupthaar zu scheiteln und keinen Schopf zu machen wie Russen und Polen.

Die Stadt liegt von Großneugarten nach Westen 36 Meilen, von Iwanowgorod 40 und ebensoviel von Welikiluki. Auch reist man durch Pleskow von Moskau und Neugarten nach Riga in Livland, das sind dann noch 60 Meilen.

Wotzka, eine Gegend zwischen West und Nord, ist von Neugarten 26–30 Meilen, dabei läßt man Iwanow-gorod auf der linken Seite. Es ist eine Volkssage, was an Vieh in diese Gegend kommt, werde weiß.

An dieser Stelle will ich auch die Städte und Flüsse am Meer von hier aus bis Schweden herzählen. Narwa, der Fluß, ist, wie zuvor gesagt, die Grenze zwischen Livländern und Moskowitern. Längs dem Gestade des Meeres von Iwangorod gen Norden reisend kommt man an den Plussa-Fluß; wo er ins Meer fällt, liegt eine Stadt, Jamma genannt. Zwölf Meilen von Iwangorod, von Jamma ebensoviel (diese beiden liegen 4 Meilen voneinander), kommen Fluß und Burg eines Namens, Coporoja; von hier sind 6 Meilen zum Fluß Newa und der Schlüsselburg. Von dieser Burg zu dem Fluß Corela, von dem auch eine Stadt den Namen genommen hat, sind 7 Meilen, und weiter 12 Meilen zum Flusse Polna, der gibt die Grenzscheide zwischen den Moskowitern und Finnland, welches die Moskowiter Chainska Semla nennen; dies ist den Königen von Schweden untertan.

Es gibt noch ein anderes Corela, außer dem eben genannten, das Land Carelien, von dem bisher keiner berichtet hat. Es hat seine besondere Sprache, liegt bei 60 Meilen von Großneugarten gen Norden. Und wiewohl die Bewohner dieser Gegend von einigen ihrer Umsassen Tribut einnehmen, geben sie selbst Tribut an den König von Schweden, wie auch an den Moskowiter als an den Herrn von Großneugarten.

Solowki ist eine Insel gegen Norden zwischen den Ländern Dwina und Carelien und liegt acht Meilen vom Land im Meer. Wie weit sie von Moskau sei, ist mir nicht möglich gewesen zu erfragen, weil so viel öde Wälder, Sümpfe und Steppen dazwischen sind. Jedoch nach allgemeinem Bedünken sollen es 300 Meilen sein, von Bielojesero 200. Man siedet viel Salz dort. Auf der Insel ist ein Kloster, das kein Weib irgend betreten darf; ferner große Fischerei des Fisches, den sie Szelgi nennen, wir meinen, es seien Heringe. Sie sagen auch, daß die Sonne daselbst zur sommerlichen Sonnenwende bis auf 2 Stunden beständig scheint.

Dimitriow: Burg und Stadt, von Moskau nach Norden mit etwas Neigung gen Westen 12 Meilen; dies war zu meiner Zeit dem Georg, dem Bruder des Großfürsten, zu seinem Unterhalt ausgesetzt. Der Fluß dort heißt Jachroma und mündet in den Sest, der Sest in die Dubna und die in die Wolga. Wegen der Bequemlichkeit der Verbindung handeln die Kaufleute auf dieser Wasserstraße, denn sie bringen ihre Waren gar vom Kaspischen Meer auf dem Wasser dahin und fürder in weitere Lande.

Bielojesero heißt der Weiße See; Stadt und Burg an dem See haben gleichen Namen. Die Stadt liegt nicht im See, wie etliche geschrieben haben, aber es sind so viele Sümpfe ringsum, daß man sie für uneinnehmbar hält. Darum sagt man, die Großfürsten bewahrten ihren Schatz und hätten ihre letzte Zuflucht hier. Sie

liegt von Moskau 100 Meilen weit, desgleichen von
Großneugarten, und es gibt zwei Wege von Moskau
dahin: der nähere durch Uglitz für den Winter, der
andre durch Jaroslaw. Beide aber führen durch so viel
Wälder, Sümpfe und Flüsse, sind so unbequem, daß
man dort kürzere Meilen hat. Dies gibt auch die
Ursache, warum man dazwischen keine Städte, Dörfer
oder Flecken findet.

Der genannte Weiße See soll 12 Meilen in die Länge
und ebensoviel in die Breite haben, dahinein sollen
360 Bäche oder Flüsse fließen, hinaus nur ein Fluß,
Schoksna, der 15 Meilen über Jaroslaw und 4 unter
Mologa in die Wolga fällt. Die Fische, die aus der
Wolga in die Schoksna kommen, werden umsoviel
besser, je länger sie darin bleiben, und sobald der Fisch
gefangen ist, wissen die Fischer, wie lange er in der
Schoksna geschwommen ist.

Die Einwohner dieser Gegend haben auch ihre eigne
Sprache, gleichwohl reden sie jetzt auch alle russisch.
Der längste Tag bei ihnen soll 19 Stunden haben. Mir
hat ein ehrlicher Mann gesagt, er sei um die Zeit, als
Bäume und Äste das Laub ließen, von Moskau in Eile
dahingeschickt worden und bis an die Wolga geritten;
und sobald er über das Wasser gesetzt, habe er auf guter
Winterbahn seine Reise im Schlitten bis zur Stadt
Weißensee vollbracht. Und wiewohl der Winter dort
länger anhält, so werden doch die Früchte zur gleichen
Zeit wie in Moskau reif zur Ernte. Von dem Weißen
See einen Armbrustschuß weit liegt ein andrer See, der
Schwefel geben soll; und der Fluß, der daraus fließt,

trägt diesen Schwefel wie einen Schaum; die Leute dort wissen ihn aber nicht zu nutzen.

Uglitz: Burg und Stadt am Ufer der Wolga, von Moskau 24 Meilen, von Jaroslaw 30, von Twer 40. Die Burg liegt am Wolgaufer gegen Süden, die Häuser der Stadt an beiden Ufern.

Chlopigorod ist ein Platz, wo dereinst die Burg oder Stadt gestanden, darein die Knechte der Neugartner, die ihrer Herren Weiber genommen hatten, geflohen waren. Es liegt 2 Meilen von Uglitz; nicht eben weit davon sieht man die Trümmer, wo die Burg gestanden hat. An dem Wasser Mologa, das aus dem Gebiet von Großneugarten, nachdem es 80 Meilen geflossen, in die Wolga fällt, steht an der Mündung eine Stadt und Burg, dem Flusse gleich benannt; 2 Meilen von da kommt am Ufer des Flusses eine Kirche des Namens Chlopigorod. Hier wird ein so großer Markt gehalten, wie sonst nirgends im ganzen Moskowiter Gebiet. Denn dahin kommen außer Schweden, Livländern und Moskowitern auch Tataren und viele andre Völker von Ost und Nord. Sie tauschen nur, wie schon gesagt ist, und brauchen selten oder nie Gold- und Silbermünze. Sie tauschen Kleider, Nadeln, Messer, Löffel, Beile und ähnliches Gerät meist gegen Pelze ein.

Pereaslaw, Burg und Stadt, erreicht man von Moskau, vom Norden sich etwas gegen Aufgang kehrend, nach 24 Meilen. Es liegt an einem See, in welchem man auch die Fische Selgi wie auf der Insel Solowki hat; sehr fruchtbar das Erdreich. Dahin kommt der Fürst nach dem Schnitt und vertreibt mit Jagen die Zeit. In derselben Gegend ist auch ein See, aus dem man Salz siedet. Hier ziehn die entlang, die nach Niederneugarten, Castroma, Jaroslaw und Uglitz reisen. Der großen und vielen Wälder und Sümpfe wegen kann man hier die Meilen nicht sicher errechnen. Es ist da auch ein Fluß Nerel, der aus einem See seinen Ursprung nimmt und oberhalb Uglitz in die Wolga fällt.

Rostow, Burg und Stadt, auch Stuhl eines Erzbischofs, ist neben Bielojesero und Murom eins der ältesten Fürstentümer nach Großneugarten. Dahin zieht man von Moskau über Pereaslaw gradaus noch 10 Meilen. Es liegt an einem See, aus dem der Catoroa-Fluß neben Jaroslaw hin und fort in die Wolga rinnt. Ein fruchtbarer Boden, reich an Fischen und Salz. Vormals war dies Fürstentum den Brüdern des Großfürsten zugewiesen, aber jüngst sind sie dessen durch Großfürst Johann entsetzt worden.

Jaroslaw, Burg und Stadt an der Wolga, von Rostow 12 Meilen auf dem graden Weg von Moskau, hat gutes Erdreich, besonders die Wolga stromauf. Das Fürstentum war gleichfalls des Großfürsten Brüdern erblich zugeteilt; sie wurden aber gleichermaßen entsetzt, und es leben noch die Knesen oder Fürsten, die diese Fürstentümer als Erben gehabt haben. Der Großfürst gibt ihnen wohl von deren Einkünften, aber er behält den Titel samt dem Fürstentum und den größern Teil der Einkünfte.

Jetzt leben ihrer drei, die von Großfürstenbrüdern stammen und russisch Jaroslawski heißen. Der erste, Basilius, hat uns aus unserer Herberge zum Großfür-

sten und zurückgeleitet. Der zweite, Simeon Pheodo-
rowitz, von seinem Gut Kurba Kurbski genannt, ist
ein alter, nüchterner und mäßiger Mann: so hat er sich
von Jugend auf gehalten, hat nun seit vielen Jahren kein
Fleisch gegessen, Fisch allein am Sonntag, Dienstag
und Samstag; und in der Fastenzeit enthält er sich
am Montag, Mittwoch und Freitag aller Speise. Der
Großfürst schickte den als seinen Hauptmann durch
Groß-Perm gegen die Juhra-Völker oder Jugritzen, um
ferne Länder zu erobern; er vollbrachte einen großen
Teil des Weges zu Fuß wegen des vielen Schnees, als
der aber schmolz, vollendete er ihn auf den Bächen in
Schifflein und kam über den Berg Petzora hinaus. Der
dritte ist Johann Knes Possetzen; den hat der Großfürst
nach Spanien zu Kaiser Karl geschickt, und auf dem
Rückweg kam er zu Erzherzog Ferdinand, nachmals
Römischem König, meinem allergnädigsten Herrn;
ich wurde dann mit ihm zu seinem Herrn geschickt.
Dieser war so arm, daß er seine Kleider und den Hut,
Kolpack genannt, sich zu der Reise hat leihen müssen;
darum hat der höchlich geirrt, der geschrieben hat, er
könnte seinem Herrn zu jedem Bedarf mit Dreißigtausend zu Roß aus seinen Erbgütern dienen.

Wologda: Land, Burg und Stadt eines Namens.
Dort wohnen die Bischöfe zu Perm, aber nicht als
Herren; der Fluß daselbst hat auch den Namen.
Wologda liegt zwischen Norden und Osten, und man
zieht dahin von Moskau über Jaroslaw noch 50 Meilen
weiter; von Bielojesero 40. Das Land ist ganz sumpfig
und waldig, daher auch die Reisenden die Meilen nicht

genau berechnen können; der Fluß rinnt vor der Stadt gen Norden und vereinigt sich mit der Suchana, die aus einem See namens Koinsko fließt, acht Meilen unter der Stadt. Die Suchana behält dabei den Namen und rinnt zwischen Norden und Osten. Die Stadt war früher unter der Herrschaft von Großneugarten; die Burg ist fest, daher der Fürst einen Teil des Schatzes da bewahren soll.

Waga ist ein überaus fischreicher Fluß zwischen Bielojesero und Wologda; er entspringt in großen dicken Wäldern und mündet in die Dwina. Die Leute dort essen kein Brot, sondern Fisch und Wildpret. Man fängt dort schwarze und aschfarbene Füchse, deren Bälge man teuer verhandelt. Durch dies Gebiet kommt man am besten in das Land Dwina.

Ustjug: dies Land hat den Namen von einer Stadt und Burg an der Suchana, es liegt 100 Meilen von Wologda, von Bielojesero 140. Die Stadt lag früher an der Mündung des Flusses Jug, der von Süden nach Norden fließt, und wurde zu besserer Bequemlichkeit eine halbe Meile stromauf versetzt, behielt jedoch den Namen. Russisch Ustje ist nämlich Mündung, und so besagt Ustjug Jug-Mündung. Auch dies hat zu Neugarten gehört, und auch hier hat man kein Brot, nur Fisch und Wildpret, dazu Salz genug von der Dwina. Sie haben ihre eigne Sprache, wiewohl sie mehr russisch sprechen. Zobel findet man da nicht viel und auch selten gut, wohl aber andres Pelzwerk, besonders die schwarzen Füchse.

Dwina: Land und Wasser gleichen Namens. Man

sagt, das Wasser habe den Namen geschöpft von den zwei zusammenfließenden Wassern Jug und Suchana; denn russisch Dwe heißt zwei, also daß man von keinem dieser Flüsse den Namen genommen, sondern zwiefach oder zwei dafür gesagt hätte. Die Dwina läuft etwa 100 Meilen, und fällt dort in das Mitternächtige Meer, wo sich Schweden und Norwegen von dem Land scheiden, das nach Erzählungen und Beschreibungen Engronenland heißt. Ich habe nur von einem gehört, niemanden gesehen, der in diesem Land gewesen wäre.

Dies Land Dwina soll auch zu Neugarten gehört haben; von Moskau bis zur Mündung des Flusses ins Meer sollen 300 Meilen sein, ist aber ungewiß. Aus den vorher genannten Ursachen möchti es vielleicht kaum 200 sein, denn man reist von Moskau dahin erst nach Wologda, von da etwas ostwärts nach Ustjug, danach grad nach Norden an die Dwina. In dem Land gibt es keine Burg außer Cholmogory und der Stadt Dwina, die genau in der Mitte zwischen Anfang und Ende dieses Flusses liegt, sowie der Burg Pienega an der Mündung der Dwina. Andere Burgen und Städte sind nicht darin, wohl einige Dörfer, aber schütter wegen der Unfruchtbarkeit des Bodens. Sie ernähren sich dort allein von Fisch, Wildpret und dem Gevögel, das es viel dort gibt; viel Salz haben sie in dem Land.

Weiße Bären findet man an diesem Meer, die sollen auch am meisten im Meer wohnen. Man bringt öfter Häute von diesen Bären nach Moskau; ich habe, als ich von der ersten Botschaft wiederkam, zwei mit nach Wien gebracht.

Susdal, ein Fürstentum mit Stadt und Schloß gleichen Namens, auch Sitz eines Bischofs, liegt zwischen Rostow und Wladimir. Solange die russischen Großfürsten ihren Sitz zu Wladimir hatten, war es eins der vornehmsten Fürstentümer und Haupt der näher umliegenden Städte. Seit aber die Fürsten mit dem Wachstum ihres Reichs den Sitz nach Moskau verlegt haben, wurde das Fürstentum den Zweitgeborenen, also den Großfürsten-Brüdern, zugeteilt, und von diesen wurde Basilius Schuiski nebst seinem Brudersohn – beide lebten noch zu unsern Zeiten in Moskau – durch Johann des Fürstentums entsetzt. Ein berühmtes Frauenkloster ist dort, dahinein Basilius sein erstes Weib Salomea verstoßen hat. Unter allen Fürstentümern und Ländern des Moskowiters ist an Fruchtbarkeit des Bodens und Reichtümern Resan das erste, nächst ihm kommen Jaroslaw, Rostow, Pereaslaw, Susdal und Wladimir.

Castromowgorod: Burg und Stadt am Wolgaufer, im Sommer-Aufgang von Jaroslaw ungefähr 20 Meilen, von Neugarten bei 40. Der Fluß Costroma fällt dort in die Wolga.

Galitz: Fürstentum, Stadt und Burg; zieht man von Moskau durch Castromowgorod ostwärts, so kommt man hin.

Wiatka ist ein Land jenseits des Flusses Kama, etwa 150 Meilen gegen Sommer-Aufgang von Moskau. Den nächsten Weg dahin, doch beschwerlicher, zieht

man über Castromowgorod und Galitz; denn außer
den Sümpfen und Wäldern, die zwischen Galitz und
Wiatka den Weg hemmen, wohnen auch dort die
Czeremissen-Völker, die streifen und rauben; darum
zieht man gewöhnlich über Wologda und Ustjug, das
ist wohl weiter, aber bequemer und sichrer. Wiatka
liegt von Ustjug 120 Meilen, von Casan 60 Meilen ab.
Das Land hat mit seinem Fluß einen Namen; an dessen
Ufer liegen die Burgen Clinowa, Orlo und Slowoda,
und zwar Orlo 4 Meilen unter Clinowa, dann 6 Meilen
gen Westen abwärts Slowoda. Am Flusse Retzitza, der
von Osten zwischen Clinowa und Orlo in die Wiatka
rinnt, ist die Burg Cotelnitz acht Meilen von Clinowa.
Das Land ist sumpfig und unfruchtbar, eine Zuflucht
entronnener Knechte und Übeltäter. Wildpret, Fische,
Honig und Feh hat es genug. Einst haben hier die
Tataren geherrscht, und noch heute gebieten die Tata-
ren diesseits und jenseits der Wiatka, vor allem an ihrer
Mündung in die Kama; diese fließt 12 Meilen unter
Kasan in die Wolga, und an sie rührt das Land Sibirien.
Die Wege rechnet man dort nach Czunkas, und ein
Czunkas hat fünf Werst, also ungefähr eine deutsche
Meile.

Perm, ein großes und weites Land, darum nennen sie
es Großpermia, von Moskau 250, andre sagen 300
Meilen, zwischen Norden und Osten. Darin ist eine
Stadt Perm am Fluß Wischora, der 10 Meilen unterhalb
in die Kama fällt. Dahin kann man zur Sommerszeit
der vielen Wasser und Sümpfe halber nicht recht
kommen, aber im Winter wohl. Will man dennoch im

Sommer dahin reisen, so muß man auf den Flüssen Wologda, Ustjug und Witzechda (dieser fällt 12 Meilen unter Ustjug in die Dwina) stromab schiffen. Wenn man dann von Perm nach Ustjug reist, muß man die Wischora hinaufschiffen, kommt dann in etliche andre Flüsse, zieht ein paarmal das Schiff über Land, von einem Bach in den andern, und gelangt so mit 300 Meilen von Perm nach Ustjug.

Man findet sehr selten Brot in diesem Land; den Tribut, den sie dem Großfürsten jährlich geben, entrichten sie in Pferden und Pelzwerk. Sie haben ihre eigne Sprache, auch eigne Buchstaben, die ein Bischof Stephanus, der sie im Christenglauben befestigte, erfunden hat. Dieser Stephan wurde dann zu Zeiten des Großfürsten Demetri, Johanns Sohn, bei den Russen unter die Heiligen gezählt. Ehevor hatten diese Premier, im Glauben noch unreif, einen Bischof geschunden. Man findet noch in ihren Wäldern Götzendiener, darum ziehn immer wieder russische Mönche und Einsiedler dorthin und befleißen sich, sie zum rechten Glauben zu bekehren.

Im Winter reist man hier wie in vielen Teilen Rußlands allermeist in Artachen. Artach ist ein Holz wie ein Brett, eine Hand breit geschnitten und ungefähr 6 Spannen lang, vorn ein wenig erhoben, und in der Mitte mit etwas erhöhten Rändern, wo man den Fuß hineinsetzt; in den Rändern sind Löcher, damit man den Fuß anbinden kann. Wenn dann der Schnee hart wird, fährt man darauf in einem Tag einen weiten Weg, hält dabei einen kleinen Spieß in der Hand, womit man steuert und sich behilft, wenn es von einer Höhe abgeht oder wenn man zu fallen droht. Man sagt auch, daß die Leute dort große Hunde haben, die Schlitten ziehn. Das Land soll gegen Osten an das tatarische Land grenzen, welches Tumen genannt wird.

Jugaria: auf russisch schreibt man es zwar mit dergleichen Buchstaben, sie sprechen es aber nicht also aus, sondern Juharia, Juhra, und die Völker Juhrici. Von diesem Juharien sollen die Ungarn hergekommen sein, haben dann Pannonien besetzt und unter Attila viele Lande in Europa bekriegt. Dessen rühmen sich die Moskowiter sehr, daß ihre Untertanen dereinst einen großen Teil von Europa bezwungen haben. Der griechische Schatzmeister Georg der Kleine hat bei meiner ersten Botschaft in den Verhandlungen das Recht seines Fürsten auf Litauen und Polen so darbringen wollen: die Juharen seien Untertanen des Großfürsten von Moskau gewesen und hätten sich erst bei den Mäotischen Sümpfen niedergelassen; dann in Pannonien an der Donau, das hätte von ihnen den Namen Hungarien überkommen; dann hätten sie Mähren, dem sie nach dem Fluß March den Namen gegeben, und Polen besetzt, welches von Polle, das ist Feld, benannt sei; nach Attilas Bruder hätten sie Buda benannt. Was der gesagt hat, schreibe ich hier, ich weiß, daß andre anders schreiben.

Sie sagen auch, daß die Juharen noch heute dieselbe Sprache wie die Ungarn haben, ich weiß nicht, ob es wahr ist. Denn wiewohl ich fleißig gesucht habe, konnte ich keinen von dem Volk zuwege bringen, damit mein Diener, der ungarisch sprach, nur ein paar Worte mit ihm geredet oder von ihm verstanden hätte. Auch diese geben dem Fürsten Pelzwerk als Tribut, wiewohl sie auch Perlen und Edelgestein nach Moskau zum Verkauf bringen; aber die haben sie nicht im Land, sondern bekommen sie von den Ufern des Ozeans, ungefähr von dort, wo die Dwina mündet.

Sibirien grenzt an Perm und Wiatka; ich habe nicht erfragen können, ob auch Burgen und Städte in dem Land seien. Darin entspringt der Fluß Jaick, der in das Kaspische Meer mündet. Sie sagen, die Gegend sei öde durch die Raubzüge der Tataren, oder wenn sie irgendwo bewohnt ist, gehöre sie dem Tataren Schichmamai. Die Einwohner haben ihre eigne Sprache; sie handeln am meisten mit Fehpelzen, denn man findet dort die schönsten und größten Fehen oder Grauwerke. Als ich zum erstenmal in Moskau war, habe ich solche gesehen, hernach nimmer.

Czeremissen sind Völker unterhalb Niederneugarten in Wäldern wohnend; sie haben eigne Sprache und folgen dem Glauben Machomets. Jetzt sind sie dem König zu Kasan gehorsam, obgleich die meisten von ihnen ehedem dem Moskowiter zinsbar waren; und die Moskowiter wollen sie noch zu ihren Untertanen haben, darum habe ich sie hierher gesetzt. Als ich zum zweiten Mal auf der Botschaft war, hatte der Großfürst ihrer viele wegen Verdacht des Abfalles nach Moskau bringen lassen, die ich, Weib und Mann, gesehen habe. Er teilte sie an den litauischen Grenzen aus, worauf viele nach Litauen entwichen.

Diese Völker wohnen von der Wiatka und Wologda bis zum Flusse Kama weit und breit ohne alle Häuser. Sie sind alle, Männer wie Weiber, gar behend im Laufen, auch alle meisterliche Bogenschützen. Der Bogen kommt selten aus ihrer Hand, sie geben auch ihren heranwachsenden Kindern nicht zu essen, sie hätten denn vorher geschossen und sich dabei wohl gehalten. Die Weiber tragen eine Art Diadem, wie es den Heiligen gemalt wird, auf ihrem Kopf, von Baumrinden geschnitten, in einen runden Reif eingelassen und mit einem Leinentuch bedeckt. Als ich sie fragte, weil sie so oft durch Baum und Strauch laufen müßten, wie sie mit etwas so Hohem durchkämen, antworteten sie: «Wie kommt ein Hirsch durch, der hat viel Höheres auf dem Kopf.»

Zwei Meilen unter Niederneugarten sind viele Häuser wie ein Städtchen oder Dorf gewesen, worin man Salz gekocht hat. Sie wurden vor wenigen Jahren von den Tataren abgebrannt, doch verordnete der Fürst, sie wieder aufzubauen.

Mordwa: auch dies sind Völker an der Wolga, unterhalb Niederneugarten am südlichen Ufer, den Czeremissen in allen Sachen gleich, außer daß sie mehr in Häusern wohnen. Hiermit beschließe ich des Moskowiters Gebiet.

Jetzt will ich von der Nachbarschaft der Moskowiter einiges Sichere sagen und in gleicher Ordnung vom Aufgang ausgehen, dann wieder gen Mittag und weiter ganz herumkommen.

VON DEN TATAREN

Von den Tataren und ihrem Ursprung findet man in der polnischen Chronik und in dem Büchlein von den beiden Sarmatien vieles verzeichnet, und auch sonst haben viele darüber geschrieben, davon will ich hier nichts einverleiben, es wäre mehr verdrießlich als nützlich. So viel ich aber aus den Annalen der russischen Geschichte und den Nachrichten vieler Leute erfahren konnte, will ich hier in Kürze vorbringen.

Sie sagen, die Moabiteni-Völker, die hernach Tataren genannt wurden, hätten sich, abgesondert von aller andern Leute Wesen, Sprachen, Sitten, Kleidern und Gewohnheiten, bei dem Flusse Calca niedergelassen. Von wo sie dahin gekommen und welchen Glaubens sie gewesen seien, wußte niemand; wiewohl sie von etlichen Taurimeni, von andern Picenegi, von andern anders genannt wurden. Bischof Methodius Patantzki sagt, sie wären aus der Wüste Jeutriskie zwischen Norden und Osten hergekommen, und gibt als Ursache ihrer Übersiedelung, einer ihrer Vornehmsten und Weisesten, Gedeon mit Namen, hätte ihnen mit der Weissagung Furcht eingejagt, der Untergang der Welt sei nahe. Mit solcher Rede habe er sie bewegt darauf zu denken, daß die großen Reichtümer der Welt nicht mitsamt der Welt zergingen, und so sollen sie mit großer Menge ausgezogen sein, die Länder zu berauben. Und vom Aufgang bis zum Euphratfluß und dem Persischen Meer hätten sie alles grausam verwüstet; nach vieler Lande Verwüstung hät-

ten dann die Polowtzi-Völker mit den Russen gewagt
ihnen zu begegnen, und seien beim Fluß Calca geschlagen worden im Jahr 6533 vom Anfang der Welt.

Hierbei ersieht man, wie der, der im Büchlein von
den beiden Sarmatien die Polowtzen mit Jäger ver-
deutscht, geirrt hat. Die Polowtzi sind, die im Feld und
nicht in Häusern wohnen: Polle heißt das Feld, und
daher muß das ganze Wort verstanden werden. Lo-
watz oder Lowtzi sind zwar Jäger, aber die Haupt-
silben Pollow geben die Bedeutung; – ezi oder – ksi
verändern an der rechten Deutung nichts, es werden
dort fast alle Namen, die sich von Städten, Burgen,
Ländern oder Gütern ableiten, mit Zusatz dieser letzten Silbe ausgesprochen. Die Russen meinen, daß die
Polowtzi Goten gewesen seien, ich kann das kaum
glauben.

Wer die Tataren beschreiben wollte, müßte Sitten,
Wesen und auch Lande vieler Nationen beschreiben,
denn sie haben jetzt allein von ihrem Glauben her den
Namen gemeinsam, und viele unterschiedliche, weit
auseinanderliegende Nationen haben alle den tatarischen Namen angenommen, wie auch der Name
Rußland viele Länder in sich hineingezogen hat. Doch
gehe ich erst auf die Geschichte zurück. Bathi, König
der Tataren, zog von Süden gen Norden mit großer
Macht, kam in die Bulgarei, die an der Wolga unter
Kasan liegt, und eroberte sie. Das Jahr danach, das ist
6745, verfolgte er seinen Sieg, kam bis nach Moskau
und belagerte die Stadt eine Zeitlang. Sie wurde ihm
übergeben, er hielt nicht sein Versprechen und tötete

alles. Dann weiterrückend verbrannte er Wladimir, Pereaslaw, Rostow, Susdal und viele andere Städte und Burgen, schlug alle tot und nahm sie in ewige Dienstbarkeit, schlug den Großfürsten Georg tot, der ihm im Felde entgegentrat, nahm Basilius, Konstantins Sohn, gefangen mit sich fort und tötete ihn auch – das soll alles im genannten Jahr geschehen sein.

Seit der Zeit sind die Russen ziemlich alle den Tataren untertan gewesen, die Tataren haben auch die Fürsten gesetzt und entsetzt bis zu Witold, dem Großfürsten von Litauen; der beschützte seine Lande und die, die er in Rußland gewonnen hatte, kräftig vor der Tataren Gewalt und war allen Nachbarn ein Schrekken. Aber die Großfürsten zu Wladimir und Moskau blieben bis Basilius, Johanns Sohn, zu dem ich geschickt wurde, im Gehorsam der Tataren.

Dieser Bathi, so melden die Annalen, wurde vom Ungarnkönig Wlaslaw ereilt, der nach der Taufe Ladislaus genannt ward und auch heilig gesprochen ist. Denn da Bathi des Königs Schwester, die er bei der Verheerung von Ungarn ergriffen hatte, mit sich wegführte, setzte ihm der König aus Mitleid mit seiner Schwester und um der Schmach willen nach, griff ihn an, und als seine Schwester zu den Waffen griff, um dem Buhlen gegen den Bruder zu helfen, erschlug der König im Zorn beide, Bathi und seine Schwester.

Asbeck folgte dem Bathi im Königreich und starb 6834. Nach ihm kam sein Sohn Sanabeck, der brachte alle seine Brüder um; er starb 6865. Nach dem kam Berdabeck, der auch zwölf seiner Brüder erschlug, und starb im Jahr 6867. Alculpa folgte nach denen, der herrschte nicht über einen Monat, sondern wurde samt seinen Kindern von einem Fürsten Narusch totgeschlagen. Bei diesem Narusch kamen alle russischen Fürsten zusammen, und ein jeder holte sich die Gewalt, in seinem Fürstentum zu herrschen. Er ward erschlagen 6868. Dem folgte Chidir, von seinem Sohn Themerhosch erschlagen, der dann kaum sieben Tage geherrscht hat; denn er wurde von dem Temnick Mamai verjagt, und als er über die Wolga floh, von den Kriegern ereilt und getötet, im Jahr 6869.

Nach diesem erhielt Thachamisch das Reich; im Jahr 6890 am 26. August hat er Moskau mit Mord und Brand verwüstet. Er wurde dann von Themirkutlu geschlagen und floh zu Witold, Großfürsten von Litauen. Danach nahm Themirkutlu das Königreich Sarai in Besitz im Jahr 6906 und starb drei Jahre danach. Ihm folgte sein Sohn Schatibeck, nach diesem Themirassack. Der nahm seinen Zug nach Resan, um Moskowien zu verderben; da erschraken die Fürsten dermaßen, daß sie alle Waffen verließen und zu ihren Heiligen flohen: sie schickten eilig nach Wladimir um ein Bild Unserer Frau Maria, bei dem zuvor viele Wunder geschehn sein sollen, und als man es nach Moskau brachte, zog ihm der Fürst mit aller Menge entgegen. Zuerst bat er demütig, daß sie den Feind abwende, dann geleitete er das Bild mit großer Andacht und Ehrerbietung nach Moskau. Durch diese Andacht wollen sie erlangt haben, daß die Tataren nicht über Resan hinausgezogen sind. Dem zu ewigem

Gedächtnis haben sie an der Stelle, wo sie das Bild erwartet und empfangen haben, eine Kirche erbaut, und feiern jährlich dafür den 26. August; den Tag nennen sie Stretenne, das ist Entgegenkunft. Das soll geschehen sein im Jahr 6903.

Die Russen erzählen, dieser Themirassack sei von geringer Geburt gewesen und durch Räuberei zu solcher Höhe gekommen, er sei auch ein meisterlicher Dieb in seiner Jugend gewesen und habe daher den Namen bekommen. Er stahl ein Schaf, ihn erwischte der Herr oder Hirte des Schafs und zerwarf ihm mit einem Stein den Schenkel, den hat er mit einem Eisen geschient. So ward ihm von Eisen und Hinken der Name aufgelegt, Themir ist Eisen, Assack Hinker. Dieser hat denen von Konstantinopel, wie sie von den Türken hart belagert wurden, durch seinen Sohn Hilfe geschickt. Als der Sohn die Türken geschlagen und die Belagerten erlöst hatte, kam er als Sieger zum Vater zurück im Jahr 6909.

Die Tataren teilen sich in Horden; unter denen stand die Horde von Sawolha an Menge und Ruhm allen voran; denn alle andern sollen von ihr ausgegangen sein. Horda aber bedeutet bei ihnen Zusammenkunft oder Menge. Jede Horde hat ihren besondern Namen, wie die von Sawolha, Precop, Nahaisa und viele andre; und wiewohl alle mahometisch sind, mögen sie doch nicht Türken genannt werden, das halten sie für Schmach. Sondern Besermani wollen sie heißen, und die Türken nennen sich selbst auch gern mit dem Namen.

Wie nun die Tataren Weide und vielerlei Land besitzen, so kommen sie auch in Manier und Wesen nicht in allem überein. Jedoch die Nächsten in der Krim sind von mittlerer Länge, breitem, fleischigen, wie geschwollenen Gesicht, kleinen, einwärts gedrehten Hohlaugen; sie tragen einen Knebelbart, sonst sind sie ganz geschoren. Nur ihre Obersten tragen lange Zotten von Haar, über die Ohren schwarz herabhängend und eingedreht. Sie sind kräftigen Körpers und kühnen Muts; unkeusch und von verkehrten Trieben.

Alles, selbst gestorbene Pferde und Vieh nehmen sie gerne zur Speise, außer Schweinen, die ihnen ihr Gesetz verbietet. Man sagt, sie könnten sich ganze vier Tage Essens und Schlafens enthalten und dabei alle Arbeit vollbringen. Wiederum, wenn sie zum Essen gelangen, so fressen sie sich unmäßig voll und wiegen so das frühere Fasten gleichsam auf; auch schlafen sie manchmal drei oder vier Tage. Darum, wenn sie einen Beutezug nach Litauen oder Rußland machen, sich dabei abmühen und mit den Raub beschweren, so reitet man ihnen nach, und weiß man ungefähr den Platz ihrer Lagerruhe, so machen die Nachreisenden diese Nacht kein Feuer in ihrem Lager, damit die Tataren ganz sicher zu sein vermeinen. So lagern sie sich, schlachten Vieh, essen sich an, lassen ihre Pferde auf das Gras und schlafen ohne Wache und Ordnung: derart sind sie oft überfallen und geschlagen worden. Wenn einer von ihnen gar zu hungrig wird, schlägt er seinem Pferd eine Ader auf und trinkt das Blut; sie meinen, das sei dem Pferd kein Schaden, sondern ein Nutzen.

Sie haben keine Straßen oder Treibwege, weil sie an keiner Stätte seßhaft sind; so richten sie ihre Züge nach den Sternen und besonders nach dem Polarstern, den sie Szelesnicol, so viel wie eiserner Nagel nennen. Roßmilch halten sie für einen Genuß und glauben, davon stark und feist zu werden. Vielerlei Kräuter haben sie zu ihrer Nahrung; nur sehr wenige von ihnen gebrauchen Salz. Wenn ihre Könige ihnen einmal den Raub oder andern Proviant austeilen, geben sie auf vierzig Mann ein Rind oder Pferd; dann nehmen die Angesehenen nur das Eingeweide, stecken die Kutteln, Herz, Lunge, Leber und so weiter an Spießen zum Feuer, erhitzen es so weit, daß sie den Kot mit Hölzchen herunterschaben können, und fressen. Danach lecken sie nicht allein ihre Finger, sondern auch die Hölzchen, mit denen sie den Kot abgeschabt haben. Die Roßköpfe hält man für einen besondern Genuß, wie bei uns die von Wildschweinen, und gibt sie nur den Vornehmsten.

Ihre Pferde tragen den Kopf tief, sind klein, aber stark. Sie können Hunger und Müh wohl ertragen; sie fressen von den Bäumen Laub, Äste und Rinden und graben, es sei Schnee oder nicht, in der Erde nach Wurzeln, wo kein Gras vorhanden ist. Die Moskowiter sagen, wenn ein Tatar auf seinem Roß sitze, laufe es viel rascher als unter einem andern; das wissen sie aus Erfahrung. Sie nennen ihre Pferde Pachmat. Ihre Sättel, Steigbügel und Steigleder sind ganz von Holz;

KAMPFSZENE

außer sie wären von den benachbarten Christen ge-
raubt oder gekauft. Um den Rücken des Pferdes nicht
aufzureiten, legen sie anstatt des Woilachs Laub oder
auch Gras unter. Durch Flüsse schwimmen sie. Wenn
ein Feind ihnen einmal hart nachsetzt, so werfen sie
Kleider, Sattel, alles Schwere weg, nur die Waffen
behalten sie und fliehen so dahin.

Ihre Waffen sind Bogen und Pfeil; nur selten haben
sie Säbel. Den Kampf beginnen sie von fern sehr
verwegen mit Schießen; bald aber rücken sie aus, als
wenn sie flöhen, und wenn man ihnen dann nacheilt,
so tun sie großen Schaden, indem sie hinter sich
schießen. Sehen sie dann, daß der Verfolger in Unordnung gerät, wenden sie sich plötzlich und greifen von
neuem an. Wenn sie mit großen Haufen zur Schlacht
kommen und den Platz und die Entfernung vom Feind
nach ihrem Belieben haben, dann führen sie den Tanz
(so nennen's die Moskowiter) nicht in festen Reihen;
sondern ihre Führer kommen mit ihren Haufen im
Bogen dem Feind zur Seite, schießen ab, rücken schnell
aus, ein zweiter Haufe tut das Gleiche, und so ein
Haufe nach dem andern, der erste kommt wieder nach
dem letzten. Wenn sie das so ausführen können, steht
ihre Sache auf Gewinn. Wenn aber die Führer, die vor
dem Haufen reiten, erlegt werden oder auch aus Furcht
den Kreislauf nicht einhalten, so sind sie bald in
Unordnung und können nicht mehr zur Ordnung,
noch zum Schießen kommen. Wenn man sie aber in
einer Enge faßt und es zum Nahkampf kommt, dann
fehlt ihnen alle Übung und sie sind bald geschlagen;

zumal sie weder Spieß noch Tartsche noch Seitenwehr
haben.

Beim Reiten sitzen sie so kurz, daß die Beine auf
dem Sattel zusammengezogen sind: so können sie sich
zum Schießen leicht nach beiden Seiten und nach
hinten drehen oder an den Bügeln hängend allerlei
von der Erde aufheben. Darin sind sie so geübt, daß sie
es auch im Lauf des Pferdes tun. Auch wenn einer
ihnen mit dem Speer nachsetzt, tun sie, als fielen sie
vom Pferd, daß der Spieß über sie weggeht, hängen
dabei nur mit einer Hand und einem Fuß am Pferd und
sind gleich wieder im Sattel. Wenn sie in die Nachbarländer einreiten, hat gewöhnlich jeder ein oder zwei
Pferde neben dem, worauf er sitzt; wenn dann das eine
müde wird, setzt er sich auf das andre und führt das
müde ledig an der Hand. Sie haben gar schlechtes
Zaumzeug und keine Sporen, sondern Geißeln. Sie
haben nur verschnittene Pferde und meinen, die könnten mehr Arbeit und Hunger überstehen.

Kleider haben Mann und Weib die gleichen, allein
daß die Weiber das Haupt mit einem Leinentuch bedecken; doch auch sie tragen leinene Hosen, wie sie
sonst Schiffsleute haben. Wenn ihre Königinnen offen
heraustreten, bedecken sie ihr Angesicht. Die gemeinen
Leute, die auf den Feldern hinleben, haben Kleider von
Schaffell; die tragen sie so lang, bis sie ganz verfaulen.
Sie bleiben nie lang an einem Ort: sie halten es für große
Unbequemlichkeit, irgendwo zu verweilen. Wenn sie
sich über ihre Kinder erzürnen, sagen sie als schweren
Fluch: daß du deinen eigenen Kot wie die Christen

schmecken mögst. Wenn sie daher einen Ort abgegrast haben, ziehn sie zu einem andern und führen dabei Weib, Kind und Gerät auf Karren mit. Gleichwohl gibt es auch andre, die in Flecken und Dörfern wohnen: das sind die alten, auch Kaufleute, die in die Kriege nicht mitziehn. Bei schwererem Krieg schicken die Vornehmeren ihre Weiber und Kinder an sichere Orte.

Recht gibt es nicht bei ihnen. Wenn einer dem andern etwas nimmt und der andre es inne wird und ihn darum anspricht, sagt der: ich habe das bedurft, wenn du einmal etwas bedarfst, so nimm es auch. Auch wenn die Sache vor der Obrigkeit zur Klage kommt, wird ihm der gleiche Bescheid; sie leugnen darum auch nicht, was sie tun. Manche schreiben, sie stehlen nicht. Man nenne es, wie man will, sie rauben und nehmen heimlich und öffentlich, was sie bekommen können. Sie sind arm, folglich nehmen sie. Was sie so bekommen, verkaufen sie den Türken oder andern oder geben es gegen Lösegeld heraus, nur die jungen Weibspersonen behalten sie.

Städte und Burgen erstürmen sie selten, aber Gehöfte und Dörfer brennen sie nieder. Sie haben ihre Freude am Schadentun, und je mehr Land sie veröden, um soviel mehr meinen sie, ihre Grenzen erweitert zu haben. Sich selbst morden und erschlagen sie nicht, außer wenn ihre Könige wider einander ziehn. Wenn dann einer einen Totschlag begeht und ergriffen wird, nimmt man ihm Roß, Waffen und Kleider und läßt ihn laufen; der Richter spricht zu ihm: Geh hin und sorg für deine Sachen.

Gold und Silber gebraucht bei ihnen außer den Kaufleuten kaum einer; alles ist im Tausch zu bekommen. Erlangen sie einmal Geld daher, daß sie Habe ihrer Nachbarn verkaufen, so kaufen sie damit in Moskau oder anderswo Kleider und sonstige Notdurft.

Die Tataren, die im Feld wohnen, haben untereinander keinerlei Grenze. Es wurde einmal ein feister Tatar gefangen; spricht der Moskowiter zu ihm: «Woher kommt dir, du Hund, diese Feiste, da du doch nichts zu essen hast?» Der Tatar antwortet: «Warum habe ich nichts zu essen, da ich mich doch von allem Land von Aufgang bis Niedergang ernähren kann? Euch mag aber wohl das Essen mangeln da ihr so kleine Stücke Landes besitzet und noch täglich darum zankt und kriegt.»

Kasan: Horde oder Reich, Stadt und Burg eines Namens, an der Nordseite der Wolga, etwa 70 Meilen unter Niederneugarten gelegen. Von da Wolgaabwärts sind öde und wüste Länder, ihre Grenznachbarn gegen Nordost aber sind die Schibanski- und Kosatzki-Tataren. Der König zu Kasan kann an 30 000 Mann aufbringen, besonders Fußvolk, darunter sind die Czeremissen und Czuwaschi zuverlässige Schützen; die Czuwaschi sind auch erfahrene Schiffsleute. Von Kasan bis zu der wichtigsten Burg Wiatka sind 60 Meilen. Kasan auf tatarisch heißt ein wallender Kessel. Die Tataren von dort sind menschlicher als die andern, bewohnen Häuser, bebauen die Äcker, treiben Handel, führen selten Krieg. Basilius hat sie so weit bezwungen, daß sie sich ergeben und von ihm gesetzte Könige angenommen haben. Dazu hat viel beigetragen, daß die Flüsse, wie die Mosqua und viele andre, alle in die Wolga kommen und so der Moskowiter täglich über ihnen sein kann; auch mochten sie das Geschäft der Kaufleute nicht entbehren, von dem nun beiden Herren große Einkünfte zufallen.

Chelealech war einst König in Kasan und hinterließ seine Witwe Nursultan ohne Kinder. Es nahm sie einer mit Namen Abrahemin, dem sie zwei Söhne gebar, Machmetemin und Abdelativ, er hatte aber auch von seinem ersten Weib Batmassasoltan einen Sohn Alega. Dieser trat als Erstgeborener nach dem Vater ins Reich, war aber dem Moskowiter nicht in allen Sachen gehorsam. Darum machten ihn die moskowitischen Räte, die jederzeit dort gehalten wurden, bei einem Nachtmahl gründlich betrunken, legten ihn in einen Schlitten, als wollten sie ihn heim in seine Wohnung führen, und brachten ihn nach Moskau. Der Fürst hielt ihn da eine Zeit in Verwahrung und schickte ihn dann nach Wologda, wo er bis zu seinem Ende blieb. Seine Stiefmutter und die Brüder Abdelativ und Machmetemin wurden nach Bielojesero verschickt, von Alegas Brüdern ließ sich einer, Codaiculu, auf den Namen Peter taufen, dem dann Basilius, der jetzige Großfürst, seine Schwester zur Heirat gab, der andre Bruder Meniktair blieb in seinem Glauben bis an seinen Tod und hinterließ seine Witwe mit vielen Kindern, die alle nach seinem Tode die Taufe annahmen; einzig Dietrich, den sie nach ihrer Sprache Pheodor nennen, wurde nicht getauft, den habe ich noch dort gesehen.

Als Alega weggeführt war, wurde Machmetemin freigelassen und an seiner Statt in das Königreich gesetzt; er blieb bis zum Jahr 1518. Die Nursultan, die zuvor Chelealek und Abrahemin zu Männern gehabt, nahm nun Mendligerei, den König zu Precop, als sie aber bei dem kein Kind bekam und die Liebe zu ihren Kindern sie bewegte, ging sie nach Moskau zu Abdelativ und zog später zu ihrem andern Sohn Machmetemin, dem König zu Kasan.

Die zu Kasan hatten schon zuvor dem Moskowiter keine Treue gehalten, und im Jahr 1504 fielen sie ab. Weil aber großer Krieg daraus erwachsen ist, auch viele Fürsten sich eingemischt haben und der Krieg bis heute nicht zu Ende ist, soll genauer davon gesagt werden. Sobald dem Basilius der Abfall von Kasan verkündet ward, schickte er voll Empörung und Rachgier ein großes Heer samt großem Geschütz dem Wasser nach ab. Da die von Kasan wußten, daß sie einem solchen Heer in geordneter Schlacht nicht gleich wären, gedachten sie mit List zu gewinnen und ließen ihr Volk vor dem Feind so erscheinen, als lägen sie mit vielen Rohrhütten und Zelten zu Feld. Aber zu gelegener Zeit, als sie bemerkt hatten, wann der Feind ungefähr angreifen würde, zogen sie heimlich aus dem Lager in einen Hinterhalt. Da nun niemand mehr dort zu sehen war, hielten die Moskowiter dafür, sie seien vor Furcht entflohen und fielen ohne Ordnung und Sorge über das Lager und die Rohrhütten zur Plünderung her. Da brachen die Tataren mit ihren Schützen, den Czeremissen, aus dem Hinterhalt, fielen über sie und erledigten sie dermaßen, daß sie alles Geschütz und andres flüchtig verließen.

Auf dieser Flucht haben auch zwei Büchsenmeister ihre Stücke verlassen; sie kamen mit andern vor den Großfürsten, und er empfing sie in Ehren und mit Gnaden, ja den einen, einen Italiäner Bartholomäus, der später auch den russischen Glauben annahm und schon damals in großem Ansehen stand, begabte er mit besonderen Gnaden. Ein anderer Büchsenmeister hatte in seinem Eifer das Geschütz, das ihm anbefohlen war, wieder heimgebracht und hoffte, große Gnade damit zu erlangen. Aber der Fürst fuhr ihn mit Ungnaden an: «Du hast mich und dich in große Gefahr gebracht. Vielleicht hättest du gern, daß dich die Feinde samt der Büchse übernommen hätten. Warum hast du sonst so viel Mühe damit gehabt und dich aufgehalten? Mir ist nichts an Büchsen gelegen, wenn ich nur Leute habe, die gießen und schießen können.» So hat er ihm keine Gnade noch Annehmlichkeit darum erwiesen.

Als dann Machmetemin starb, unter dem die von Kasan abgefallen waren, nahm Scheale seine Witwe zur Frau und gewann mit Hilfe des Großfürsten und des Bruders seiner Gattin das Reich Kasan. Er hat es unter großem Unwillen der Untertanen nicht mehr als vier Jahre besessen. Sein gemeiner, verweichlichter Leib schuf ihm Haß, denn er hatte einen vorhängenden Bauch, einen schütteren Bart und ein weibisches

Gesicht mit zwei großen, schwarzen Haarlocken, die
über die Ohren hingen: daher ward er zum Krieg für
ganz untauglich angesehn. Dazu mißachtete er seiner
Untertanen guten Willen, mochte sich nur dem Großfürsten gut erzeigen und traute Ausländern mehr als
den Seinen. So erbaten und beriefen die zu Kasan den
Sapgerei, Sohn des Mendligerei, Königs in der Krim,
zum König. Sobald er heranzog, ward Scheale geheißen, das Reich zu verlassen, und da er sich schwächer
sah, achtete er es für das beste zu weichen; er kam mit
Weib und Kebsen und allem Gerät nach Moskau
zurück, wo er hergekommen war, im Jahr 1521.

Inzwischen zog der König der Krim, Machmetgirei,
mit einem großen Heer gegen Kasan, seinen Bruder
Sapgerei einzusetzen. Als das geschehen, zog er heim-
wärts. Sobald er aber über den Don gesetzt war, kehrte
er seinen Weg eilends gegen Moskau. Basilius hatte
sich dessen gar nicht versehen. Als er aber des Feindes
Kommen vernahm, versammelte er sein Heervolk,
soviel er in der Eile konnte, machte Knes Demetri
Bielski zum Hauptmann darüber und verordnete ihn
an die Oka, den Tataren den Übergang zu wehren. Der
Hauptmann war jung, verachtete die Ältern, die wieder hegten darüber Groll, weil sie in vielen Kriegen
geführt und jetzt kein Ansehen hätten – so wurde von
beiden Teilen, wie das in dergleichen Zwiespalten
geschieht, nicht wohl verfahren. Die Tataren kamen
über den Fluß, verwüsteten das Land jämmerlich und
gelangten bis 13 Meilen vor Moskau. Dort lagerte sich
Machmetgirei bei einigen Teichen und ließ weit und

breit brennen und rauben. Sein Bruder Sapgerei kam mit seinen Kasanern gleichfalls herauf nach Wladimir und Niederneugarten, allenthalben wüstend; danach kamen beide Brüder mit ihren Heeren bei Columna zusammen.

Da Basilius sah, daß er ihnen nicht widerstehen konnte, verzweifelte er ganz, befahl das Schloß und alle Sachen seinem Schwager Peter an (demselben, der von den Tatarenkönigen stammte und sich hatte taufen lassen) sowie einigen anderen Räten und floh von Moskau in solcher Furcht, daß er sich eine Zeitlang unter einem Heuschober verbarg. Am 29. Juli rückten die Tataren vor mit Sengen und Brennen; da wären die in der Burg Moskau auch beinah verzweifelt, und es geschah eine jämmerliche Flucht von Weibern und Kindern mit Wagen und Gepäck in die Burg in solcher Eile, daß viele erdrückt und zertreten wurden. So viel Volk kam in die Burg, daß kein Platz blieb den Leib zu leeren, jeder mußte es tun wo er stand, und es gab einen solchen Gestank – hätten die Feinde nur wenige Tage davorgelegen, das Volk wäre Gestankes halber zum Sterben gekommen. Derzeit waren Gesandte der Livländer in Moskau; als die von dort flohn und so viel Feuer und Rauch im Lande sahen, glaubten sie sich von den Tataren umgeben und sind so geeilt, daß sie an einem Tage 36 Meilen bis Twer, jenseits der Wolga ritten, da sie denn sicher waren.

Großes Lob haben sich damals die deutschen Büchsenmacher verdient, besonders Nikolaus, am Rhein nicht weit von Speyer, der deutschen Kaiserstadt,

geboren. Der wurde vom Schatzmeister gerufen und
gar sanft gebeten, die größten Geschütze, mit denen
man Mauern bricht, unter das Burgtor zu stellen, um
die Tataren abzuwehren. Sie waren aber so groß, daß
sie kaum in drei Tagen hätten hingebracht werden
können, und sie hatten auch gar nicht so viel Pulver
bereit, um nur einmal ein solches Geschütz zu laden.
Denn das ist immer die Art der Moskowiter, daß sie
alles in Verwahrung, aber nichts bereit haben; und
drängt die Not, so soll alles gleich fertig sein. «Was tut
man dann», sprach der Schatzmeister; «ich habe
gemeint je größer, je besser.» Da ließ Nikolaus das
kleinere Geschütz holen; es stand fern von der Burg
und die Bauern trugen die Teile auf den Schultern
herbei. Plötzlich entstand ein Geschrei: Tataren, Tataren! – Da warfen sie die Büchsen von sich und liefen
der Burg zu. So lagen die Büchsen in langer Reihe da;
hätten hundert Reiter einen Angriff auf die Stadt
gemacht, sie hätten sie in dem Augenblick leicht
gänzlich abbrennen können.

In dieser Angst hielten es die Räte in der Burg
Moskau für gut, den König Machmetgirei mit vielen
Ehrungen und sonderlich mit gutem Met zu besänftigen, damit er nicht weiter vorrückte oder Schaden täte.
Er nahm die Gaben an und sagte, er wolle Moskau
nicht belagern, auch aus dem Lande ziehn, sofern sich
Basilius verschreibe, ihm ewig tributpflichtig zu sein,
wie auch sein Vater und seine Vorvordern gewesen
waren. Als solche Briefe nach Wunsch gefertigt und
übergeben waren, zog König Machmetgirei mit sei-

nem Heer nach Resan zurück. Da lagerte er, ließ die Gefangenen lösen und austauschen und den übrigen Raub verkaufen.

Damals war in des Tataren Heer Eustachius Taschkowitz, des Königs von Polen Untertan, mit einigen hundert Pferden den Tataren zu Dienst. Zu der Zeit war weder Friede noch Stillstand zwischen Polen und Moskau. Dieser Eustachius kam zur Burg von Resan mit etlichem Plunder, als wollte er ihn verkaufen, mit dem Plan, zugleich mit den kaufenden Russen einzudringen, die Wächter zu verjagen und die Burg zu nehmen. Der König trug sich mit dem gleichen Plan und schickte einen seiner Leute zu dem Obersten in der Burg mit dem Geheiß, der Großfürst wäre sein Tributar und Untertan, darum solle der Oberste im Schloß ihm, dem König, auch gehorchen, Proviant und andre Notdurft hergeben sowie zu ihm hinkommen.

Der Oberst aber, Iwan Kowar, ein erfahrener Kriegsmann und solcher Anschläge kundig, ließ sich nicht verleiten, aus der Burg zu gehn, sondern antwortete: ihm wäre nicht bewußt, daß sein Großfürst des Königs Zinsmann wäre, wenn er aber davon ein lauteres Wissen erhielte, würde er sich danach richten. Bald waren ihm des Großfürsten Verschreibungen zugeschickt, über die viele dort geweint haben. Und während der Oberst sich noch bedachte, nahte sich Eustachius je länger, je mehr der Burg, und den Anschlag noch mehr zu verbergen, wurden Knes Pheodor Loppata, ein angesehener Mann, und mehrere andre Russen, die bei Moskau in die Hand der

Feinde gefallen waren, um Lösegeld zurückgebracht.
Dazu hatte man mehrere Gefangene mit Fleiß schlecht
bewacht und in die Burg entlaufen lassen: die zurück-
zufordern nahten sich die Tataren in großem Haufen
der Burg. Die Russen gaben in ihrer Furcht die Gefangenen zurück, aber die Tataren gingen darum doch
nicht von der Burg weg, es kamen ihrer nur immer
mehr. Da standen die Russen vor der Gefahr in großer
Angst und Verzweiflung und wußten nicht, was tun.

Ein deutscher Büchsenmeister aber, Hans Jordan
von Hall im Inntal, verstand die Gefahr besser als die
Moskowiter: wenn sie ganz herangekommen wären,
so hätte man ihnen mit dem großen Geschütz nichts
tun können. Das sagte er dem Obern und wollte
schießen, sie gaben es aus Furcht nicht zu. Zuletzt tat er
doch einen Schuß in den Haufen nicht weit vom
König; damit kam ein solcher Schreck unter die Feinde
– jedermann nur auf und davon –, daß er sie von der
Burg fortbrachte.

Der König befahl darauf dem Eustachius, er solle
mit dem Obersten davon reden und ihm Drohworte
geben: der Oberste entschuldigte sich, der Büchsenmeister hätte wider sein Verbot geschossen – da forderte er den Büchsenmeister. Nun waren sie so sehr
verzagt, daß die meisten ihn überantworten wollten,
allein der Oberst Hans Kowar wollte das nicht tun,
und am meisten durch den wurde der Deutsche dort
gerettet. Denn was nun die Ursache war, der König
eilte davon, vielleicht, weil er zu lange schon aus war,
vielleicht, daß sein Volk genug mit Beute beladen war,

und zog nach der Krim: sogar die Verschreibung des Moskowiters blieb auf der Burg zurück, worin der sich zu ewigem Tribut verpflichtet hatte.

Dazumal wurde eine unglaubliche Anzahl von Gefangenen weggeführt, sie haben behaupten wollen, es wären an achtmal hunderttausend gewesen. Die meisten verkauften sie zu Capha an die Türken; die sie nicht verkaufen konnten, schlugen sie tot. Denn die Alten und Kranken, für die man nicht viel bekommt und die zur Arbeit nicht tauglich sind, geben die Tataren ihren jungen Leuten, wie man jungen Hunden Hasen gibt, um sie beißig zu machen: die werfen sie mit Steinen zu Tode, werfen sie ins Meer oder über eine Höhe hinab, oder wie es sie gelüstet. Welche aber bei ihnen verkauft oder behalten werden, die dienen sich mit 6 Jahren frei, aber aus dem Land dürfen sie dann nicht ziehn; sie dienen oder sehen sonst, wie sich jeder zu seiner weitern Nahrung verhelfen kann. Alle aber, die Sapgirei, der König von Kasan, gefangen hatte, schickte er zum Verkauf nach Astrachan; das ist auch ein Königreich an der Wolga, nahe da sie ins Meer fällt.

Als nun die zwei Könige aus dem Lande gezogen, kam Basilius wieder nach Moskau. Da sah er unter dem Tor den Büchsenmeister Niklas unter vielem Volk, das zulief, den Fürsten zu empfangen, und sprach zu ihm mit lauter Stimme: «Nikolai, deine Treue und Fleiß, die du zur Erhaltung der Burg bewiesen hast, ist mir kund, ich will dirs mit großen Gnaden vergelten.» Als hernach der Büchsenmeister

Hans Jordan von Resan kam, der mit seinem Schießen die Tataren von der Burg gebracht hatte, sprach der Großfürst: «Wie bist du gesund? Gott erhielt uns das Leben, das hast du uns zum andern Mal bewahrt. Unsere große Gnade wird bei dir sein.» Die beiden hofften auf große Gaben, es ward aber nichts daraus, ob sie gleich oft deshalb mahnten. Darum nahmen sie Ursache zu bitten, daß man sie zu ihren Freunden ziehen lasse; daraufhin wurde ihnen die jährliche Besoldung um zehn Gulden gebessert.

In der Zeit entstand Gerede und Zwietracht, wer bei der Flucht von der Oka, als die Tataren hinübergelangten, Urheber und Anfänger gewesen wäre. Die Älteren legten die Schuld auf Knes Demetri Bielski als Obersten, der wäre jung und hätte der Ältern Rat verachtet; Demetri aber schob die Schuld auf Knes Andree, des Großfürsten Bruder: den hätte man als ersten fliehen sehn, und dem wären die übrigen nachgefolgt. Damit aber Basilius eine Strafe gäbe und seinen Bruder überginge, suchte er sich einen Hauptmann heraus, der mit seinem Bruder geflohen war, Knes Iwan Worotinski, ließ ihn in Ketten schmieden und entsetzte ihn seines Amts und Fürstentums.

Den Sommer danach wollte Basilius sich an den Tataren rächen und seine Schmach verblenden; er sammelte ein mächtiges Heer, nahm auch viele große Büchsen mit, die die Russen zuvor in keinem Krieg gebraucht hatten, und lagerte sich wieder an der Oka. Hier blieb er in der Stadt Columna und schickte seine Boten nach der Krim an den König Machmetgirei, die ihm den Krieg ansagten: er wäre vergangenes Jahr heimlich in sein Land gefallen, ohne Ansage, wie ein Dieb und Räuber – jetzt solle er kommen, der Großfürst warte auf ihn. Der König gab zur Antwort: Er wisse viele Wege nach Moskau und auch die ihm bequeme Zeit dazu; er werde nicht jedem zu Gefallen den Zug unternehmen. Über solche Antwort empörte sich der Moskowiter und ließ sein Heer nach Niederneugarten vorrücken – das war 1523 – damit er von da aus Kasan berauben und verheeren oder gar in Besitz nehmen könnte. Von da zog er an das Wasser Szura, und baute dort an der Grenze die Burg Basilowgorod nach seinen Namen; dann zog er für diesmal sein Heer zurück.

Im nachfolgenden Jahr entsandte er seinen Rat Michael, Gregors Sohn, mit einem größern Heer als je zuvor, daß er Kasan unterwürfe. Davon erschrak Sapgirei; er schickte zu seinem Bruder in der Krim, damit er einen seiner jungen Söhne an seiner Statt nach Kasan sende, und zog selbst um Hilfe zu holen zum Türken. Der Junge, er war dreizehn Jahre alt, gehorchte seinem Oheim, lagerte auf seinem Weg in Gostinowosero, das ist eine Insel in der Wolga, wo die Kaufleute zusammenkommen, nicht weit von Kasan, und wurde dort freundlich und ehrenvoll von den Fürsten des Reichs empfangen.

Unter den Fürsten war auch der Seid, der oberste Priester der Tataren, der bei ihnen in größter Würde und Verehrung steht: wenn er kommt, gehn ihm die Könige entgegen, wenn er auf dem Roß sitzt, reichen

sie ihm stehend die Hand, was allein den Königen
vergönnt ist, mit gebeugtem Haupt; die andern aber,
wie Herzoge und Hauptleute greifen ihm nur an seine
Knie, die Edlen an die Füße, der gemeine Mann
berührt allein sein Kleid oder Pferd. Dieser Seid hielt
heimlich des Moskowiters Partei und suchte Wege,
wie er den Jungen fangen und nach Moskau schicken
möchte; er ward aber dabei ergriffen und mit einem
Messer öffentlich getötet.

Der Feldhauptmann Michael brachte inzwischen
Schiffe zusammen, das Geschütz und den Proviant
fortzubringen, und wiewohl das Wasser dort breit
genug ist, sah es doch aus wie ganz mit Schiffen
bedeckt. So eilte er gen Kasan, und wie er nach
Costinowosero kam, am 7. Juli, lagerte er sich und
wartete 20 Tage auf seine russischen Reiter. In der Zeit
wurde auf sein Anstiften die Burg Kasan, die ganz von
Holz war, angezündet und brannte im Angesicht der
Russen nieder. Dazumal war eine große Gelegenheit,
die Burg zu gewinnen, aber der Hauptmann hatte
weder Erfahrung noch Geschick: er ließ keinen Menschen antreten, den Burghügel wegzunehmen, und
hinderte auch nicht die Tataren, als sie die Burg wieder aufbauten. Am 28. Juli schiffte er über die Wolga
dahin, wo die Burg liegt, lagerte sich beim Fluß
Cazanca und wartete wiederum 20 Tage auf eine gute
Gelegenheit. Der Junge zu Kasan, der sein Feldlager
nicht weit von den Moskowitern aufgeschlagen hatte,
schickte sein czeremissisches Fußvolk oft wider die
Russen, schaffte freilich nicht viel.

Damals kam auch der vertriebene Scheale mit einigen Schiffen und schrieb dem Jungen, er solle sich aus seinem Erbreich heben. Dagegen entbot ihm der Junge: «Willst du dies mein Reich haben, mußt du es mit Waffen besuchen; wem es dann das Glück gibt, der habs.»

Während nun die Russen so lang unverrichteter Sache zögerten, verzehrten sie ihren Proviant und litten Hunger. Denn die Czeremissen verheerten alles weit und breit und hielten Paß und Weg so in Hut, daß ihnen nichts zukommen konnte: es konnte nicht einmal der Großfürst ihre Not erfahren und sie ihm keine Meldung schicken. Dennoch verordnete Basilius zwei zur Hilfe: nämlich Knes Iwan Palitzki, der mit Proviantschiffen von Niederneugarten dem Heer zufahren und bald wieder heraufkommen sollte, damit der Fürst erführe, was man denn täte; und einen andern, der mit 500 Pferden zu Lande abzog.

Dieser zweite fiel in die Czeremissen und wurde mit seinen Leuten erlegt, nicht mehr als neun kamen davon. Sobald die Mär dieser Niederlage im Heer herumkam, entstand ein solcher Schrecken (denn man sagte gleich, das ganze Reiterheer wäre erlegt und vernichtet), daß es keinen andern Gedanken mehr gab als fliehen. Und es wurde beschlossen abzuziehen, nur wußten sie nicht, ob sie ihren Weg stromauf nehmen sollten, welches dort recht schwierig war, oder ob sie abwärts schiffen sollten, bis sie irgendwo zu einem einmündenden Flusse kämen, auf dem sie mit besserer Bequemlichkeit, vom Feind ungehindert, stromauf und im Umweg nach Hause kommen könnten.

Während sie das in ihrem Hunger berieten, kamen
die neun Überbliebenen von den fünfhundert Erschla-
genen und meldeten, daß Johann Palitzki mit vielen
Schiffen und Proviant unterwegs wäre. Der kam dann
auch, aber er hatte auf unglückselige Weise den größten Teil der Schiffe verloren. Denn wie er, von vieler
Arbeit müde, eines Nachts am Gestade zur Ruhe
angelegt hatte, kamen die Czeremissen mit großem
Geschrei: wer fährt hier? Des Palitzki Diener meinten,
es wären ihre Schiffsleute, schalten und drohten, sie am
Morgen zu geißeln, weil sie dem Herrn Obersten seine
Ruhe nicht ließen. Darauf sagten die Czeremissen:
»Morgen werden wir anders mit euch handeln und
euch alle gebunden nach Kasan führen.»

Am Morgen, eh die Sonne erschien, war ein dicker
Nebel; da fielen die Czeremissen auf die Schiffe und
erschreckten die Russen dermaßen, daß Palitzki neunzig der größeren Schiffe in ihren Händen ließ, in deren
jedem dreißig Mann waren, und vom Gestade abstieß.
Er hielt sich nun in der Mitte des Flusses und kam in
der Finsternis des Nebels fast bloß zum Heer. Als er
danach von dort mit vielen Schiffen wieder aufwärts
fuhr, kam er mit gleichem Unglück noch einmal in die
Fallen der Czeremissen. Er verlor alle Schiffe und
entrann kaum selber mit wenigen Leuten.

In all dem Unglück und Hunger der Russen kam
endlich der Reiterzug, den Basilius zu Lande geschickt
hatte; er setzte acht Meilen unter Kasan über die
Wiega, die von Süden in die Wolga fließt, und wurde
zweimal von Tataren und Czeremissen angegriffen.

EMPFANG EINES (TATARISCHEN?) LEGATEN
DURCH DEN GROSSFÜRSTEN VON MOSKAU

Da wurden auf beiden Seiten viele erlegt, doch wichen die Tataren, und so stießen sie zu dem andern Heer.

Am 15. August begannen sie denn Kasan zu belagern. Der Junge schlug sein Lager unter ihren Augen auf der andern Seite der Stadt auf und sandte seine Reiter aus, der Feinde Heer zu besehen und sie zur Schlacht zu reizen. Damit hat es vielerlei Scharmützel gegeben. Uns haben namhafte Leute, die auch dabei waren, erzählt, einmal wären 6 Tataren gegen das russische Lager geritten, die Scheale mit 150 Pferden angreifen wollte. Aber der Oberste verbot es und verordnete zweitausend Pferde, damit sollten die Tataren umritten werden, daß sie nicht entrinnen könnten. Aber die Tataren wichen langsam, und als die Moskowiter nacheilten, stellten sie sich wieder zur Wehr. Gleichermaßen taten aber auch die Moskowiter; da sahen die Tataren deren Kleinmütigkeit, schossen in sie hinein, verwundeten auch viele auf der Flucht; wandten sich dann gegen die Moskowiter, jagten sie wieder davon, und so trieb eine Zeitlang einer den andern. Dabei wurden zwei tatarische Pferde durch eine Büchse erschossen: deren Reiter wurden von den übrigen Vieren vor den zweitausend Russen hinweggeführt.

Unterweilen brachte man das Geschütz vor die Burg und beschoß sie; aber die in der Burg stellten sich auch nicht faul, schossen sehr wieder heraus. Dabei wurde der Büchsenmacher in der Burg erschossen, und sie hatten keinen andern. Sobald das erkundet war, hatten die Deutschen und andern besoldeten Kriegs-

knechte große Hoffnung, die Burg zu gewinnen. Aber
der Hauptmann bedachte den Hunger seiner Leute und
verhandelte heimlich um einen Stillstand, damit er sein
Volk und Geschütz von dannen bringen könnte; inzwischen wollte er den Sturm nicht bewilligen, ja er
fuhr sie mit drohenden Worten an, daß sie sich ohne
sein Geheiß dessen unterfangen wollten. Wie die Tataren des Hauptmanns Meinung vernahmen, gingen sie
darauf ein und nahmen die Bedingungen, die der
Oberst vorschlug, an, nämlich daß sie ihre Boten zum
Großfürsten schickten und über den Frieden mit ihm
unterhandelten.

Nachdem dies beschlossen, löste Palitzki die Belagerung und zog mit dem Heer nach Moskau zurück. Von
dem Obersten ward geredet, er hätte Gaben von den
Tataren genommen, und den Verdacht mehrte ein
Büchsenmeister von Savoyen. Der hatte mit seiner
Büchse zu den Feinden übergehen wollen, wurde auf
dem Weg gefangen, strenge verhört, bekannte auch
seinen Willen und daß er Geld und tatarische Becher
genommen habe, um auch andre zum Abfall zu bringen: und gegen den tat der Oberst weiter nichts,
sondern ließ die Sache so bleiben.

Da denn das Heer abgezogen war, das 180 000 Mann
gehabt haben soll, kamen Gesandte des Königs von
Kasan zum Großfürsten Basilius und waren noch zu
der Zeit in Moskau, als ich das zweite Mal hinkam, und
war noch kein Friede zwischen ihnen geschlossen.
Dabei hatte Basilius den großen Markt, der zuvor bei
Kasan auf der Kaufmannsinsel Gostinowosero gehal-

ten wurde, nach Niederneugarten verlegt, zu großem
Abbruch der Kasaner an Einkommen und Nahrung,
und bei schweren Strafen verboten, daß einer der
seinigen weiter hinabziehe. Damit und durch den
Mangel an Salz (das die Tataren nur auf diesem Markt
von den Russen bekamen) hoffte der Großfürst, sie zu
zwingen, sich wieder zu ergeben. Doch hat aus dieser
Verlegung des Marktes der Moskowiter nicht weniger
Schaden genommen als der Kasaner, denn vielerlei
Sachen, die man von Astrachan, auch von Persien und
Armenien über das Meer und die Wolga sonst herauf-
gebracht hatte, sind in große Teuerung und Abgang
gekommen; und vor allem der edle Fisch Beluga, der
über und unter Kasan in der Wolga gefangen wird.

So viel vom Krieg des Moskowiters mit den Tataren
von Kasan. Jetzt wieder die unterbrochene Erzählung
von den Tataren.

Nach den Tataren von Kasan kommen zuerst die
Tataren mit dem Beinamen Nagai (wenn man den
Namen spricht, sagt man Nahai): sie wohnen jenseits
der Wolga am Kaspischen Meer um den Fluß Jaick, der
aus dem Lande Sibirien herfließt. Diese Tataren haben
keinen König, sondern Herzoge oder Fürsten. Deren
gab es zu unsrer Zeit drei Brüder, die sich Volk und
Gegend gleich geteilt hatten: der erste hieß Schidack,
der hatte eine Stadt, genannt Scharaitzick, gegen Osten
jenseits der Wolga, samt dem Teil am Jaick; der zweite
hieß Cossum, der hatte seinen Teil zwischen den
Flüssen Kama, Jaick und Wolga; Schichmamai, der

dritte, besaß einen Teil des Landes Sibirien und die umliegenden Länder. Schichmamai bedeutet soviel wie heilig oder gewaltig. Diese Lande sind fast alle sehr waldig, außer denen gegen Scharaitzick, wo mehr Felder sind.

Zwischen Wolga und Jaick am Kaspischen Meer wohnten vor Zeiten die Könige von Savolha; von denen später. Bei diesen Tataren soll es etwas Wunderbares, kaum Glaubhaftes gegeben haben, wovon uns Demetri, Daniels Sohn, ein (für einen Russen) ernsthafter und ehrlicher Mann, erzählt hat. Sein Vater sei vom Großfürsten zum König von Savolha geschickt worden; daselbst habe er einen Samen gesehen, etwas größer und runder denn Melonensamen, sonst solchem nicht ungleich. Wenn man den in die Erde legt, soll etwa fünf Spannen hoch eine Frucht gleich einem Lämmlein erwachsen; in ihrer Sprache nenne man sie auch Boranetz, das ist ein Lämmchen. Denn es hätte Kopf, Augen, Ohren und alles wie ein eben geborenes Lamm, dazu die feinste Haut, die sehr viele in diesen Gegenden zur Fütterung ihrer Hüte verwendeten. Daß sie solche Fälle gesehen hätten, haben viele uns bezeugt. Er sagte außerdem, die Pflanze, wenn man sie doch Pflanze nennen darf, habe Blut, aber kein Fleisch; sondern an Fleisches Statt etwas Ähnliches wie die Krebse als Fleisch haben. Die Füße hätten nicht hürnene Klauen, sondern nur Haar oder Wolle. Der Stamm stehe am Nabel, also mitten am Bauch. Sie lebe aber so lange, wie sie Kräuter um sich abgrasen könne, dann vertrockne die Wurzel. Sie soll gar süß zu essen

sein, darum gingen ihr die Wölfe und andres Raubge-
tier sehr nach.

Wiewohl ich das von dem Samen und der Pflanze
für ein Märchen hielt, so habe ich es doch schon zuvor
als von achtbaren Männern Gehörtes vermeldet, und
jetzt melde ich noch lieber davon, seit mir in deutschen
Landen Doctor Guilhelmus Postellus, ein weit erfahrener Mann, erzählt hat, er habe auf meine Beschreibungen hin dem Lämmlein nachgeforscht und von
Michael, dem Dolmetschen des Türkischen und Ara-
bischen bei der Republik Venedig, der in vielen fernen
Landen bewandert, vernommen, daß er in der tatarischen Stadt Samarkand und ihrer Nachbarschaft, die
sich bis an das Kaspische Meer und die Orte, von
denen ich schreibe, erstreckt, gar feine Fellchen gesehen habe von einer Pflanze, die in jenen Gegenden
wächst; die Muselmanen gebrauchten die zum Wär-
men auf ihren geschorenen Köpfen und auf dem
bloßen Leib. Er, Michael, selbst habe das Gewächs
nicht gesehn, aber gehört, es komme aus der Erde und
sei einem Tiere gleichförmig; es soll dort Samarcandei
genannt werden. «Da dies von der andern Erzählung
nicht abweicht (sagt Postellus), macht es mir die Sache
so gewiß, daß ich sie doch nicht ganz für Fabel halte,
zum Ruhme des Schöpfers, dem alles möglich ist.»
Dem sei, wie ihm wolle, man möge die Wahrheit
erfragen.

Vom Fürsten Schidack kommt man gen Osten in 20
Tagreisen zu den Völkern, welche die Moskowiter
Jurgenczi nennen; über die herrscht Barack Szoltan,

Bruder des großen Chan oder Königs von Cataia. Von da sollen noch 10 Tagreisen zum Bebeid Chan sein, das ist jener große Chan von Cataia.

Astrachan, eine reiche, große Stadt, worin großer Kaufmannshandel getrieben wird und von der die ganze Gegend den Namen hat, liegt 10 Tagreisen unter Kasan an der Wolga, diesseits nah an der Mündung. Manche sagen, die Stadt liege nicht an der Mündung, sondern ein paar Tagreisen davon entfernt; ich glaube aber, sie liegt an der Stelle, wo der Fluß sich in viele Arme (manche sagen, es seien siebzig) teilt und viele Inseln macht, dann mit so viel Mündungen ins Meer fällt, daß der Fluß selber von ferne wie ein Meer aussieht. Viele nennen diese Stadt Citrachan.

Tumenski, Schikanski und Cosatzki: diese Tataren wohnen über Wiatka und Kasan hinaus, an Perm grenzend. Die Tumenski sollen in Wäldern wohnen und nicht mehr denn zehntausend sein. Außerdem gibt es noch andre Tataren jenseits der Wolga, Kalmuchi geheißen, deshalb weil sie allein lange Haare tragen. Dann ist eine Stadt am Kaspischen Meer Schamachia, sechs Tagreisen von Astrachan, von der auch die Umgegend den Namen erhalten hat; da arbeitet man schöne Seidenkleider. Der König von Persien soll sie unlängst eingenommen haben.

Asow, die Stadt am Don, von der schon geschrieben, liegt sieben Tagreisen von Astrachan. Der taurische Chersones und besonders die Stadt Prekop ist fünf Tagreisen weit von Asow, Schamachia zwölf Tagreisen. Zwischen Kasan und Astrachan die Wolga zu beiden Seiten hinab und bis hinüber an den Dnjepr sind alles unbebaute Länder, wo Tataren ohne bestimmte Sitze wohnen; sie haben allein die Städte Asow und Achas, welche 12 Meilen über Asow am Don liegt, und am Donetz sind einige wenige, die das Feld bebauen und in Häusern wohnen.

Wendet man sich von Osten weiter nach Süden zu, so findet man zwischen den Mäotis-Sümpfen und dem Schwarzen Meer die Aphgasi-Völker am Flusse Cupa, der auch in die Sümpfe einmündet. Dort sind Gebirge bis an das Wasser Merula, welches in das Schwarze Meer fällt, und darin wohnen die Circassi oder Ciki. Sie haben ein so festes, unzugängliches Land, daß sie weder in der Türken noch in der Tataren Gewalt und Gehorsam sind. Nach Aussage der Russen sind die Christen griechischen Glaubens, verrichten allen Gottesdienst in ihrer Sprache, die ist slawisch, haben eignes Gesetz. Sie sind wilde Seeräuber; auf den vielen Flüssen, die aus ihren Gebirgen ins Meer fließen, fahren sie in ihren Schiffen herab und plündern was sie können, zumal die Kaufleute, die von Kaffa nach Konstantinopel schiffen. Über den Cupafluß hinaus liegt Mengarlia, vom Erakleafluß durchflossen; weiter Cotatis, das etliche für Colchis halten. Danach kommt das Wasser Phasis; eh es ins Meer fällt, macht es nicht weit von der Mündung eine Insel Satabel, wo nach der Meinung mancher Jasons Schiffe gestanden haben sollen; jenseits des Phasis kommt Trapezunt.

Das Meer, das man Mäotissumpf nennt, darein der Don mündet, soll 300 welsche Meilen in die Länge messen; aber am Vorgebirge bei Sankt Johannes kommt es zu einer Enge von zwei welschen Meilen zusammen, darauf vereinigt es sich mit dem Schwarzen Meer.

Prekop, wie die Halbinsel jetzt genannt wird, lateinisch Taurica Chersonesus, liegt mit einer Seite an den Mäotis-Sümpfen, mit den größern ist sie vom Meer umflossen. Wenn man vom Festland dahineinzieht, so sinds vom Meer zum Sumpf nicht mehr als 200 Schritt.

Auf der Halbinsel liegt eine Burg oder Stadt namens Krim, wo zuvor die Könige ihren Sitz hatten, daher sie auch Krimski genannt wurden. Einer von denen wollte die Wasser zusammenbringen, indem die Landenge durchgraben würde; damit wäre eine Insel daraus geworden. Der Graben wurde zum Teil gemacht, aber nicht so tief wie vorgenommen und nötig war. Von diesem Graben aber, an dem auch eine Stadt gebaut wurde, haben Land und Stadt den Namen bekommen: denn Kopat heißt graben, Prekop durchgraben, nach der slawischen Sprache. Die Könige dort werden darum heute Prekopski genannt. Es hat einer geschrieben, es habe zu Kaiser Maximilians Zeiten ein König da geherrscht mit Namen Prekopius, gleichermaßen hätte im Land jenseits der Wolga, das slawisch Sawolski heißt, Sawolhius regiert: der hat sich sehr getrogen.

Die Halbinsel ist der Länge nach von einem Wald durchteilt, den Teil nach dem Meere zu besitzt der Türke, darin liegt die Stadt Capha, einst Theodosia

genannt; die Genuesen haben dort eine Zeitlang gesessen, und der türkische Kaiser Machumetes, der auch
Konstantinopel von den Griechen erobert hat, hat sie
genommen. Den andern Teil diesseits des Waldes, der
das Festland berührt, besitzen die Tataren.

Alle Tataren, die in Prekop herrschen, kommen von
den Sawolhensern her. Als die einmal in Zwietracht
kamen, wurden einige aus dem Reich vertrieben und
fanden in der Nähe keine Bleibe: da gerieten sie
hierher. Sie haben darum die Feindschaft behalten und
viel Krieg mit den Sawolhensern gehabt noch zur
Zeit unsrer Väter, als Großfürst Alexander von
Litauen als König in Polen herrschte, kam Scheachmet,
der König von Sawolchen, zu ihm nach Litauen samt
seinem Weib und Kriegsvolk mit der Meinung, sie
beiden sollten wider den König in Prekop kriegen.
Dazu vertrugen und verbanden sie sich miteinander.
Als aber die Litauer nach ihrer Art länger als billig den
Krieg aufschoben, lebte zwar der tatarische König in
Häusern, sein Weib und Volk aber lagen zu Feld im
Schnee: die Kälte waren sie nicht gewohnt, denn dort
wo sie herkamen, bleibt solcher Schnee nicht. So
ermahnten sie ihren König, er solle ohne die Polen an
seine Sachen gehen. Als sie ihn dazu nicht bringen
konnten, wurde die Königin und das Volk verdrossen.
Sie schickte ihre Boten zum König in Prekop, Machmetgirei, wolle er sie zu seinem Weibe nehmen, so
wolle sie samt ihrem Volk zu ihm kommen. Das ward
angenommen, und sie kam mit einem Teil des Heervolks; auf ihr Drängen schickte der Prekopski ein

Heer, um den Rest des Volks, der bei Scheachmet geblieben war, zu überfallen.

Scheachmet sah sein Unglück, nahm seine Leute, die er noch hatte, an 600 Pferde, mochte den Litauern nimmer trauen und zog nach Weißenburg am Dnjestr, das man Moncastro nennt. Das gehört dem Türken, und von dem hoffte er, Hilfe zu erlangen. Weil er sich aber mit Christen wider die Feinde ihres Glaubens verbunden hatte, befahl der Türke, ihn zu fangen; er merkte noch den Anschlag, entritt von da kaum mit dem halben Volk und kam wieder nach Kiew. Dort im Feld wohnend, wurde er von den Litauern umzingelt und in ihre Gewalt gebracht.

Wie man mit ihm nun gen Wilna zog, kam König Alexander ihm entgegen, empfing ihn in Ehren und geleitete ihn zur Herberge mit guter Vertröstung, führte ihn auch mit sich in die Zusammenkunft der Polen, wo man wegen des Kriegs gegen Mendligerei von Prekop verhandeln sollte. Als sich das lange verzog, und der Tatar vernahm, die Heerfahrt wäre bewilligt und beschlossen, fragte er, was man nunmehr tun wolle. Sie sagten, man würde das Kriegsvolk aufbringen und schicken. Dazu sagte er: «Wollten die Herren nicht auch mitziehn?» Er meinte, ohne die würde nicht viel Gutes erreicht werden, und da die Zeit wieder hinging, trachtete er von neuem zu fliehn. Bei der Flucht wurde er gefangen und zu Troki, einer Burg vier Meilen von Wilna, ehrenvoll in Haft gehalten. Dort habe ich ihn gesehn, denn als der Woiwode von Troki mich zu Gast hatte, hat er den König auch an

den Tisch gesetzt. Später wurde er freigelassen, aber
bald erschlagen.

Also haben die sawolhischen Könige ein Ende
genommen; mit ihnen gingen auch die Könige von
Astrachan aus, welche eines Geschlechtes mit ihnen
waren. Damit wuchsen die Könige von Prekop, wurden den Nachbarn zum Schrecken und brachten sogar
den König von Polen dahin, daß er ihnen jährlich Geld
gibt; Dienstgeld, wie die Polen sagen, damit sie in allen
Bedürfnissen des Königs Leute schicken und dienen,
sieht aber gar sehr einem Tribut gleich. Auch der
Moskowiter pflegte diese Tataren stets mit Gaben sich
freundlich zu halten. Das kommt auch daher, weil
beide Großfürsten, von Litauen wie von Moskau, in
steter Feindschaft gegeneinander stehn und jeder hofft,
er werde den Tataren wider den andern zur Hilfe
haben. Der weiß das wohl, und so begibt sichs, daß er
von beiden nimmt, jedem gute Hoffnung gibt, und sie
beide betrügt.

So zeigte es sich zu der Zeit, da ich im Namen Kaiser
Maximilians mit dem Moskowiter für den Frieden mit
dem Polenkönig verhandelte. Als nämlich der Moskowiter zu keinen billigen Bedingungen bewegt werden
konnte, erkaufte der König von Polen den König von
Prekop: der sollte von seiner Seite mit seinem Heer
Moskowien angreifen, er selbst wolle von der andern
Seite auf Opotzka zu vorgehn. Als der Moskowiter das
merkte, sandte er auch seine Botschaft zu den Tataren:
er solle bei den Litauern einfallen, die versähen sich
nichts und wären ganz ohne Schutz. Der Tatar be-

dachte seinen Nutzen und folgte dem Moskowiter; so
wurde er mit der Nachbarn Zwietracht groß.

Dieser Machmetgirei, König zu Prekop, brachte
einen tatarischen Fürsten aus Nagai mit Namen
Mamai auf seine Seite, zog im Jahr 1524 im Januar von
der Krim aus und überfiel den König zu Astrachan.
Der König entfloh, aber die Stadt nahm der Prekopski
ein und wohnte etliche Tage darin unter Dach. Derweil schickte ein andrer Nahaiski-Fürst, mit Namen
Agis, zu seinem Bruder Mamai und schalt ihn: warum
er zu ihrer aller Schaden einen so Mächtigen dorthin
brächte? Zugleich mahnte er ihn zu bedenken, daß
Machmetgirei vielleicht gesonnen sei, sie beide aus
ihrem Reich zu vertreiben und zu töten oder in ewige
Knechtschaft zu bringen. Darauf entschlossen sich die
Brüder, Agis solle mit so viel Volk als möglich kommen, so wollten sie sich beide der gehabten Sorge
entledigen.

Agis bestimmte die Zeit seiner Ankunft (der hatte
sein Volk schon vorher zur Abwehr gesammelt),
Mamai aber mahnte den König, man sollte die Leute
nicht unter Dächern halten, so würden sie verderbt,
nachdem sie sonst immer im Feld gelegen hätten; man
solle sich zu Feld lagern. Der König folgte, führte das
Heer aus der Stadt; Mamai lagerte sich an dem Ort, wo
sein Bruder zu ihm stoßen sollte, und sie überfielen den
König samt seinem Sohn Bathir Szoltan, der 25 Jahr alt
war, beim Essen; schlugen beide zu Tode, erschlugen
das meiste seines Volks, trieben die übrigen in die
Flucht; hingen den Flüchtigen nach und jagten sie bis

über den Don und zur Stadt Prekop; die Stadt belager-
ten sie eine Zeitlang; als sie sie mit Bedrohen und
Bedrängen nicht erobern konnten, zogen sie nach
Haus.

Damit ist also der König von Astrachan wieder in
sein Reich gekommen, und die Macht von Prekop fiel
hin mit diesem tapfern und glücklichen König Machmetgirei. Nach ihm bekam sein Bruder Sadachgirei
mit Hilfe des Türken, dem er lange gedient hatte, das
Königreich. Da er sich aber nach türkischer Gewohnheit hielt und wenig vor seinen Leuten sehen ließ,
wurde er ausgetrieben und sein Brudersohn eingesetzt.
Von dem wurde Sadachgirei gefangen; er bat aber den
Jüngling, daß er ihn nicht töte und wider sein eignes
Blut wüte, daß er sich seines Alters erbarme und ihm
vergönne, für sich allein irgendwo auf einer Burg zu
leben und nur den Titel des Königs zu behalten: aller
Herrschaft wolle er sich entschlagen. Das hat er denn
erlangt.

Die Namen der Stände und Würden sind ungefähr
die: Chan ist König; Soltan eines Königs Sohn; Bij
etwa ein Herzog; Mursa eines Herzogs Sohn; Olboud
ein Edel- oder Ratsmann; Olboadulu eines Edelmanns
Sohn; Seid der oberste Priester; Ksi ein gemeiner
Mann. Die Namen der Ämter: Ulan ist der nächste
nach dem König. Dann haben die Könige vier, mit
denen sie alle ernsten Sachen beratschlagen; deren
erster heißt Schirni, der zweite Barni, der dritte
Gargni, der vierte Tziptzan.

So viel von den Tataren.

Litauen ist dem moskauischen Gebiet am nächsten. Und zwar meine ich jetzt nicht allein das Fürstentum, sondern auch die angrenzenden Gegenden, die man mit dem Namen Litauen (Lithwania, Lithen) umfaßt. Es reicht in langem Zuge von der Stadt Circaß, die am Dnjepr unter Kiew liegt, bis Livland, welches zu Dünaburg an der Düna anhebt.

Diese Circassen am Dnjepr (nicht die am Schwarzen Meer, von denen hiervor gesagt ist) sind Russen; ihnen wurde zu unsrer Zeit Eustachius Taschkowitz vorangesetzt, ein anschlägiger, listiger Kriegsmann, der mit den Tataren viel Geschäft und Gemeinschaft gehabt und sie doch oft auch geschlagen und erlegt hatte. Auch den Moskowiter, bei dem er eine Weile als Gefangener war, hatte er oft in große Gefahren gebracht. Des Jahrs, als wir in Moskau waren, hat er die Russen wunderbar überlistet, und es scheint mir würdig, die Geschichte hier aufzuschreiben.

Eustachius kleidete etliche Tataren in litauische Tracht und ließ sie ins moskowitische Land reisen; er wußte wohl, die Moskowiter würden es nicht unterlassen, sich auf die zu werfen. Er selbst stellte sich mit seinen Leuten in einen Hinterhalt, die Verfolger zu empfangen. Nachdem die Tataren einen Raubzug in das Land Sewera gemacht hatten, kehrten sie sich auf Litauen zu und bogen erst zuletzt ab. Als die Moskowiter das hörten, meinten sie, es seien Litauer, eilten ihnen nach, machten, um sich zu rächen, einen Zug ins Litauische und überluden sich mit Beute. Beim Rückzug aber empfing sie Eustachius und erschlug alle. Der Großfürst schickte darauf seine Boten zum König von Polen und beschwerte sich wegen des Unrechts, das ihm wider den Stillstand geschehn wäre. Der König antwortete: seine Leute hätten Unrecht nicht getan, sondern erlittenes gerächt. So hatte der Großfürst, von beiden Seiten betrogen, den Schaden samt dem Spott.

Unterhalb der russischen Circassen ist keine Christensiedelung mehr. 40 Meilen unterhalb am Dnjepr, nicht weit von dessen Einfall ins Meer, liegt die Stadt Otzakow am Ufer nach der Walachei zu, welche die Tataren von der Krim unlängst vom Großfürstentum Litauen weggenommen haben, jetzt aber hat der Türke sie inne. Von Otzakow kommt man in 14 Meilen nach Weißenburg an der Mündung des Dnjestr, man nennt die Stadt auch Moncastro; auch die gehört dem Türken. Von Otzakow nach Prekop sind 14, von Circaß nach Prekop 40 Meilen. Von Circaß am Dnjepr 7 Meilen stromauf kommt man zur Stadt Kainow und von da 18 Meilen weiter nach Kiew, der alten Hauptstadt von Rußland.

Wie edel und gradezu königlich Kiew gewesen ist, sieht man noch an den überbliebenen Trümmern der Stadt und den Denkmälern, die da in Stücken liegen. Noch heute findet man auf den nahen Bergen die Spuren der verlassenen Kirchen und Klöster, auch viele Keller, in denen man uralte Gräber und darin noch unversehrte Leichname sieht.

Ich habe von glaubwürdigen Leuten vernommen,
daß die Mädchen dort selten über 7 Jahre keusch
bleiben; eine glaubliche und vernünftige Ursache davon habe ich nicht gehört. Den Kaufleuten ist nicht
verboten, sie zu ihrem Willen zu bringen, wohl aber sie
wegzuführen. Denn wer sich untersteht, eine wegzuführen, und gefaßt wird, verliert Leib und Gut.

Dort haben sie auch das Recht, welcher fremde
Kaufmann daselbst stirbt, dessen Gut fällt an den
König oder seinen Obersten; und gleichfalls, wenn ein
Kaufmann von Kiew bei den Tataren oder Türken
stirbt, so bleibt das Gut, das man bei ihm findet, auch
der Herrschaft, in der er gestorben ist. Es ist ein Berg in
der Nähe; wenn die Kaufleute darüber, wie sie denn
müssen, fahren, und etwas am Wagen bricht, daß er
nicht fahren kann, so ist das Gut auf dem Wagen der
Herrschaft verfallen. Das alles hat mir Herr Albrecht
Gastold, damals Woiwode zu Wilna und Statthalter
des Großfürstentums Litauen, selber gesagt.

Von Kiew noch 30 Meilen weiter, den Dnjepr
herauf, liegt Mosier an dem Fluß Pripet, der 12 Meilen
über Kiew in den Dnjepr läuft. Thur, ein andrer
fischreicher Fluß, mündet in den Pripet. Von Mosier
weiter nach Bobranzko 30 Meilen; von da 25 Meilen
stromauf liegt Mogilew, 6 Meilen von dort Orssa.
Diese alle liegen am Dnjepr auf der westlichen Seite
und gehören dem König von Polen. Was aber auf der
andern Seite des Dnjepr liegt, gegen Osten, gehört
dem Moskowiter, außer Dobrowna und Mstislaw.
Fährt man über den Dnjepr, so kommt man in 4 Mei-

len nach Dobrowna, und dann in 20 nach Smolensk. Wir sind den Weg von Orsa nach Smolensk gezogen und von da nach Moskau.

Borisow ist eine Stadt 22 Meilen von der Orssa nach Westen an dem Wasser Beresina, das unterhalb Bobrantzko in den Dnjepr fällt. Das Wasser ist bei diesem Ort, wie ich selbst gesehn, größer und breiter als der Dnjepr zu Smolensk. Und ich vermute, daß diese Beresina es ist, die von den Alten der Borysthenes genannt ward. Denn die Namen haben schier gleichen Laut, und wenn man des Ptolemaeus Beschreibung ansieht, wird man finden, daß sie den Quellen der Beresina näherkommt als des Dnjepr.

Um die Litauer hat es bis zu des Witold Zeiten gut gestanden. Wenn sie aber jetzt zu Feld ziehn sollen, so kommen sie prächtig gerüstet, wiewohl mehr zur Schau als zum Krieg, auf den bestimmten Platz. Aber je weiter man vorrücken soll, kommt einer nach dem andern zum Obersten, sucht eine Ursache, mit der er sich ausreden kann, gibt dem Obersten Geld und bleibt daheim. Die Armen und die Diener sollen alles tun, und welche selbst ausreiten, schicken das Beste von Rossen und Kleidern wieder heim. Und das geschieht nicht heimlich oder mit Schanden – man läßt es öffentlich im Lager ausrufen, ob sich jemand mit Geld von der Heerfahrt lösen wolle. Es geht so locker bei ihnen her, daß sie die Güte ihrer Fürsten und ihre Freiheiten nicht brauchen, sondern mißbrauchen; sie haben sogar der Fürsten Einkünfte eine Zeitlang in ihren Händen gehabt. Als König Sigmund von Polen in dies Land kam, mußte er sein eigenes Geld, das er mitgebracht hatte, verzehren, so weit ihm nicht die Herren oder Landleute etwas aus gutem Willen dazugaben.

Das Volk trägt lange Kleider; sie haben den Bogen der Tataren, Spieße und Tartschen, auch Säbel auf ungarische Art; gute verschnittene Pferde, unbeschlagen, mit milden Kandaren.

Wild, lateinisch und windisch Wilna, ist die Hauptstadt in Litauen; sie liegt zwischen Hügeln da, wo die zwei Wasser Welia und Wilna zusammenfließen. Die Welia behält den Namen und fällt einige Meilen unter Wilna in den Fluß Mumel: so nennen ihn die Preußen, auf russisch Nemen, bei Ptolemaeus Cronon genannt. Er scheidet Preußen (welches jetzt Markgraf Albrecht von Brandenburg, seit er den deutschen Orden abgetan und sich dem König von Polen untergeben hat, erblich als Herzog regiert) von Samaiten, wo er dann in das Deutsche Meer fällt; dort ist die Stadt Mumel.

Wilna ist jetzt mit einer Mauer umgeben, hat viele ansehnliche Kirchen und Klöster von Stein und ist bischöflicher Sitz. Zu meiner Zeit war Johann, König Sigmunds natürlicher Sohn, dort Bischof, der hat uns bei unsrer Rückkunft wohl aufgenommen. In dem Schloß, wo der König oder Fürst seine Wohnung hat, ist die Domkirche, dazu gibt es eine Pfarrkirche und etliche Klöster, besonders der Barfüßer, die gar prächtig gebaut sind. Aber vielmehr russische als römische Kirchen sind in der Stadt. In dem Fürstentum und zugehörigen Landen sind drei römische Bistümer: zu

Wilna, zu Samaiten und zu Kiew. Russische Bischöfe
aber sind in diesem und im polnischen Gebiet: der
Erzbischof, der jetzt in Wilna lebt, die Bischöfe zu
Plotzk, Wladimir, Lutzk, Pinsk, Cholm und Premissl.
Die Litauer treiben ihren Handel mit Honig, Wachs,
Aschen, woran sie vor andern reich sind: das wird von
ihnen in Menge nach Danzig und weiter nach Holland
gebracht. Auch Pech bietet ihr Land, Bretter und
mancherlei Holz zu Schiffen und anderm Gebäu. Sie
vertauschen das um Salz, das man aus Britannien
hinbringt. Zur Zeit, wo König Christian aus Dänemark vertrieben und das Meer der Seeräuber wegen
unsicher war, hat man angefangen, das Salz aus Rußland dahinzuführen, auch jetzt gebraucht man noch
diesen Weg.

Zu unsrer Zeit sind zwei ruhmvolle Kriegsmänner
bei den Litauern gewesen: der Knes Konstantin Ostroski, der freilich einmal von den Moskowitern geschlagen und gefangen wurde, aber zuvor und hernach viel Glück und Siege wider die Moskowiter,
Walachen und Tataren gehabt hat: ich war so glücklich
nicht, daß ich ihn hätte sehen können, so oft ich auch
zur Zeit, da er noch lebte, in Litauen gewesen bin.
Dann Knes Michael Linski, der in seiner Jugend bei
Herzog Albrecht von Sachsen zur Zeit, als dieser in
Friesland Krieg führte, gedient hat – zu der Zeit hat er
sich nicht Knes, sondern Pan Michael nennen lassen; er
übte sich da in allen feinen Sitten und Ritterspielen,
war gewandt in Kriegssachen, Rennen, Stechen, Rin-
gen und Springen, auch in Kurzweil wie in Tanzen

und aller Höflichkeit, und gewann damit vor andern
Ruhm. Großfürst Alexander, der nach seinem Bruder
Hans Albrecht König zu Polen wurde, hielt ihn so, daß
er die vorderste und höchste Stelle und das Vertrauen
besaß.

Da begab es sich einmal, daß auf seinen Befehl um
Hafer für des Königs Pferde nach Troki geschickt
wurde, wo Johann Saworsinski Woiwode war (es liegt
vier Meilen von Wilna). Dieser gestattete das zunächst,
bedrohte aber den Wagenknecht, er solle nicht wiederkommen oder er würde geschlagen. Solches wurde
dem Knes Linski gemeldet; er schickte abermals, der
Fuhrmann ward geschlagen und brachte keinen Hafer.
Der Woiwode kam darauf nach Wilna. Wie er in des
Königs Zimmer tritt, so ist der Brauch der Großfürsten dort, wenn so hohe Amtleute kommen, daß sie
vor ihnen aufstehn und ein paar Schritte entgegen-
gehn. Alexander aber kehrt sich um und legt sich in ein
Fenster. Herzog Michael steht auch im Zimmer, da
spricht der Saworsinski laut: er merke die Ungnade,
doch wisse er nicht, womit er sie verschuldet hätte. Da
sagte Knes Linski, wie es mit des Königs Wagenknecht
und Hafer ergangen war. Der andere wollte sich viel
entschuldigen, in dem Sinn, er hätte damit des Königs
Nutzen bedacht. Drauf spricht der König: ich bedarf
keines Vormunds, habe meine Jahre.

Da ging der Saworsinski wieder hinaus, und die
Ungnade blieb dermaßen, daß er der Woiwodschaft
und noch eines Amtes entsetzt ward, da doch Woi-
wodschaften auf Lebenslänge ohne Verwirkung gel-

TRACHTEN

ten. Saworsinski hatte noch ein drittes Amt; er und seine Freunde sorgten, er würde auch daraus gestoßen werden, und fanden als Rat, er solle sich mit Herzog Michael vertragen. Das geschah; damit ist er in seinem dritten Amt, doch auch der Groll in seinem Herzen geblieben.

Nun begab es sich, daß der König krank war und die Tataren mit großem Heer ins Land kamen. Der König mußte nach ihrer Gewohnheit zu Feld ziehn, man fuhr ihn. Alles wurde dem Knes Michael und einem Herrn namens Schißka anbefohlen; dieser erkrankte auch, sodaß alles Handeln auf Knes Michael fiel. Kurzum, die Sache wurde wohl und glücklich verrichtet, die Tataren wurden so hart geschlagen wie noch nie. Den König fuhr man wieder nach Wilna, doch starb er unterwegs.

Da nun kam des Saworsinski erhaltener Haß heraus: er schalt Knes Linski einen Verräter des Vaterlands, er und seine Freunde schickten zum Bruder des verstorbenen Königs, Herzog Sigmund, und zeigten ihm an, Knes Michael stelle nach dem Großfürstentum, deshalb solle er eilen und kommen. Da nun Herzog Sigmund nicht feierte und nach Litauen reiste, kam ihm Knes Michael mit 800 Pferden entgegen, erkannte ihn als seinen natürlichen Herrn an und tat, wie es recht und billig war.

Nachdem Herzog Sigmund das Großfürstentum eingenommen hatte, rief ihn Knes Michael wider den Saworsinski um Verhör und Recht an; der Großherzog verschob die Sache nach Krakau, denn er war nunmehr

zum König von Polen erwählt. Als der König nach
Krakau kam, rief Michael wiederum sein Verhör an,
die Sache ward aber aus einigen vorgegebenen Ursachen wieder nach Wilna verschoben. Das empfand
Knes Michael gar bitter und zog deshalb nach Ungarn
zu König Wladislaw, seines Königs Bruder, sein Recht
zu fördern. Dieser König entbot eine besondere, ansehnliche Gesandtschaft zu seinem Bruder, richtete
aber nichts aus. Knes Michael sprach zu seinem König
Sigmund: «Wirst du mir nicht mein Recht gewähren,
so werde ich tun, was mir und dir leid wäre.» Solche
Reden wurden wie Staub in den Wind geschlagen.

Darauf schickte Knes Michael seinen Boten zu
Basilius, dem Großfürsten von Moskau, zeigte ihm die
Ursachen an, warum er sich ihm samt den Burgen, die
er in Litauen hätte oder noch gewinnen würde, ergeben wolle und bat, ihm beschworenes Geleit und
Sicherheit zu geben, daß er frei unter ihm wohnen und
Ehren bei ihm gewinnen könne. Basilius war sehr
erfreut, daß er einen solchen Mann zu bekommen
vermöchte, und schickte den Brief mit Bestärkung
durch Eid, wie es gewünscht war. Nach Empfang
dieses Briefs berief Knes Michael seine Brüder und
Freunde, gab ihnen sein Vorhaben zu wissen, und sie
beschlossen, welche Freunde des Saworsinski ein jeder
überziehen und erschlagen solle. Er selbst übernahm
den Ritt wider den Saworsinski; den traf er in einem
offenen Hof zu Grodno am Nemen (ich bin in demselben Hof hernach zur Herberge gewesen), stieß die Tür
zu seiner Kammer auf und ließ einen Tataren hinein,

der ihm das Haupt im Bett abschlug. Seine Freunde richteten nichts aus.

Darauf wußte Knes Michael wohl, wie es folgen würde. Er lagerte sich vor eine Burg, Minsk genannt (auch dort bin ich durchgezogen), als er sie aber mit Drohungen und Gewalt nicht bekommen konnte und das Land im Anzug wider ihn war, verließ er die Burg und zog nach Moskau. Der Großfürst empfing ihn in Ehren, denn Litauen hatte zu der Zeit seinesgleichen nicht; er hoffte durch ihn ganz Litauen zu bekommen.

Alsbald wurde beschlossen, Smolensk wieder zu belagern. Die Dienstleute darin kannten den Knes Michael wohl und meinten, schon allein gegen ihn die Stadt nicht halten zu können; er unterhandelte denn mit ihnen und brachte sie mit Furcht und Verheißungen dahin, daß sie ihm die Burg übergaben. Er verwandte um so mehr Fleiß, die Dienstleute dazu zu bewegen, weil der Großfürst ihm zugesagt hatte, er wolle ihm das Fürstentum Smolensk erblich geben.

Nach der Übergabe mahnte Knes Michael den Großfürsten mehrmals wegen der Zusage und hielt um die Vollziehung an, ward aber mit gutem Trost hingehalten. Das schmerzte ihn, und da er die Güter seiner früheren Fürsten im Gedächtnis hatte, hoffte er durch seine Freunde bei König Sigmund noch Gnade zu erlangen. Er schickte um Geleit und erbot sich, sein Verschulden mit Treuen zu erstatten.

Die Botschaft war dem König angenehm; er sagte das Geleit zu und befahl seinen Räten, Herrn Georg

Wispeck und Herrn Hans von Rechenberg, deutschen
Rittern, daß sie ihm solche Sicherheit bestätigen sollten. Denn weil Michael dem König nicht ganz traute,
hatte er um solche Bestätigung gebeten, damit die Räte
den König auch gegen seinen Willen an der Treue
halten könnten. Die Briefe wurden also abgefertigt;
aber ein andrer von des Königs Räten, der dem Knes
Michael gram war und besorgte, er möchte wieder zu
seiner vorigen Würde kommen, schickte einen heimlichen Boten an den Moskowiter und verriet ihm den
Handel. Der Bote, der an Knes Michael geschickt war,
ein polnischer Edelmann namens Trepka, wurde daraufhin gefangen, jämmerlich gemartert, gar getötet,
gab aber von seinen Botschaften nichts kund, sondern
bestand darauf, er wäre auch vom König abgefallen
und wolle Knes Michael dienen.

Derweil rüstete sich Michael zu der Reise, ward aber
auf der Flucht gefangen und vor den Großfürsten nach
Smolensk gebracht. Sprach der Fürst: «Du Untreuer,
ich will dir nach deinem Verdienst den Lohn geben.»
Dawider sprach der Gefangene: «Ich bekenne mich zu
keiner Untreue. Hättest du mir die Treue und deine
Versprechen gehalten, du hättest einen treuen Untertanen an mir gehabt. Da ich aber gesehen, daß du mich
statt dessen nur verspottest, so ist mir leid, daß ich
mein Vorhaben gegen dich nicht habe ausführen können. Ich habe den Tod nie gefürchtet, auch jetzt nicht.
Einmal muß ich ja sterben, die Seele aber steht nicht in
deiner Macht.»

Darauf wurde er nach Wiesma geführt, wo ein

großer Teil des Heeres lag, und unter die Menge gebracht; dort kam der Oberste Hauptmann, man trug ihm große eiserne Ketten nach, und sprach: «Michael, dieweil du dem Großfürsten wohl gedient hast, hat er dich mit Gnaden bedacht, jetzt auch schickt er dir seine Gaben nach deinem Verdienst», und ließ ihn in die Ketten werfen. Da redete Michael öffentlich zum Volk: damit sie die wahre Ursache seiner Gefangenschaft wüßten, erzählte er seine ganze Geschichte und schloß: «Das zeige ich darum an, daß ihr euern Herrn, wie er ist, erkennet, und wessen euer jeglicher von ihm gewärtig sein mag. Als er mir seinen Eid nicht gehalten, habe ich mich fliehend heimwarts gerichtet und bin so auf der Flucht gefangen worden. Einmal weiß ich wohl, daß wir alle sterben müssen, davor graust mir nicht.»

Er war nach russischen Sitten getauft, hatte aber den römischen Glauben in deutschen Landen angenommen; im Gefängnis hoffte er, Gnade zu erlangen, indem er nun wieder den russischen Glauben annahm. Da ich nun auf meiner ersten Botschaft Befehl hatte, um seine Freilassung zu verhandeln und seine Person für Kaiser Maximilian zu erlangen, ward mir geantwortet: weil er den russischen Glauben wieder angenommen hätte, wolle es dem Großfürsten nicht gebühren, ihn in einen andern Glauben zu geben. Man vergönnte mir auch nicht, mit ihm zu reden oder ihn zu sehen.

Als ich zum zweiten Mal dort hingeschickt ward, hatte der Großfürst sein eheliches Weib von sich scheiden und in ein Kloster stoßen lassen, dafür die

Tochter des blinden Knes Basilius, des Bruders dieses Knes Michael, genommen. Die wirkte damals nebst vielen namhaften Männern für seine Befreiung. Ich selbst wurde öfter von den Moskowitern gefragt, ob ich den Mann kännte; ich glaubte darauf nichts Besseres für ihn tun zu können, als daß ich sagte, ich hätte nur manchmal seinen Namen gehört. Er wurde dann damals ledig gelassen und viele Personen ihm zugeordnet, mehr ihn zu bewachen als ihm zu dienen.

Die Ursache seiner Freilassung war, daß der Großfürst bedachte, wenn er Kinder bekäme, so würden seine Brüder, deren er noch zwei hatte, seine Kinder nicht für ehelich nehmen und herrschen lassen wollen; dagegen könnten sie durch die Geschicklichkeit ihres Vetters Knes Michael an der Herrschaft erhalten werden. So bestellte er ihn auch neben einigen andern zum Vormund. Nach dem Tode des Großfürsten hielt sich die Witwe nicht rechtschaffen, und als seine nahe Muhme stellte er sie mehrmals darum zur Rede. Darauf zeigte sie ihn als einen Verräter an und brachte ihn wieder ins Gefängnis, worin er elend starb. Nicht lange danach hat man auch ihr mit Gift hinübergeholfen und ihren Buhlen Owtzina in Stücke zerhackt.

Litauen hat große Wälder, gewaltige Seen und Sümpfe, daraus große Flüsse entspringen: der Bug, Pripet, Thur und Beresina, die nach Osten in den Dnjepr, ferner Boh, Njemen, Narew und Düna, die nach Norden in das Preußische Meer laufen. Ein unbarmherziger Himmelsstrich: all ihr Vieh ist klein,

Getreide haben sie wohl viel, es kommt aber selten zur rechten Reife, also daß man die Garben in dazu eingerichteten Stuben trocknen und nachreifen lassen muß. Ein armes Volk, in harter Dienstbarkeit gehalten. Wenn irgendein Gewaltiger in eines armen Bauern Haus kommt, nimmt er, was eßbar ist und was er will, umsonst, schlägt noch dazu den armen Mann, wenn der es nicht herausgeben will. Darum liegen die Dörfer gewöhnlich abseits der Straße.

Der Untertan wagt zu seinem Herrn ohne Geschenke nicht zu kommen. Wenn sie solche bringen, schickt man sie an die Namestnick weiter, das heißt Pfleger oder Angesehenere, aber besser sagt man Statthalter; denen müssen sie auch etwas verehren, sonst setzen sie nichts Gutes fest. So geht es aber nicht allein den armen Bauern; auch die armen Edelleute werden selten gehört oder vorgelassen, wenn sie ohne Gaben zu den Mächtigen kommen. Ich habe einen königlichen Hofmeister in Litauen sagen hören: ein jegliches Wort in Litauen ist Gold. Das ist zu verstehen: man hört keinen, man fördert keinen ohne Gabe.

Die armen Leute geben dem König oder Großfürsten jährlich zwölf Groschen von einer Hufe, die Grenzen dafür zu schützen. Ihren Herrn geben sie außer dem ordentlichen Zins sechs Tage in der Woche ihre Arbeit. Darum sind gewöhnlich zwei Wirte im Haus, der eine arbeitet für den Herrn, der andre für das Haus. Wenn der Herr Gäste oder Hochzeit hat, zu Hof oder anderswohin reiten soll, so legt man auf das Dorf eine Zahl Gänse, Hühner, Lämmer oder andres. Dem

Pfarrer muß der Bauer geben, wenn er ein Weib nimmt oder sie ihm stirbt, wenn ihm ein Kind geboren wird oder stirbt, dann zur Beichte.

Es kann einen verwundern oder unglaublich scheinen, wie die Armen so noch zu leben vermögen. Diese schwere Dienstbarkeit ist über das arme Volk seit den Zeiten des großen Witold gekommen. Wenn gar einer zum Tod verurteilt wird, so muß er sich selbst henken; tut er es nicht, wird er so jämmerlich geschlagen, daß ihm der Tod geringer ist, und muß sich doch erhängen. Nimmt er sich Zeit dazu und der Richter droht ihm oder sagt bloß: Eile, der Herr ist zornig – dann fürchtet der arme Mensch schon die Schläge und hängt sich auf.

VON DEN WILDEN TIEREN

Wilde Tiere hat Litauen, außer denen die man in Deutschland findet, Bison, Auerochs, Elch, wildes Pferd. Der lateinisch Bison genannt wird, nennen sie nach ihrer Sprache Suber, aber wir Deutschen pflegen ihn Auerochs zu nennen. Das andere Tier, das lateinisch Urus heißt, nennen sie Thur, wir Deutschen aber Bisont, wiewohl mit Unrecht. Denn der Thur ist aller Gestalt nach ein rechter wilder Ochs, ganz tiefschwarz, nur längs dem Rückgrat mit einem grauen Strich. Der Suber dagegen hat keine Ähnlichkeit mit einem Ochsen. Denn er hat langes Haar auf der Stirn und unterm Kinn wie einen Bart, ist auch am Kamm langhaarig, mit grobem, hartem Haar. Das Haupt ist kurz, die

Augen groß und grimmig, wie feurig, die Stirn breit, weit ausgeworfen die Hörner, dann wieder zurückgebogen, zu Wehr und Kampf gerichtet; man hat sie so ausgebreitet gefunden, daß drei große Männer dazwischen sitzen konnten – das soll König Sigmund von Polen selbst erprobt haben, der Vater des Sigmund August, der jetzt herrscht, ein Herr, von dem wir wissen, daß er starken und festen Leibes war, mit zwei nicht kleineren neben sich. Der Rücken hebt sich wie ein Höcker, und das Tier ist vorne viel höher als am hinteren Teil.

Darum erachte ich, der Suber sei der Bisont, wie er auch auf Latein genannt wird; und das andre Tier, der Thur, dessen Namen in der lateinischen und moskowitischen Sprache ähnlich ist, sei der Aur- oder Urochs; wie denn in der Schweiz der Ort Uri eben dieses Tires Kopf, auch schwarz mit den gleichen Ochsenhörnern, im Schilde führt.

Die den Bison jagen, müssen gar kräftig, behend und geschickt sein. Sie stellen sich an Bäume, die richtig auseinanderstehen und nicht zu dick noch zu dünn sind, damit man rasch um sie herumkommt und doch von ihnen geschützt wird. Wenn dann die Hunde das Tier aufgejagt und wild gemacht haben, tritt einer neben seinem Baum vor und schreit: Lu, lu, lu; dann läuft der Bison auf ihn zu, er tritt hinter den Baum und sticht ihn in seinem Vorbeilaufen mit dem Spieß. Der Bison wendet sich um und versucht, ihn vom Baum wegzureißen. Darum muß der den richtigen Baum dafür haben, denn wenn das Tier mit seiner scharfen

und rauhen Zunge sein Kleid fassen kann, reißt es ihn
an sich, und er ist gewiß des Todes. Wenn er geschickt
ist, gibt er ihm viele Stiche, und es kann viel vertragen,
ehe es fällt. Wenn er aber müde wird, kann er seinen
roten Hut hinwerfen, dann wütet das Tier gegen den
Hut. Der andre Jäger, ebenso an einen Baum gestellt,
läuft wie der erste vor, dann läuft es diesen an. Solcher-

**Die gemain nent den Auroxen/ich aber
den Bisont.**

maßen fällt man das Tier. Man sagt, daß es mit seiner
Stärke Roß und Mann hoch in die Luft würfe.

Die Auerochsen hat allein Masuren, das an Litauen
grenzt. Auch sind ihrer nicht viele, und es gibt
bestimmte Dörfer, die sie zu hegen und zu hüten
haben; man hält sie nämlich nicht viel anders als in
Gehegen. Sie paaren sich mit Hauskühen, aber mit
Schaden; denn die übrigen Auerochsen lassen sie dann

nicht mehr in ihre Herde, gleich als hätten sie sich
verunehrt, und die Kälber, die aus solcher Paarung
geboren werden, können nicht leben. König Sigmund
August hat mir auf meiner Botschaft einen ausgewei-
deten Auerochsen geschenkt, den die Jäger von der
Herde vertrieben, halbtot gefunden und abgestochen
hatten. Dabei hatten sie das Fell, das über der Stirn ist,

Die gemain nent den Bisont/ich aber den Aurox

abgeschnitten, ich glaube nicht ohne Ursache, wie-
wohl ich vergesse habe zu erfragen, warum man so tut.
Dies ist gewiß, Gürtel aus Ur-Leder stehen hoch im
Preis, und das Volk glaubt, sie förderten die Geburt.
Deshalb hat mir auch Königin Bona, Sigmund Au-
gusts Mutter, zwei solche Gürtel verehrt. Den einen
davon hat meine allergnädigste Herrin, der Römer
Königin, als Gabe von mir gütig angenommen.

Loß ist auch ein Tiername, nicht allein auf litauisch, sondern auch auf preußisch und russisch; wir Deutsche nennen es Ellen; auf Latein, so behaupten die Polen, soll es Onager heißen; doch ist dieser Name mit Wald- oder Wildesel zu verdeutschen, und das kann das Ellentier nicht sein, weil es gespaltene Klauen und Hörner hat. Zwar ist bei meinen Zeiten auch eins mit ganzen, also ungespaltenen Klauen gefangen worden, das ist aber sehr selten. Andre wollen es für die lateinische Alces halten, die ist es meines Erachtens auch nicht; denn diese soll sich nicht legen können, weil sie, wie sich davon geschrieben findet, kein gängiges Glied haben. Da sind die Ellentiere das Gegenteil, denn sie haben alle Glieder wie die Hirsche. Doch sind sie größer als Hirsche, haben vorhängende Ohren und Nasen und ziemlich andres Geweih, dazu weißere Farbe. Sie laufen sehr geschwind, aber nicht wie andre Tiere, sondern im Paßgang. Ihre Klauen braucht man gegen die fallende Sucht.

Wilde Pferde findet man auch, die nimmer zur Arbeit erzogen werden können. Der gemeine Mann ißt sie. Sie sind ziemlich alle falb mit schwarzen Strichen den Rücken lang. – In den Steppen an Dnjepr, Don und Wolga lebt ein Wildschaf, das die Polen Solhac, die Russen Seigack nennen, groß wie ein Bock, doch mit kürzern Hufen. Die Hörner gehen hoch in die Höhe und haben in Abständen Ringe; die Russen machen daraus durchscheinende Messergriffe. Sie laufen schnell und springen sehr hoch.

Wolhynien ist ein Land, zu Litauen gehörig, darin die streitbarsten Völker wohnen. Es liegt nach Süden zu.

Samaiten, das man lateinisch Samogithia und nach russischer Sprache Samotzkasemla nennt, grenzt als nächstes Land an das Fürstentum Litauen nach Norden, gehört zum selben Großfürstentum und reicht bis ans Meer; an der Stelle ist es vier Meilen breit und trennt Preußen von Livland. Es hat keine namhafte Burg oder Stadt, es wäre denn seit meiner Reise etwas erbaut worden. Der Oberste, den der Großfürst im Land verordnet, wird Starosta genannt, etwa der Älteste; in Polen nennt man einen gewöhnlichen Hauptmann so. Das Amt gilt in Samaiten auf Lebenslänge, es werde denn von einem verwirkt. Es gibt dort auch einen Bischof des römischen Glaubens; das Volk ist mit König Jagello, der Wladislaus genannt ward, und den Liten zugleich getauft worden.

Es sind dort gemeinhin große und lange Menschen; doch ist sehr zu verwundern, daß sie neben den Großen auch beinah abwechselnd kleine Zwerge zeugen, die sie gewöhnlich Carln nennen. Sie kleiden sich im allgemeinen schlecht und fast alle in Grau; wohnen in schlechten Häusern von einer Art, als wären es eher Getreideschuppen oder Viehställe. In der Mitte ist der Herd und das Feuer, nebenher steht das Vieh: Roß, Schwein, Ochs usw. alles herum, damit der Hauswirt und die andern es ohne Unterlaß alles besehen können. So haben sie auch nur selten durch Verschlag getrennte Zimmer zu ihrer nächtlichen Ruhe.

Die Reichen und Edlen trinken noch aus Auerochs-

Hörnern. Sie sind beherzte, kriegsbereite Leute, haben viel an Panzern und andrer Wehr und besonders Jagd-spieße, die sie auch zu Roß im Krieg führen. Sehr kleine Pferde haben sie – es ist bald ein Wunder, daß sie unter den schweren Personen so viel Arbeit ertragen können. Mit denen bauen sie ihre Felder und brauchen sie im Krieg. Sie ackern ihr Erdreich nicht mit Pflug-eisen, sondern mit Holz; der Mann nimmt viele dazu hergerichtete Hölzer mit sich auf den Acker, damit er, wenn eins bricht, gleich ein andres aufsetzen kann. Dabei haben sie ein zähes, nicht sandiges Erdreich, wo keine Kiefer wächst. Einer ihrer Starosta, ihrer Ober-sten, brachte Pflugeisen in das Land; es begab sich, daß zwei oder drei Jahr danach das Getreide mißriet; da gaben sie dem Eisen die Schuld und brauchten wie-derum das Holz. Der Starosta mußte es geschehen lassen, er fürchtete einen Aufruhr.

Das Land ist stark mit Wäldern überwachsen, dazu sind viele Sümpfe und Seen dort, wo man, wie sie sagen, mancherlei Gesichte und Gespenster sieht. Man findet noch heute viel Götzendienst in diesen einsa-men Gegenden. Manche verehren das Feuer, manche Bäume, dann Sonne und Mond. Wieder andre haben ihre Götter in ihren Häusern: das sind Würmer wie die Eidechsen, aber größer, mit vier Füßen, schwarz und dick, bei drei Spannen lang. Manche nennen sie Giwoi-tes, andre Jastzuka, aber andre Szmya. Sie haben ihre Zeit, wo sie ihren Göttern zu essen geben; dann setzen sie einen Milchnapf mitten in ihre Wohnung und knien auf den Bänken; darauf kommt der Wurm hervor und pfeift die Leute an wie eine zornige Gans, die aber beten ihn an und verehren ihn mit Furcht. Geschieht einmal einem etwas Widerwärtiges, gibt er sich selbst die Schuld, als hätte er seinen Gott nicht wohl gefüttert.

Als ich bei meiner ersten Botschaft aus Moskau wieder nach Wilna kam, zog ich vier Meilen nach Troki, die Auerochsen zu sehen. Dort sagte mir mein Wirt, er wäre wenige Wochen, ehe ich dahin gekommen, zu einem Bauern in den Wald gegangen, hätte Bienenstöcke gekauft und dem Bauern zur Pflege dagelassen. Dieser Bauer hatte einen solchen Gott in seinem Haus. Der Gast beredete den Bauer, daß er sich zum wahren Christengott kehre, und schlug die Kreatur zu Tod. Nicht lange danach kam mein Wirt wieder dahin, seine Bienen zu sehen. Der Bauer hatte ein entstelltes Maul, bis zum Ohr greulich aufgeschnitten; er sprach zu dem Wirt: «Das hast du mir getan, so mußte ich gestraft werden, um mich mit dem Gott wieder zu versöhnen; und noch viel Ärgeres muß ich leiden, wenn ich ihn nicht wieder in mein Haus bringe.» Das ist zwar nicht in Samaiten, sondern in Litauen geschehen, allein als ein Beispiel hierhergestellt.

Man findet keinen bessern und edlern Honig, der weniger Wachs hätte und so weiß wäre wie im Samaitner Land.

Das Meer, daran Samaiten stößt (man nennt diese Stelle den Samaitner Strand), ist nicht das weite Meer, sondern nur ein Arm davon; darum nennen es die

Umwohner die See. Es kommt herein zwischen Jütland und der Insel Seeland in Dänemark und zwischen Seeland und Schonen, das ein Stück von Schweden ist. Es hat mancherlei Namen: da um Dänemark nennt mans den Belt, lateinisch Baltheum; weiter das Deutsche, Pommersche, Preußische, Livländische und Finnländische Meer.

Die Ostsee trennt das russische und schwedische Gebiet auf eine lange Strecke, trennt auch Livland und Preußen von Schweden. An der Seite gegen Deutschland stößt sie an Juchtland, Sonder-Juchtland, Lübeck (das liegt allerdings nicht ganz am Ufer); danach kommt das mecklenburgische Gebiet, Wismar, Rostock; dann Pommern, slawisch Pomorie, das heißt so viel wie: längs dem Meer oder am Meer; danach Preußen, wo Danzig die Hauptstadt ist, ferner Königsberg, des Herzogs in Preußen Stuhl und Hofhaltung. Zwischen diesen beiden Städten ungefähr vier Meilen von Königsberg fischt man zu Ende des Monats August den weißen und gelben Agstein, andre heißen ihn Bernstein, mehr als anderswo. Es ist eine große Frage, ob er in der Erde wächst oder als Harz von Bäumen fällt. Ich glaube, daß es ein eignes Gewächs ist, denn es hat nie einer erfahren können, von was für Bäumen dergleichen Harz fallen sollte. Man hat auch in andern Seen große Stücke gefunden, auch in Äckern an manchen Orten; es gilt als ein Edelstein.

Das Meer, wie schon gesagt, berührt das Samaitnerland nicht mehr als vier Meilen, dann auf langer

Strecke Livland und Kurland, danach die Gebiete des
Moskowiters; zuletzt umfließt es Finnland, das schon
den Schweden gehorcht. Auf der andern Seite aber
berührt es Schweden bis nach Schonen herab. Das
ganze dänische Reich liegt dann darin, das meist aus
Inseln besteht, mit Ausnahme von Jütland und Schonen. Denn Schonen hängt am schwedischen festen
Land, wiewohl zu Dänemark gehörend, und ist keine
Insel: die Alten haben sich darin geirrt und die Jungen
auch bis zum heutigen Tag. Jütland aber hängt am
Herzogtum Holstein, das an den deutschen Landen
hängt, zu ihnen gehört und des Reiches Lehen ist.
Denn wiewohl die Könige von Dänemark es erblich
haben, nehmen sie es doch vom römischen Kaiser oder
König zu Lehen.

Unter den Inseln des Königreichs Dänemark ist
auch eine, die man Gotland nennt. Viele haben gemeint, die Goten, die so viel weite Lande überzogen
und erobert haben, wären von dieser Insel gekommen,
die doch nur zwölf Meilen lang ist. So ist es nicht,
sondern die Goten sind aus dem Königreich Schweden
gekommen, und es gibt dort noch heutigentags große
Stücke Lands, die von ihnen den Namen haben. Auch
sind alle, die von den Gotenzügen geschrieben haben,
darin eins, daß sie von Schonen hergekommen seien;
wären sie nun von dieser Insel ausgezogen und doch
von Schonen gekommen, wie man denn meint, so
hätten sie rückwärts nach Schweden und dann über
Schonen herausziehen müssen, welches unverständig
ist.

Auf der Insel Gotland findet man noch die Zeichen, daß dort eine große Stadt gestanden hat, mit Namen Wisby. Die hatte die Freiheit, wenn Streit und Zwietracht zwischen den Handelsleuten am Meer entstand, so mußten die nach Wisby zur Entscheidung oder Berufung kommen, auch von fernher.

Livland liegt der Länge nach am Meer. Die Hauptstadt ist Riga, des Landes Herr ist der Meister des Deutschen Ordens. Zu Riga ist auch ein Erzbistum, das Land hat noch zwei Bistümer zu Reval und Ösel. Es hat mehrere Städte, aber vornehmlich Riga an der Düna nah der Mündung, mit gleichem Namen auf lateinisch, deutsch und russisch, Reval – das nennen die Russen Coliwan – und Dorpat – sie nennen es Jurjowgorod. Das Land hat zwei schiffbare Wasser, Düna und Narwa.

Wie die Meister des Deutschen Ordens als Fürsten im Lande sind und die Komture als Landherren und Mitglieder der Regierung, so sind auch die angesessenen Landleute, die erbliche Güter haben, und die Bürger in den Städten fast alle Deutsche. Das gemeine Volk hat drei Sprachen und ist auch in drei Stände geteilt. Man bringt ziemlich alle Jahr aus Jülich, Cleve, Geldern und Münster neue Diener, Kriegsleute und Ritter in das Land, zum Teil an Stelle der Verstorbenen, zum Teil für die, welche weiter in dem Lande zu dienen nicht willens sind: die führt man gleich wie Freigelassene wieder hinaus. Sie halten große, rassige Pferde; und wiewohl sie allenthalben an den litauischen und moskowitischen Grenzen sitzen, haben sie sich bisher gegen die vielen Einfälle in ihren Ländern tapfer gehalten und erwehrt. – Es ist ein unmäßiges Trinken dort.

Im Jahr 1502 hatte König Alexander zu Polen und Großfürst in Litauen mit den Livländern ein Bündnis wider Moskau – der Meister war Walter von Pleterberg, ein gar trefflicher Mann – mit der Abrede, daß beide Heere auf einen Tag und an einem benannten Platz zusammenkommen sollten. Als aber des Königs Volk nicht kam (die Königischen gaben der Königin, der Schwester des Moskowiters, die Schuld) und die Russen, wie sies im Brauch haben, mit großem Haufen dem Meister entgegenrückten, sah der sich verlassen und konnte doch ohne Schimpf und Schaden nicht abziehen, viel weniger fliehen. So ermahnte er die Seinigen und griff die Feinde an.

Das Geschütz ging gut los, der Feind kam zur Flucht. Da aber der Sieger zu wenige waren, und sie in ihrer schweren Rüstung den Feind nicht lange verfolgen konnten, merkten das die Russen, kamen wieder zu Mut und Ordnung und fielen in die Fußknechte, deren etwa fünfzehnhundert in ihrer Schlachtstellung waren. Sie bedrängten sie hart mit Bogenschießen; der Hauptmann Matthes Pernauer, sein Bruder Heinrich, der Fähnrich Konrad Schwarz fielen alle drei.

Von dem Fähnrich vermeldet man eine edle Tat. Als er von zu viel Pfeilschüssen niedersank, rief er mit lauter Stimme: «Ist hier ein ehrlicher Mann, so komme er und nehme die Fahne.» Alsbald kam Lukas Hamerstetter, der sich als Bastard der Herzoge von Braun-

schweig ausgab. Der Fähnrich traute nicht seiner
Treue, sagte, er erkenne ihn dessen nicht würdig, er
wolle sie ihm nicht geben und so. Der Lukas haute ihm
die Hand ab, trotzdem griff der Fähnrich das Fahnen-
tuch mit der andern Hand und zerriß es mit den
Zähnen. Lukas nahm die Fetzen und lief damit zu den
Russen über. Durch dessen Verrat wurden vierhundert
Fußknechte von den Feinden erbärmlich niederge-
hauen.

Als nun die Reiter die Moskowiter mehrmals zerstreut hatten, aber nicht nachkommen konnten, wandten sie sich wieder zum Fußvolk und zogen mit denen,
die übrig geblieben waren, unversehrt in Ordnung ab.
Jener Lukas aber wurde nach Moskau geschickt und
bekam am Hofe des Fürsten ehrenvollen Dienst. Doch
blieb er nicht lang, sondern entwich zu König Christian von Dänemark, wo er als Zeugmeister angenommen ward. Als aber mit der Zeit einige, die in der
beschriebenen Schlacht gewesen, nach Dänemark
kamen, ihn erkannten, sein Tun anzeigten und, daß sie
neben ihm nicht dienen wollten, schickte ihn der
König nach Stockholm. Wie dann Josterich, den man
auch Gustav nennt, das Königreich Schweden und
Stockholm einnahm, behielt er Lukas in seinem Dienst
und schickte ihn als Obersten nach Wiburg. Bald kam
eine Klage und Zicht wider ihn an den König, er wollte
kein Urteil abwarten und floh wieder nach Moskau.
Man hat ihn mir dort unter andern Dienstleuten im
Schloß gezeigt, er hatte einen schwarzsamtnen Ehren-
rock an.

Schweden, das Königreich, grenzt an des Moskowiters Gebiet, liegt über Meer gegenüber von Livland, Samaiten und Preußen, wird dann von Schonen begrenzt und zieht sich eine lange Strecke neben Norwegen her bis zum Ozean, den wir hier jetzt Eismeer nennen mögen; da geht es wieder herum zum moskowitischen Gebiet an der Stelle, wo die Dwina ins Meer fällt. Hier an der Dwina gibt es wohl einige Landstücke, die beiden Herren, dem Schweden und Moskowiter, zinsbar sind. Schweden ist keine Insel, wie einige gemeint und geschrieben haben, es ist ein großes Stück Festland, das von der Dwina und Finnland an mit Meer umgeben ist und die Länder der Finnlappen und wilden Lappen, Norwegen, Gotland, Schonen und Schweden umfaßt. Auf dieser Halbinsel sind die zwei Königreiche Schweden und Norwegen; Schonen ist auch auf diesem Stück Festland, jetzt dem König von Dänemark gehorsam.

Die Hauptstadt von Schweden ist Stockholm, lateinisch Holmia, russisch Stecolnia genannt. Es ist ein großes, weites Königreich, umfaßt vielerlei Nationen; davon sind die Goten als streitbar berühmt, geteilt in Ostgoten und Westgoten nach den Gegenden, die sie bewohnen. Von da aus haben sie, wie viele berichtet haben, die ganze Erde in Schrecken gebracht.

Norwegen, das die Lateiner Nortwegia, andre Nortwagia nennen, zieht sich, wie schon gesagt ist, an Schweden hinauf und liegt mit der andern Seite, gegen Mitternacht, am großen Meer. In dem Land, wie die Einwohner sagen, sind viele seltsame Dinge, bren-

nende und rauchende Berge, so man auch fremdartiges
Geschrei hört, fremde Erscheinungen, auch Geister,
die mit den Leuten reden sollen. Gott weiß, was es ist
oder was man glauben soll; viele ehrliche Leute schreiben und reden davon, von denen ich es gehört habe.
Das Land hat den Namen nach seiner Lage; denn Nord
bezeichnet dort die Gegend gegen Mitternacht. So
heißt auch Schweden lateinisch Suetia, von Süd oder
Mittag, denn so liegen die beiden Königreiche zuein-
ander.

Schonen, lateinisch Scandia: davon ist schon genug
gesagt, daß es am schwedischen Königreich hängt und
der König von Dänemark es zum großen Teil inne hat.
Es liegt ganz nah an der Insel Seeland, worauf die
Hauptstadt von Dänemark, Kopenhagen, liegt: man
kann von beiden Ländern mit dem Geschütz so weit
reichen, daß kein Schiff sicher vor dem Geschütz
durchzufahren vermag, es hätte denn Geleit oder Maut
gezahlt.

Karelien: das Land nennen die Moskowiter Corela,
andre Carela. Davon ist schon oben gesagt, daß es dem
König von Schweden und dem Großfürsten von Moskau Tribut zahlt und beide es für ihr Land ausgeben.
Es reicht bis ans Eismeer. Weil aber über das Eismeer
gar vielerlei von den Schriftstellern berichtet wird, so
dünkt es uns recht, von einer Beschiffung dieses Meers
etwas zu vermelden.

SCHIFFAHRT ÜBER DAS EISMEER

Zur Zeit, da ich als Kaiser Maximilians Botschafter in Moskau weilte, war dort des Großfürsten Dolmetscher Gregor Istoma, der die lateinische Sprache bei König Johann von Dänemark gelernt hatte, ein bescheidener, wohlgesitteter Mann. Dieser war im Jahr 1496 zusammen mit Meister David, einem Schotten, der damals Gesandter des Königs von Dänemark war und den ich auch auf meiner ersten Botschaft kennen gelernt habe, vom Großfürsten nach Dänemark geschickt worden. Weil nun damals die Schweden von dem Dänenkönig abgefallen waren und auch der Moskowiter mit den Schweden im Kriege stand, wagten sie den nähern Weg längs der Ostsee und durch die Länder der Litauer, Preußen und Polen nicht zu nehmen, sondern mußten den weitern versuchen. Diese Reise hat mir der Dolmetsch mehr denn einmal gleichmäßig erzählt, und ich will es beschreiben, wie ich es von ihm vernommen habe.

Danach zogen sie zuerst von Moskau nach Großneugarten, indem sie doch an den nähern Weg dachten. Alsdann reisten sie nach dem Lande Dwina und an den Ort, wo dieser Fluß ins Meer fällt, den Flecken Potiwlo. Er konnte mir nicht genug von dem überaus beschwerlichen und ungeschickten Weg sagen, den sie bis dorthin gehabt; er überschlug ihn auf 300 Meilen. Dort sind sie nun mit vier Schiffen aufs Meer gegangen und hielten sich rechter Hand am Gestade, wo sie hohe und wilde Gebirge sahen. Als sie 16 Meilen durch eine

Bucht gefahren, fuhren sie das linke Ufer an und ließen
nunmehr das Meer zu ihrer Rechten. Dies Meer und
das Gebirge nennt man, nach dem Flusse dort, das
Petzorische. Bald kamen sie zu den Völkern, die man
Finnlappen nennt; wiewohl die in kleinen Häuschen
und Hüttchen am Meer wohnen und ein Leben fast wie
wilde Tiere führen, sind sie doch menschlicher als
die wilden Lappen. Er sagte, sie wären seinem Großfürsten zinsbar. Von diesen Völkern schifften sie 80
Meilen und kamen nach Nortpoden, eine Gegend, die
dem König von Schweden gehört. Die Russen nennen
sie Kaienska Semla, und die Völker Kaieni.

Dann schifften sie längs einem vielgebogenen Gestade, das nach der rechten Seite vorsprang, und
kamen an ein Vorgebirg, Swetinoß geheißen, das ist
Heilige Nase. Dies ist ein gewaltiger Fels, der vom
Gebirge vorragt wie die Nase vom Kopf. Unter
diesem Vorgebirge sieht man eine gewundene Höhle,
die immer auf sechs Stunden das Meer aufnimmt und
es dann wieder mit tiefem Sausen im Strudel ausströmt
und ausspeit; und so sieht man es unaufhörlich von
sechs zu sechs Stunden wachsen und ablaufen. Die
einen nannten das den Nabel des Meers, andre die
Charybdis. Der Strudel aber soll so viel Gewalt haben,
daß er Schiffe und andre Dinge, wenn sie nahe kommen, anzieht und gar verschluckt; und er sagte, er wäre
nie in größerer Gefahr gewesen, und nur mit schwerer
Mühe und Arbeit hätten sie sich mit Rudern davon
ferngehalten.

Als sie den Berg der Heiligen Nase umschifft hatten,

kamen sie wieder zu einem felsigen Berg, wo sie durch
den Wind einige Tage aufgehalten wurden. Da sprach
ihr Schiffsmann: «Der Fels, den ihr seht, heißt Semes.
Sofern wir den nicht mit einem Geschenk besänftigen,
kommen wir nicht leicht vorbei.» Als die beiden
den Schiffsmann um seinen Aberglauben schalten,
schwieg er still. Erst als sie vier ganze Tage aufgehalten
waren, hörte der Wind auf, und nun fuhren sie mit
gutem Wind dahin. Darauf sagte der Schiffsmann: «Ihr
habt meine Vermahnung, den Felsen zu besänftigen,
verspottet; hätte ich ihm aber nichts verehrt, wir
wären noch nicht davongekommen.» Sie fragten, wie
er es gemacht und was er dargebracht hätte; er sagte,
er wäre bei Nacht auf die Klippe gestiegen, hätte ein
Hafermehl mit Butter angerührt und auf den Stein,
den sie gesehen hätten, gegossen.

Nach diesem kamen sie wieder an ein großes Vorgebirge mit Namen Motka, das wie eine Halbinsel
aussah. Ganz außen an dem Vorgebirg stand eine Burg
Barthus, das bedeutet Warthaus. Da hebt das Königreich Norwegen an, und da hält man jederzeit Dienst-
volk als an einer Grenze zur Hut. Und dieser Berg sah
ihnen dermaßen groß aus, als könnten sie ihn in acht
Tagen nicht umfahren; daher sie ihre kleinen Schiffe
und ihr Gepäck über den Berg eine halbe Meile weit
ziehen und tragen mußten – so eng war der Berg an
dem Ort.

Dann kamen sie unter die wilden Lappen, von den
Moskowitern Dikiloppi genannt, an einen Ort namens
Dront. Bis dahin rechnet man von der Dwina zwei-

hundert Meilen nach Norden, und bis hier soll der
Moskowiter seinen Tribut einzufordern haben. Hier
verließen sie die Schiffe und setzten sich aufs Land in
Schlitten.

Dort waren nun Tiere wie Hirsche, die man, wie bei
uns Vieh, herdenweis bei den Häusern hielt, Rhen
genannt; sie sollen etwas größer als unsere Hirsche
sein, und die Leute verwenden sie in der Tat anstatt des
Viehs. Sie haben Schlitten wie ein Schifferzille, darin
sitzt der Mann und bindet sich mit den Füßen an, um
beim schnellen Lauf der Tiere nicht herauszufallen; das
Rhen ist eingespannt, Leitseil oder Riemen hält der
Fahrer in der linken Hand; in der rechten einen Stock,
mit dem er sich behilft, wenn sein Schlitten zu fallen
droht. Sie sind auf solcher Fahrt zwanzig Meilen an
einem Tag gereist. Sobald sie an ihre Herberge gekommen waren, ließen sie das Tier frei, und es lief gleich
von selbst zu seinem Herrn in den gewohnten Stall
zurück.

Alsdann sind sie nach der Stadt Bergen in Norwegen gereist, die zwischen Gebirgen genau im Norden
liegt. Von da sind sie wieder geritten und in das
dänische Gebiet gelangt. Zu Dront und Bergen sagte
er, daß der längste Tag im Sommer 22 Stunden wäre.

Blasius Ulas, der zweite Dolmetsch des Großfürsten, auch ein recht anständiger Mann, der erst
unlängst neben andern Boten zu Kaiser Karl nach
Spanien geschickt wurde, hat mir seinen Weg von
Moskau aus da herum etwas anders angezeigt. Als der
zu König Johann von Dänemark geschickt wurde,

reiste er zunächst von Moskau nach Rostow zu Fuß, setzte sich dann auf ein Schiff nach Pereaslaw und auf der Wolga nach Castromow. Von da kam er wieder zu Fuß in sieben Werst zu einem Bach, auf dem er in die Wologda, danach in die Schuchana und die Dwina geschifft ist. Von der Dwina bis nach Bergen, der Hauptstadt von Norwegen, kam er gleichfalls zu Schiff mit aller Mühe und Arbeit, auch Gefahr, wie es Istoma angezeigt hatte; von da nach Kopenhagen, der Hauptstadt des dänischen Reichs.

Er wie Istoma sind auf der Rückreise über See nach Livland und weiter in ihres Herrn Gebiet gelangt, und sie alle haben in einem Jahr die ganze Reise vollbracht. Istoma wurde dabei, wie er sagt, die Hälfte dieser Zeit durch Sturmwetter an vielen Orten zurückgehalten und gehemmt. Auch haben sie beide bestimmt erklärt, daß sie bei dieser Reise 1700 Werst, das wären 340 Meilen, durchmessen hätten.

Demetri, der dritte Dolmetsch, der kurze Zeit vor meiner Ankunft von seiner Botschaft an den Papst wieder nach Moskau gekommen war und nach dessen Bericht Paulus Jovius seine Moskovia geschrieben hat, ist ebenfalls diesen Weg über Norwegen nach Dänemark gezogen. Er bestätigte mir die Aussagen der beiden andern, und zwar so, daß keiner neben dem andern mit mir davon geredet hätte.

Ich habe auch mit jedem einzelnen darüber gesprochen, wie es um das gefrorene oder Eismeer stünde, und sie sagten alle wie aus einem Mund, daß in den harten Winterzeiten – indem so viele und große

Ströme in dies Meer einlaufen, daß deren Süßwasser das gesalzene weit hinaus treibt – das Meer gefriert, besonders an den Ufern: wie es auch in Livland und sonst in Schweden geschieht. Doch brechen die Winde das Eis auf dem Meer durch ihr Ungestüm; das Eis dagegen, das sich in den großen Flüssen dick aufkrustet, bricht erst, wenn der Schnee schmilzt; dann hebt und löst das strömende Wasser das Eis vom Gestade und bricht es in große Stücke. Die Stücke treiben ins Meer und bleiben oft das Jahr über, so daß auch des nächsten Jahres Eis dazukommt und ein Stück sich über das andre legt; so schwimmen dann die Eise von Jahren im Meer. Daraus entsteht den Schiffenden große Sorge, und deshalb bleibt das Engronenland unbesucht. Auch an vielen andern Orten gefriert ja das Meer, so um Livland, auch zwischen Schonen, Dänemark und Jütland, daß man von einem Land zum andern zu Roß mit Wagen und Schlitten wie zu Fuß reisen kann, aber das geschieht nicht jeden Winter.

Sie sagten mir ferner, daß in der Gegend der wilden Lappen im Sommer, wenn der Tag am längsten ist, die Sonne ganze vierzig Tage und Nächte gesehen wird; allein zu Mitternacht, ungefähr drei Stunden lang, gibt die Sonne keinen solchen Schein wie zu andern Zeiten; aber das Rund und den Körper der Sonne sieht man doch, und es bleibt reichlich hell.

Die Russen geben vor, diese wilden Lappen wären ihrem Großfürsten zinsbar; das ist nicht wahrscheinlich, aber auch nicht wunderbar, denn andre Nachbarn, die Abgaben fordern, haben sie nicht. Sie geben

aber nie etwas andres als Pelzwerk und Fisch, haben
nichts andres. Nach Entrichtung des Tributs sagen sie,
sie seien frei, als hätten sie keine Obrigkeit.

Obgleich sie weder Brot noch Salz noch Leckerbis-
sen kennen, sondern nur Fisch und Wildpret genießen,
sind sie doch sehr zur Unkeuschheit geneigt. Meisterliche Schützen sind es, die alle die kleinen Tiere, von
denen sie die Bälge abziehen, gewöhnlich nur auf den
Rüssel schießen; denn wenn sie an andern Stellen
treffen, so läuft das Blut und der Balg kann an dieser
Stelle nicht weiß gemacht werden. Sie lassen die
Fremden und Kaufleute bei ihren Weibern, während
sie auf die Jagd gehen; wenn sie wiederkommen und
ihre Weiber fröhlich finden, beschenken sie den Gast,
ist sie aber nicht fröhlich, so wird der Gast nicht wohl
gehalten.

Sie sind schon nicht mehr so wild wie früher, weil so
viele Leute um Gewinns willen zu ihnen handeln
kommen. Fertige grobe Kleider, Beile, Nadeln, Löffel,
Messer, Trinkgeschirr, Töpfe, Mehl und dergleichen
nehmen sie am liebsten an. So werden sie schon
gekochte Speise gewohnt und nehmen menschlichere
Art an. Zu ihren gemeinen Kleidern binden sie aller-
hand Felle zusammen, Wolfshäute, Fuchs, Marder,
Zobel, und was einer hat; aus Hirschhäuten machen
sie Schuhe und Hüte, aber nur selten. So angezogen
kommen sie bisweilen auch nach Moskau. Silber und
Gold schätzen sie nicht, sie handeln nur im Tausch. Sie
können keine andre Sprache als ihre eigne. Ihre Hütten
sind nur mit Baumrinden gedeckt, und wenn sie an

einem Ort ausgefischt und -gejagt haben, ziehen sie weiter.

Die moskowitischen Gesandten erzählten auch, daß sie große Berge mit Rauch, die wie der Ätna Feuer spieen, gesehen hätten; auch seien in Norwegen viele Berge durch ihr ewiges Brennen zusammengestürzt. Darum fabeln manche, dort sei das Fegefeuer. Von diesen Bergen habe ich auch gehört, als ich zu König Christian nach Dänemark geschickt wurde und zwar durch norwegische Amtleute, die gerade da waren.

Von der Mündung der Petzora berichtet man über seltsame Tiere. Eins, das Mors genannt wird, soll so groß sein wie ein Ochs, hat kurze Füße wie die Biber und ziemlich hohe und breite Brust; oben hat es zwei lange Zähne. Das Tier wohnt im Meer, aber zur Brunftzeit geht es auf die Berge und ruht auch zuweilen dort. Dann ist jederzeit ein Wächter unter ihnen, wie bei den Kranichen: wenn der brüllt und sie warnt, so ziehen sie die Füße an die Zähne heran und fahren zum Wasser ab wie auf einem Schlitten. Wenn der Wächter schläft, sind sie zu fangen. Sie ruhen auch auf den großen Eisschollen. Man fängt sie allein der schönen, weißen Zähne wegen, von denen man schöne Messergriffe macht. Die Russen, Türken und Tataren machen an ihre Waffen und besonders an die kurzen, wie Dolche, gar schöne Hefte und zwar allein zur Zier – nicht wegen der Schwere, damit man einen kräftigeren Streich tun könne, wie einer geschrieben hat. Man verkauft die Zähne nach Gewicht und nennt sie gewöhnlich Fischzähne.

Das Eismeer reicht über die Dwina hinaus bis zu den Mündungen von Petzora und Obi. Dahinter soll das Engronenland liegen, den schwedischen und norwegischen Landen weit gegenüber. Wegen des Ungestüms der Winde und wegen des Eises fährt man weder dahin noch daher; und über Land sind davor Gebirge, mit ewigem Eis und Schnee bedeckt, daß niemand darüber kann. So bleiben die Engronen von der Gemeinschaft der Menschen abgeschieden. Gottschalk Rosenkranz, der bei König Christians Sohn (der an Kaiser Karls Hof gestorben) Kanzler war, hat mir erzählt, wie zu unsern Zeiten einige Personen sich hinübergewagt hätten; die Hälfte wäre mit Schiffbruch verdorben, die Überbliebenen hätten es versucht, über Land herauszukommen, und sollen bis auf einen in dem Eis und Schnee verdorben sein.

WIE DIE BOTSCHAFTER EMPFANGEN UND GEHALTEN WERDEN

Wenn ein Botschafter sich den moskowitischen Grenzen nähert, schickt er einen Boten mit einem Schreiben oder mit mündlichem Gesuch in die nächste Stadt zu dem Verwalter oder Statthalter des Orts und meldet den Namen des Botschafters, und von wem er geschickt worden. Sogleich fragt man, welchen Standes und Ranges der Botschafter sei und wer mit ihm kommt: sie wollen die Namen aller Personen und der Diener und deren Vatersnamen wissen. Je nach der

Stellung des Herrn, von dem die Botschaft kommt, auch je nachdem, in welchem Rang oder Ansehen der Botschafter steht, schickt der Statthalter Leute an die Grenze, ihn aufzunehmen und zu empfangen. Ebenso schickt er eine eilende Post zum Großfürsten nach Moskau, um all das Erkundete anzuzeigen.

Der Mann nun, der von dem Statthalter der Botschaft entgegengeschickt worden ist, sendet seinerseits einen an den Botschafter, um anzuzeigen, ein großer Mann sei ihm entgegengeschickt, ihn an der Grenze aufzunehmen und zu empfangen, und erwarte ihn an dem und dem Ort. Das Wort «groß» gebrauchen sie statt aller Titel für jeden angesehenen Mann, so daß sie weder ihrem Fürsten noch sonst wem den Titel Durchlaucht, Hoch- oder Wohlgeboren, Gestreng, Edel usw. geben, sondern das mit dem Wort groß ausdrücken.

Wenn dann die beiden zusammenkommen, so stellt sich der, der von dem Statthalter gesandt ist, mit seinem Schlitten in den Weg, und lieber läßt er, etwa wenn Schnee liegt, einen neuen Weg treten, damit der Botschafter vorbei kann, als daß er von der Stelle rückte. Während er nun hält, schickt er seine Leute auf den nahenden Botschafter zu und läßt ihm erklären, er möge von Schlitten oder Pferden absteigen. Denn er will zuvor den Botschafter stehen sehen, eh er sich selber ans Absteigen macht; damit meinen sie ihrem Herrn die Achtung zu erhalten. Wenn darum ein Botschafter seine Müdigkeit oder andre Ursachen vorschützt, damit man auf den Schlitten oder Pferden die Sachen ausrichten möge, so sagen sie: Es gebührt

LEGAT ÜBERREICHT EIN SENDSCHREIBEN

sich nicht, des Herren Wort anders als stehend auszusprechen oder zu hören.

Bei meiner ersten Botschaft bin ich von Großneugarten an mit den Postpferden geritten. Wie ich der Stadt Moskau nahe kam, wurde mir einer entgegengeschickt, und der Dolmetscher Istoma kam zuvor heran und mahnte mich abzusitzen. Ich erklärte, ich sei sehr müde, und entschuldigte mich; wenn es aber nicht anders sein könne, sagte ich, solle jener zuerst absitzen. Wie wir nun eine Weile mit solcher Hoffart vertrieben hatten, wollte ich ein Ende machen, schüttelte meinen einen Fuß und zog ihn aus dem Stegreif. Sofort saß der Entgegengesandte ab, ich aber ließ mich recht langsam aus dem Sattel – ich wollte auch meinem Herrn seine Achtung bei den wilden Leuten erhalten.

Wenn dann beide, der Botschafter und der vom Statthalter gesandte, an der Grenze zu Fuß sind, entblößt der letztere sein Haupt und spricht: «Des großen Herrn Basilius, Königs und Herrn aller Russen und Großfürsten (usw. mit Aufzählung der weiteren Fürstentümer und Titel dessen), Statthalter und Hauptmann zu N. hat befohlen, dir anzuzeigen: als er vernommen, daß du von einem solchen Herrn zu unserm großen Herrn geschickt bist, hat er uns dir entgegengeschickt (jederzeit wiederholen sie dabei den Titel des Großfürsten, auch des Statthalters), und hat uns befohlen, uns bei dir zu erkundigen, wie gesund du gereist bist (das ist ihr gewöhnlicher Empfang: wie gesund bist du gereist?), hat uns auch befohlen, dich zu begleiten.»

Nach diesem erst bietet er dem Botschafter die Hand. Hernach entblößt er seinen Kopf nie mehr, es habe denn der Botschafter sich zuvor entblößt. Dann fragt er von sich selber aus: «Wie gesund bist du gereist?» Sodann gibt er mit der flachen Hand ein Zeichen zum Wiederaufsitzen und spricht: «Sitz auf und zieh weiter.» Er selbst bleibt im Wege stehen, so daß der Botschafter neben ihm vorbeiziehen muß. Dann bleibt er hinten, nicht dem Botschafter zu Ehren, sondern um den Weg zu beschließen, daß niemand mehr nachkommen oder wieder umkehren könne.

Unterwegs fragen sie wieder nach dem Namen des Botschafters und jedes andern bis zum geringsten Diener, dazu nach eines jeden Vaternamen, aus welchem Lande jeder sei, welche Sprachen jeder könne, welchen Standes jeder sei, ob er eines Fürsten Diener sei, ob ein Verwandter des Botschafters dabei und ob er zuvor auch in diesen Landen gewesen sei. Das alles schreibt man auf und schickt es dem Großfürsten beschleunigt zu. Alsbald kommt dann einer und meldet sich als vom Statthalter verordnet, unterwegs für alle Bedürfnisse zu sorgen, es kommt der Schreiber, der diesem beigeordnet ist: und die besorgen nun Menschen und Pferden alles Nötige.

Dobrowna ist ein befestigter Flecken in Litauen, am Dnjepr gelegen. Von da sind wir acht Meilen bis an die moskowitische Grenze gereist. Die Nacht haben wir unter dem Himmel im kühlen Schnee verbracht, nah bei einem Bach, der zu laufen anfing, indem der Schnee zerging. Darauf haben wir die Brücke ausgebessert und gedacht, uns bald nach Mitternacht auf den Weg zu machen und gar bis Smolensk zu kommen, wohin wir nur zwölf Meilen zu reisen gehabt hätten. Als wir ungefähr eine deutsche Meile gereist waren, kam uns der Gesandte entgegen und empfing uns wie oben erzählt; dann führte er uns nicht viel über eine halbe Meile, da wurde uns die Herberge unter dem Himmel zum Wohnen angewiesen. Den andern Tag reisten wir abermals etwa zwei Meilen mit gleicher Herberge, einzig daß uns der Gesandte zu Gaste lud und wohl bewirtete, so hatten wir es etwas besser.

Das war am Palmabend. Aber am Palmsonntag, wie wir merkten, daß uns der noch länger im Schnee unterm Himmel halten wollte, befahlen wir unsern vorreitenden Dienern, sie sollten nicht absitzen bis Smolensk. Als sie samt unsern beladenen Schlitten zwei Meilen gezogen waren, wurde gleichermaßen der Platz zum Nachtlager bezeichnet und unsern Dienern gewehrt, weiter zu reisen. Wir kamen dahin und wollten vorwärts, doch sie hielten uns mit dringender Bitte auf, wir möchten doch die Frühmahlzeit da nehmen; da mußten wir nachgeben. An diesem Tag hatte der Gesandte die moskowitischen Boten zu Gast, den Knes Iwan Posetzen Jaroslawski und den Sekretär Simeon Trophimow, welche beim römischen Kaiser in Spanien gewesen waren und mit uns zogen.

Ich konnte wohl vermuten, warum sie uns so lang unterwegs hielten, nämlich weil wir spät zu ihnen vorausgeschickt hatten; sie warteten also noch auf die Antwort von Moskau, ob sie uns in die Stadt Smo-

lensk bringen dürften oder nicht. Darum nahm ich
nach der Mahlzeit einfach den Weg nach Smolensk. Da
hob ein Laufen an, denn der Gesandte mit seinem
Lager befand sich, wie bis dahin immer, auf einem
Hügel uns gegenüber, und ein kleiner Bach war zwischen uns. Sie zeigten ihm an, daß wir aufgebrochen
wären, und bald kamen einige nachgeritten, baten und
drohten sogar zum Teil, wir sollten bleiben. Der eine
sprach: «Sigmund, was tust du, in eines fremden
Herren Land also nach deinem Willen zu reisen?» Dem
gab ich Antwort: Ich wäre nicht gewohnt, unter dem
Himmel zu hausen und unter den wilden Tieren,
sondern bei den Leuten und unter Dächern zu wohnen.
«Deines Herrn Boten haben in meines Herrn Land
nach ihrem Gefallen bei Tag und bei Nacht reisen
dürfen, und wurden in Städte, Märkte und gute Herbergen geführt. Soviel soll mir hier auch geziemen. Ich
weiß auch, daß euers Herrn Befehl so gar nicht ist, und
weiß keine Nötigung oder Ursache, warum ihr uns
solang unterwegs aufhaltet.»

Sie wollten uns nun vom Weg in ein Dorf und unter
Dächer führen, dabei nahte die Nacht – man würde uns
in die Stadt so spät nicht lassen. Trotz all ihrer Vor-
wände reisten wir noch bis Smolensk und nahmen
nicht weit unterhalb der Stadt Quartier: die Hütten
waren so klein, daß man an den Ställen die Türen
einschlagen mußte, damit unsere Pferde hineinkonn-
ten. Morgens hat man uns über den Dnjepr geführt
und der Stadt gegenüber in zwei gute Häuser gelegt; so
haben wir diesen Tag und die Nacht geruht. Dann erst

schickte der Statthalter zu unserm Empfang Malvasier, griechischen Wein, dreierlei Met, auch manches an Broten und Speisen.

Da mußten wir zehn Tage bleiben, des Großfürsten Antwort zu erwarten. Endlich kamen zwei, von Moskau gesandt – die Wasser waren sehr angeschwollen – die waren uns als Pristawe, wie sie es nennen, als Quartiermeister nach Moskau zugeschickt. Als sie in unsre Herberge zu uns kamen, wohl gekleidet, warteten sie, ob wir unsre Häupter entblößten. Nachdem sie ihren Auftrag vorgebracht und ihren Fürsten genannt hatten, haben wir billig unsere Häupter entblößt, da erst haben auch sie ihre Bedeckung abgenommen.

Wie man uns auf dem Weg nach Smolensk lange aufgehalten hatte, so hielt man uns auch dort selbst lange fest. Damit sie uns aber zugleich willfahrten und es nicht aussähe, als ob sie es an etwas fehlen ließen, kamen die beiden Pristawen ein- und zweimal zu uns und sagten die Reise für morgen an. Wir rüsteten pünktlich all unsre Sachen und warteten ihrer den ganzen Tag; sie kamen etwa zur Vesperzeit und sagten abermals, morgen sei die Reise. Den Folgetag warteten wir wieder, alles vorbereitet, es ward aber nichts daraus. So wurden wir zwei volle Tage in voller Bereitschaft aufgehalten.

Am dritten Tag warteten wir auch bis gegen Mittag und blieben ohne Essen, damit wir dort keine Stunde versäumten, wenn sie etwa kämen. An diesem Tage setzten sie die Tagereise so weit, daß der Proviant und unsre Wagen nicht nachkommen konnten. Die Flüsse und Bäche waren angeschwollen, daß wir ohne große Arbeit und Sorge nicht hinüberkamen; wenn wir irgendwo eine Brücke gebessert oder gemacht hatten, in einer halben Stunde schwamm sie davon.

Daher kam es, daß Graf Lienhard von Nugarol auf der zweiten Tagereise von Smolensk beinah ertrunken wäre. Denn während ich weit ins Wasser bis zu einer schon beinah schwimmenden Brücke gelangt war und Anordnungen gab, wie unsre Sättel und Sachen hinübergebracht werden sollten – die Pferde schwemmte man hinüber – stand des Grafen Pferd mutig neben den Pferden der Moskowiter, die sich still hielten, als ginge sie alles nichts an. Aber in dem Hin und Her fiel das Pferd mit den hintern Füßen in die Tiefe des Bachs, an einer Stelle, wo man nicht einmal sehen konnte, wo das Ufer des Baches war. Das Pferd war tapfer und kam mit einem Ruck heraus, der Graf aber fiel hinten aus dem Sattel und blieb noch zu seinem Glück im Stegreif hängen. Damit kam er aus der Tiefe in die Seichte, wo er frei wurde. Er lag im Wasser auf dem Rücken, der spanische Mantel kam ihm übers Gesicht, er konnte sich nicht helfen. Die zwei Pristawe hielten dicht bei ihm, keiner rührte sich, um ihm zu helfen; in ihren Japentze, so nennen sie ihre Mäntel, blieben sie ruhig sitzen. Erst meine zwei Vettern, Herr Rupprecht und Herr Gunther, die Gebrüder Freiherrn von Herberstain, kamen ihm zu Hilfe, und es war so, daß der Gunther auch beinah in die Tiefe gefallen wäre.

Ich schalt die zwei Moskowiter, daß sie ihm nicht geholfen hätten, und ward mir geantwortet: «Einem

gebührt zu arbeiten, dem andern gebührt es nicht.»
Danach mußte sich der Graf ausziehen und trockne
Kleider anlegen.

Von dieser Brücke kamen wir desselben Tags wieder an einen größeren Bach. Da hatten die vorange-
schickten Bauern ein Floß zusammengebunden und
von Weiden etwas wie einen Strick gezogen, woran
das Floß hing; damit sind wir gefährlich und langsam
hinübergekommen. Dann wieder eine Brücke, zu der
und von der man lang im Wasser reiten mußte. Ich sah
einige hinüberreiten, die sich nur mühsam auf die
Brücke wälzen konnten, und es war nah am Abend. So
wollte ich diesmal nicht hinüber, denn der Proviant
und unsre andern Wagen konnten nicht mehr nach.

Ich zog in ein Bauernhaus und bat die Hauswirtin
um Brot, Hafer und andre Notdurft; sie gab mirs
willig um bare Bezahlung. Als das meinem Quartiermeister gesagt wurde, verbot er dem Weib, mir noch
etwas zu geben. Das wurde mir angezeigt, und ich
entbot ihm durch seinen Beigeordneten: Er solle auf-
passen und mir die angewiesene Verpflegung zur Zeit
geben oder mir vergönnen, um mein Geld meinen
Bedarf zu kaufen. Wo nicht, so wolle ich ihm den
Schädel einschlagen. «Ich kenne», sagte ich, «und weiß
eure Manier. Vieles laßt ihr euch im Auftrag eures
Herrn und in unserm Namen anweisen, dann stellt ihr
es auf die Seite, verkauft es und meldet, ihr hättet es
hergegeben. Und da wollt ihr mir noch verbieten, um
mein Geld zu kaufen!» Und ich drohte: mache er es
nicht anders, so wolle ich ihn gebunden mit mir nach

Moskau führen, ich wisse den Brauch wohl in diesem Lande. Und andre scharfe Worte. Da kam er bald zu mir und rückte wider seinen Brauch seinen Hut, ich tat nichts dergleichen; damit brach ich seinen Stolz.

Dann kamen wir zur Stelle, wo die Flüsse Woppy und Dnjepr sich vereinigen; da legten wir unsre Sachen auf Schiffe und schickten sie auf dem Wasser stromauf nach Mosaisko. Nachdem wir selbst über den Dnjepr gesetzt, blieben wir über Nacht in einem Kloster und mußten am andern Morgen unsre Pferde in einer halben Meile dreimal von einem Hügel zum andern überschwimmen lassen. Uns beide fuhr ein Mönch auf einem kleinen Schifflein weit durch einen überschwemmten Wald, bis wir und unsre Pferde wieder zusammenkamen. Dieser Mönch brachte dann auch unsre übrigen Leute, soweit sie nicht mit den Pferden geschwommen waren, samt den Sätteln und andern Sachen Stück für Stück dahin, und so kamen wir wieder zum Reiten.

Am 26. April, als wir Moskau bis auf eine halbe deutsche Meile nahgekommen waren, kam der eine Bote Simeon, der aus Spanien und mit uns von Wien dahingezogen war, eilend und voller Schweiß geritten und zeigte uns an, sein Herr schicke uns große Leute entgegen – er nannte sie mit Namen – die warteten, uns zu empfangen. Nebenher sagte er, es gebühre sich, stehend des Herrn Wort zu hören, wir sollten darum von den Pferden absitzen. Darauf haben wir uns die Hände gereicht und allerlei Gespräche geführt. Unter anderm fragte ich, was die Ursache seines Schweißes sei; er antwortete mit lauter Stimme: «Sigmund, es ist ein ganz andres Ding, meinem Herrn zu dienen als deinem.»

Indem wir weiterritten, sahen wir eine Menge Volks im Feld in langer, geordneter Reihe; sobald wir ihnen näherkamen, saßen sie ab, desgleichen taten auch wir. Als wir ganz zusammengekommen waren, sprach der Oberste unter denen: «Der große Herr Basilius, König und Herr aller Russen... (mit dem ganzen Titel) hat vernommen, daß von seinem Bruder Karl, erwählten Römischen Kaiser und obersten König, und seinem Bruder Ferdinand Ihr als Botschafter gekommen seid; und hat uns, seine Räte, gesandt und beauftragt, von euch zu erfragen, wie gesund sein Bruder Karl, der erwählte Römische Kaiser und höchste König usw. sei.» Danach das gleiche von Ferdinand usw.

Wir antworteten ihnen nach ihrem Brauch: «Durch Gottes Gnaden hat unser jeglicher seinen Herrn gesund zurückgelassen.» Ein andrer von ihnen sprach nun: «Graf Lienhard, der große Herr Basilius (mit dem ganzen Titel) hat mir befohlen, dir entgegenzukommen, dich in deine Herberge zu führen und mit allem Nötigen zu versehen.» Der dritte sagte eben dies zu mir, und alles mit entblößten Häuptern.

Dann sprach wiederum der erste: «Der große Herr Basilius (usw. mit ganzem Titel) hat befohlen, von dir, Graf Lienhard, zu erkunden, wie gesund du gereist bist.» Dann wieder ein andrer gleichermaßen zu mir. Darauf haben wir nach ihrer Art geantwortet: «Gott gebe, daß der Großfürst gesund sei! Durch die Gnaden Gottes und die Mildigkeit des Großfürsten sind wir gesund gereist.» Darauf sprach wieder einer: «Der große Herr Basilius (usw. mit dem ganzen Titel) hat dir, Graf Lienhard, den Zelter mit dem Sattel und noch ein Pferd aus seinem Stall geschickt.» Ein andrer das gleiche zu mir. Darauf sagten wir den gebührlichen Dank. Dann erst reichten sie uns die Hand, und jeder fragte unser jeden, wie gesund wir gereist wären. Sie sprachen auch, es gebühre sich, daß wir ihren Herrn ehrten und uns auf die geschenkten Pferde setzten. Das taten wir auch.

Alsbald kamen wir zum Fluß Mosqua und setzten über, beförderten jedoch vorher all unser Gepäck. Dort liegt nah am Ufer ein Kloster und dann ein schöner Anger bis zur Stadt. Bald gab es großen Zulauf von Volk, uns zu sehen, und wir wurden von denen allen in unsre Herbergen begleitet. Man hatte uns zwei gute Holzhäuser nach Art des Landes zugeteilt, einander gegenüber für jeden eins. Sie standen leer, ohne einen Menschen darin, allein Tische, aber keine Bänke, Verschläge statt der Fenster; doch wurde das alles beigestellt. Unsre neuen Quartiermeister samt denen, die uns von Smolensk dahin gebracht hatten, erboten sich, jeder gegen den, dem er beigeordnet war, uns gemäß ihren Befehlen mit allem Bedarf zu versehen. Sie stellten uns auch die Schreiber vor, welche uns täglich die Verpflegung und alles Nötige zubringen würden, und begehrten, was uns mangle oder was wir wünschten, möchten wir ihnen anzeigen. Sie haben uns auch täglich besucht und gefragt, ob uns etwas mangle.

Es gibt eine genaue Verordnung, eine für die Deutschen, eine für die Litauer, eine für die übrigen Botschafter, wie sie unterhalten werden sollen, wieviel Brot, Fleisch, Fisch, Salz, Pfeffer, Zwiebel, Hafer, Heu, Stroh, Branntwein und andrer Trank usw. täglich gereicht werden soll, nach der Anzahl der Personen und Pferde. So auch mit dem Holz für Küche und Öfen. An diese Verordnung halten sich auch die, welche die Botschaften von und nach Moskau bringen. Von allen Sachen hat man genug gegeben, wie man dort eben zu leben pflegt; ich meinesteils bin ganz wohl gesättigt gewesen. Auch gaben sie alles, was wir erbaten, in Tausch gegen das Vorgeschriebene.

Fünferlei Trank hat man uns täglich auf einem Wägelchen mit einem Pferdchen gebracht, dreierlei Met und zweierlei Bier. Lebendige Fische gab man uns nicht, es ist auch dort nicht Brauch. Darum schickte ich ein paarmal auf den Markt und ließ um mein Geld welche kaufen. Wie sie das bemerkten, haben sie sich sehr beschwert und gesagt, ich täte ihrem Herrn damit eine Schande. Daraufhin hat man mir an den Festtagen jederzeit lebendige Fische gegeben.

Nun sprach ich sie an, weil ich einige Verwandte und andre Edelleute bei mir hätte, wollte ich für sie gern Betten zum Liegen haben. Alsbald sprach der eine: «Bei uns ist der Brauch nicht, jemanden mit Betten zu versehen.» Ich sagte, das verlangte ich auch nicht, nur daß sie nicht wieder unzufrieden sein möchten, wenn ich welche kaufte. Des andern Tags kamen sie wieder und sagten, sie hätten mit den Räten deshalb

geredet: «Die haben befohlen, dir zu sagen, daß du dein
Geld nicht ausgebest, sondern weil unsere Gesandten
berichtet haben, daß sie und ihre Leute in euern Landen
mit Betten versehen worden sind, so will man deine
Leute auch damit versehen.»

Wir richteten uns ein und rasteten zwei Tage. Dann
fragten wir unsre Pristawen, wann der Großfürst uns
vorlassen und hören wollte. Sie sagten: «Wann ihrs
begehrt, wollen wirs den Räten anzeigen.» Zur Stunde
begehrten wir es. Alsbald ward uns der Tag bestimmt,
jedoch auf einen andern Tag verschoben.

Am Tag vorher kam der Pristaw und sprach: «Des
Großfürsten Räte haben mir befohlen, dir zu verkün-
digen, daß du morgen vor den Fürsten berufen wirst.»
Zu solchen Ankündigungen nahmen sie jedesmal die
Dolmetscher mit. Zur Vesperzeit desselben Tages kam
der Dolmetscher wieder und sprach: «Bereite dich,
denn du wirst morgen vor den Fürsten kommen.» Des
andern Morgens früh kam der Dolmetscher abermals,
wie zuvor ermahnend: «Heute wirst du vor das Angesicht des Herrn kommen.» Dann, kaum eine Viertel-
stunde später, kamen die Pristawe zu jedem von uns
mit gleicher Meldung: «Es kommen große Leute, euch
abzuholen, es gebührt sich, daß ihr in einem Haus
beieinander seid.» Darauf bin ich zu den Kaiserlichen
gegangen, und bald kam der Pristaw mit der Meldung:
«Große Leute und die Nächsten am Fürsten kommen,
euch abzuholen; seid gleich bei der Hand, sie werden
euch vor den Fürsten führen.»

Der eine von denen, die kamen, war Knes Basilius

Jaroslawski, des Großfürsten Freund; als zweiter kam
einer von denen, die uns im Namen des Großfürsten
empfangen hatten; außerdem kamen viele Bojaren,
oder, wie wirs nennen, Edle. Inzwischen waren die
Pristawen ohne Unterlaß am Mahnen, wir sollten den
großen Leuten Ehre erzeigen und entgegengehen.
Denen antworteten wir, wir wüßten unsre Pflicht und
würden sie tun. Wie sie in des Grafen Herberge
einritten, mahnten und trieben die Pristawe, daß wir
entgegengingen, und deuteten darauf, daß damit unsre
Herrn ihrem Herrn als dem größern die rechte Ehre
erzeigten. Darum nahmen wir das eine und andre als
Ursache, die uns verhinderten, bis die Gesandten auf
die Treppe kamen: dort kamen wir ihnen genau auf der
Mitte entgegen. Wir sprachen ihnen zu, ob sie nicht
ganz hinauf wollten, etwas zu ruhen. Aber der erste
sprach: «Der große Herr Basilius usw. hat befohlen,
daß ihr vor ihn kommt.»

Damit setzten wir uns zu Pferd und wurden neben
dem Schloß weit herum geführt, ehe wir zum rechten
Tor kamen. Da stand des Volkes so viel, daß wir kaum
Platz gewinnen konnten, um durchzukommen. So ist
es nämlich Brauch, wenn fremde Botschafter vor den
Fürsten geführt werden: dann beruft man Adel und
Dienstleute, soweit sie nah um die Stadt wohnen, aller
Handel an Markt und Plätzen wird geschlossen und
geboten, daß alles gemeine Volk auf den Platz vor dem
Schloß komme; sie werden sogar hingetrieben.

Indem wir nun den Schloßbezirk betraten, sahen wir
an verschiedenen Stellen die verschiedenen Stände

verteilt: die Bürger der Stadt unter dem Tor, bei der
Kirche dann und nach des Fürsten Wohnung zu die
Kriegsleute, alle Arten gemischt. Wenn man dann zur
Sankt Michaels Kirche kommt, so geht daneben die
Treppe zur Wohnung des Großfürsten empor; zu der
Treppe läßt man keinen reiten, das gebühre allein dem
Fürsten.

Als wir nun zur Mitte der Treppe gekommen
waren, traten uns andre Räte entgegen, die der Fürst
gesandt hatte, uns mit Händedruck und Kuß zu empfangen. Als wir die Höhe der Treppe erreicht hatten,
standen dort die Bojarski Dieti, das sind die gemeinen
Edelleute. Und an dieser Stelle kamen uns wieder
andre Räte entgegen, die uns mit Händedruck und
Kuß empfingen, gingen neben uns her, und die uns
bisher begleitet hatten, mußten hintennachgehen. So
war es auch schon das erste und zweite Mal gewesen;
die uns empfingen, gingen neben uns her, und die
andern traten zurück.

Mit den letzten gingen wir in die Gemächer. Im
ersten waren sie mit Goldstücken, Samt und Seide
bekleidet; aus denen werden von Tag zu Tag die
höheren Ämter besetzt. Weiter in ein andres Zimmer,
zunächst am Gemach des Großfürsten: darin standen
wieder wohlgekleidete junge Fürsten und Edle, die in
täglichen Diensten des Großfürsten verwendet werden.

Unter allen denen, durch die wir gingen und geführt
wurden, hat sich nicht allein beim ersten Mal, sondern
auch hernach jederzeit, mochte ich auch einen kennen

«LEGATEN ZU MOSCAUW WOL GEHALTEN»

oder er mich, keiner gerührt und merken lassen, daß er unsereinen kenne und sähe. Wenn ich mich gegen einen neigte und ihm Gesundheit wünschte, dankte nie einer, noch gab er irgend ein Zeichen, sondern wie die Stöcke standen und saßen sie.

Diese in Gold, Seide oder dergleichen kostbar Gekleideten, die uns empfingen, einführten, vor des Fürsten Zimmer standen, auch beim Fürsten saßen, die werden alle aus den Schatzkammern bekleidet, und jeder muß etwas dafür zahlen, dafür nämlich, daß die Kleider wieder gereinigt werden. Daß aber so viel Volks an solchen Tagen befohlen und herbeigefordert, zum Schloß und ins Schloß getrieben wird, geschieht aus zwei Ursachen: nämlich damit die Fremden die Menge des Volks und die Macht des Herrn sehen, wie auch damit die Untertanen ihres Herrn Ruhm sehen, daß so große Fürsten ihn durch so ansehnliche Botschaften besuchen.

Wie wir in das Zimmer, darin der Großfürst saß, traten und uns erstmals neigten, saßen rund herum viel andre Fürsten und andre. Sie standen alle auf, nur des Fürsten Brüder blieben samt dem Großfürsten selber sitzen. Nun sprach einer der vornehmsten Räte, der uns als letzter entgegengekommen war (seinem Amt nach mag man ihn Marschall nennen), ohne erst von uns ersucht worden zu sein: «Großer Herr, König und Herr aller Russen! Graf Leonhard schlägt dir sein Hirn.» Und zum zweiten Mal: «Graf Leonhard schlägt dir sein Hirn um deiner großen Gnade willen.» Danach das gleiche für mich: Sigmund usw. Das erste bedeu-

tet: er beugt sich und erzeigt dir Ehre; das zweite: er
dankt für die Gnade, wie die Speisung und die Verehrung der Pferde. Denn «Hirnschlagen» ist ihr gewöhnliches Wort für Ehre Erbieten und Dank Sagen; auch
für Bitten und in vielen Bedeutungen brauchen sie das
Wort. Wenn nämlich einer einem Höhern Bitten vorbringt oder Dank sagt, so neigt er sich so tief mit Kopf
und Leib, daß er mit der Hand die Erde berührt.
Erbittet er aber etwas Großes oder will er etwas vom
Großfürsten erlangen, so fällt er auf die Hände nieder
und berührt oder schlägt mit dem Hirn die Erde.
Daher kommt die Wendung vom Hirnschlagen.

Des Großfürsten Sitzstatt ist um eine Handlänge
höher als die der übrigen, ebenso auch sein Fußschemel. Er saß die meiste Zeit mit bloßem Kopf; immer
hat er ein Bildnis Gottes, eines Engels oder Heiligen
über sich an der Wand. Zur Rechten auf seiner Bank
lag sein Hut, der Kolpack, zur Linken sein Stab mit
dem Kreuz, Possoch genannt; ferner ein Becken mit
zwei kleinen Kannen und ein Handtuch, auf den
Kannen liegend. Man sagt, er halte dafür, wenn er
einem vom Römischen Glauben die Hand bietet, er
habe die Hand verunreinigt; sobald darum der Botschafter fort sei, wasche er seine Hände. Gegenüber
dem Fürsten stand eine ziemlich niedrige Bank, mit
einem Teppich bedeckt, worauf die Botschafter sitzen.

Als die Ehrerweisung und Danksagung geschehen
war, sprach der Fürst selber zu uns: «Dahin tritt», und
zeigte auf die Bank. Dort sagten wir dem Großfürsten
nach der Ordnung unsern Gruß, und der Dolmetsch,

der dabei stand, gab Wort für Wort wieder. Sowie der Name des Kaisers dabei ausgesprochen war, stand der Großfürst auf, trat vom Fußschemel herunter und sprach: «Unser Bruder Karl, erwählter römischer Kaiser und höchster König, ist gesund?» Nachdem man geantwortet: «Von Gottes Gnaden ist er gesund», setzte er sich wieder und hörte den Gruß bis zum Ende. So fragte er auch bei meinem Gruß nach Ferdinand. Dann sprach er: «Setzt euch nieder», und ließ uns zu Atem kommen.

Inzwischen rief er den Dolmetschen und sagte ihm insgeheim, er solle den Botschaftern sagen, was öffentlich zu sagen sei, möge er sagen, das andre auf eine andre Zeit sparen. Darauf standen wir auf und brachten unsre Sachen stehend vor; dabei nimmt der Dolmetsch nicht über zwei bis drei Worte zum Übersetzen an. Nach diesem rief der Fürst jeden von uns einzeln heran und sprach: «Gib mir deine Hand.» Und dann: «Wie gesund bis du gereist?» Darauf antworteten wir nach ihrer Art: «Gebe Gott, daß du, großer Herr, lange gesund seiest! Ich bin durch die Gnade Gottes und deine Güte gesund.» Darauf befahl er uns zu sitzen. Ehe wir uns aber gegenüber dem Fürsten setzten, dankten wir nach ihrer Sitte erst ihm selbst, dann den Räten und Knesen, die uns zu Ehren alle standen, mit Neigung des Hauptes.

Es ist sonst der Brauch, wenn von andern Fürsten Botschaften kommen, etwa aus Litauen, Livland, Schweden, so bringen sie dem Fürsten Geschenke dar, die sie nach ihrer ersten Vorstellung öffentlich überreichen; und zwar nicht allein die Botschafter, sondern auch ihre Begleiter und Diener jeder für sich. So aber ist der Brauch bei dieser Überreichung. Nachdem sie ihre Botschaft ausgerichtet haben, steht einer von den obersten Räten auf, nämlich der, der sie zum dritten Mal empfangen und vor den Fürsten geführt hat, und spricht mit vernehmlicher Stimme: «Großer Herr, der Botschafter N. schlägt dir sein Hirn und gibt das und das als Pominki». So nennen sie nämlich das Geschenk, und er bezeichnet es genau. Ebenso macht ers mit den Begleitern und Dienern, nennt deren Namen und ihre Gabe. Daneben steht auch ein Sekretär, der alle einzelnen Namen und Geschenke aufschreibt. Als wir nun unsre Botschaft ausgerichtet hatten, sprachen die, welche bei unsern Leuten hinter uns standen: «Pominki», und mahnten damit, die Geschenke zu überreichen. Aber die unsern sagten, das sei bei uns nicht Brauch.

Als wir uns nach vollbrachtem Gruß gemäß dem Befehl niedergesetzt hatten, lud der Großfürst jeden von uns einzeln mit Namen zum Mahl und sprach: «Leonhard, wirst du mit uns essen?» Bei meiner ersten Botschaft brauchte der Fürst dabei seine gewöhnliche Worte: «Sigmund, wirst du unser Salz und Brot mit uns essen?» Nun berief der Fürst unsre zugeordneten Pristawe und sagte ihnen etwas insgeheim; sie traten dann zu uns und sagten durch die Dolmetscher: «Steht auf, wir wollen in eine andre Stube gehen.» Dorthin waren einige Räte und Schreiber bestellt, denen wir das Übrige von unsrer Botschaft entdeckten; mittlerweile wurden die Tische gedeckt und die Speisen angerichtet. Alsdann wurden wir dahin zu Tisch geführt.

Der Fürst mit seinen Brüdern und dem größern Teil der Räte saß schon zu Tisch an einer langen Tafel; bei unserm Eintritt standen die Räte alle gleich vor uns auf. Gegenüber dem Platz des Großfürsten war für uns aufgedeckt, dahin wies der Fürst selbst mit der Hand und sagte, da sollten wir sitzen. Eh wir uns aber setzten, verneigten wir uns nach ihrem Brauch vor dem Fürsten und weiter vor den Rätern und andern, die aufgestanden waren, als Dank für die Ehre ihres Aufstehens.

Neben dem Grafen saß nun ich, und nach mir war soviel Platz gelassen, daß zwei dort hätten sitzen können; dann erst kamen unsre Freunde und die andern, die mit uns gezogen waren. Jedem von uns saß ein Moskowiter gegenüber, besonders die, die uns aus der Herberge zu Hof geführt hatten. Dem Großfürsten saß zur Rechten der ältere von seinen Brüdern, so weit von ihm ab, daß er mit der Hand hinreichen konnte; ihm zur Linken der jüngere Bruder auf gleiche Weise. Nächst diesem Bruder war ein leerer Platz gelassen, danach saßen die ältesten Knesen und Räte nach Rang und Gnade, die jeder beim Fürsten hatte. So waren auch noch zwei andre Tafeln besetzt, derart, daß die ganze Stube in der Runde mit Tafeln besetzt war und man nur eben durch die Tür aus- und eingehen konnte: in der Mitte der Stube aber stand die Kredenz, reichlich mit Gold und Silber besetzt. An den zwei andern Tafeln saßen einige junge tatarische Königssöhne, die dem Großfürsten dienten und sich hatten taufen lassen, ferner solche, die der Fürst in besonderer Gnade dahin berufen hatte; auch Büchsenmeister und dergleichen Personen fanden sich da. Auf unsrer Tafel und ohne Zweifel auch auf den andern außer der des Fürsten und seiner Brüder standen drei Geschirre mit Essig, mit Pfeffer und mit Salz in solcher Ordnung, daß immer ihrer vier zu einem Geschirr gehörten.

Als man sich gesetzt hatte, traten die Truchsessen nacheinander durch die Tür herein vor den Fürsten, vor uns und um die Kredenz in langer Reihe, sehr prächtig gekleidet. Keiner von ihnen erwies dem Fürsten Ehre, sondern sie gingen mit gestreckten Hälsen, als ob sie ihn nicht sähen.

Nach diesem rief der Großfürst seinen Tischdiener oder Schenken, nahm drei Schnitten Brot von einem Haufen, der dazu vor ihm lag, legte sie dem Schenken auf die Hand und sprach: «Gib dies Brot dem Botschafter unsres Bruders, des erwählten Römischen Kaisers und höchsten Königs, dem Grafen Leonhard.» Der Schenk rief den Dolmetscher, der jederzeit vor dem Tische stand, und sprach: «Leonhard, der große Herr Basilius, König und Herr aller Russen und Großfürst, erzeigt dir seine Gnade und schickt dir Brot von seinem Tisch.» Zum zweiten Mal ging er und redete gleichermaßen zu mir, und der Tischdiener wie der Dolmetsch sprachen die Worte mit lauter Stimme.

Indem solche Gaben und Reden an uns kamen, standen wir auf, und alsbald standen alle Umsitzenden auch auf, allein der Fürst und seine Brüder nicht. Wir

taten nach ihrer Gewohnheit und dankten, da wir das
Brot empfangen und auf unsern Tisch gelegt hatten,
mit Neigung des Kopfes dem Großfürsten, dann auch
den Räten bei der Tafel, die dem Fürsten am nächsten
saßen, danach verneigten wir uns nach den andern
Seiten und vor denen uns gegenüber zum Danke. Der
Sinn dabei ist, daß der Fürst durch das Brot von seinem
Tisch seine Gnade zeigt; schickt er aber Salz, bedeutet
es seine Liebe, und es soll die größte Ehrung sein, wenn
er Salz schickt. Ihr Brot ist übrigens schön weiß,
in Form eines Roßkummets; das zeigt nach meiner
Auslegung an, daß alle, die sich davon nähren, es in
hartem Joch und schwerer Dienstbarkeit verdienen
müssen.

Nunmehr schickt man die Truchsessen nach den
Speisen hinaus; und zuerst bringen sie Branntwein,
den man gewöhnlich vor dem Essen trinkt. An
Fleischtagen wurden dann jederzeit gebratene Schwäne
als erstes hereingebracht; davon wurden zwei oder
drei vor den Großfürsten gesetzt und er stach sie
mit dem Messer an, um zu sehen, welcher am zarte-
sten und mürbsten wäre; so lange behielten die andern Truchsesse ihre Schüsseln in der Hand. Dann
befahl der Fürst, die ihm vorgesetzten Schüsseln wegzunehmen, und alle gingen hinaus; denn zunächst vor
der Stubentür steht der Anrichtetisch, wo man die
Schwäne aufschneidet; dabei legten sie immer vier
Stück zusammen auf kleineren Schüsseln. Die Truchsesse trugen nun wieder auf und setzten dem Fürsten
vier oder fünf Schüsseln vor; die weiteren verteilten sie

an seine Brüder, seine Räte, die Botschafter und die andern der Ordnung nach.

Wieder steht der Schenk bei dem Fürsten, der vorher das Brot zu den einzelnen gebracht hat. Der Fürst nun pflegt erst ein Stückchen zum Kosten seinem Truchseß zu geben, dann schneidet er verschiedene Stücke an und kostet selbst; dann ruft er den Schenken, gibt ihm eine Schüssel, von der er gekostet hat, und läßt sie einem seiner Brüder oder einem Rat oder dem Botschafter hinbringen. Wem nun das zugeschickt wird, der steht auf, und all die andern stehen ihm zu Ehren auch auf, und dankt dem Fürsten und den andern mit Verneigung des Kopfes. Mit besonderer Feierlichkeit bringt man diese Spenden den Botschaftern dar. Von solchem Hin- und Herschicken, wo immer alle aufstehn müssen, mit Danken und Verneigen nach allen Seiten wird man fürwahr müd, zumal wenn die Tafel zu nah gesetzt ist, daß man nicht grade stehen kann.

Bei meiner ersten Botschaft für Kaiser Maximilian war ich zuerst auch für die Brüder des Fürsten mit aufgestanden. Wie ich aber sah, daß sie nicht in großem Ansehen standen und für mich, einen solchen Botschafter, nicht aufstanden, stand ich auch nicht mehr ihretwegen auf. Sondern, wenn ich merkte, daß sie eine Gnadenschüssel vom Fürsten bekommen würden, nahm ich gleich Ursache, mit jemandem zu reden, und tat so, als sähe ich nichts. Der mir gegenübersaß, sprach mich mahnend an, des Großfürsten Bruder stände, ich solle aufstehn – ich tat, als verstünde ichs nicht, dann zuletzt sah ich mich um, fragte, was denn

wäre, und eh ich erst recht aufstand, war alles vorbei.
Als dies schließlich die merkten, die mir gegenüber
saßen, lachten sie unter sich. Ich fragte, als wüßte ichs
nicht, warum sie lachten; als mir niemand Antwort
geben wollte, tat ich, als ob ich es nun verstände, und
sagte mit Ernst: «Wer meinen Herrn ehrt, den ehre ich
billig auch, wer aber meinen Herrn nicht ehrt, den will
ich auch nicht ehren.»

Und das gab mir Ursache, als der Großfürst auch
einigen Jüngeren und Geringeren seine Gnade erzeigte
und von seinem Tische schickte, daß ich auch für
die aufstand, wiewohl ich unterwiesen wurde, ich
brauchte das nicht, weil sie noch jung wären. Der Fürst
sah, daß die lachten und ich mit ihnen redete, rief einen
von ihnen und wollte wissen, was da geredet war.
Ohne Zweifel hat der es ihm gesagt, und der Fürst
lachte auch darüber.

Als wir anfingen, von den Schwänen zu essen, taten
sie Pfeffer und Essig, auch Salz dazu, denn das nehmen
sie an Stelle einer Tunke. Dafür nehmen sie auch saure
Milch und Gurken, die sie in Salz eingelegt das Jahr
über behalten – auch diese stehen dann und wann auf
dem Tisch. Mit dem Hereintragen wird es bei allen
Speisen gleich gehalten, nur trägt man die andern nicht
wie die Schwäne wieder hinaus.

Vielerlei Trank wird vorgesetzt, Malvasier, griechischer Wein, verschiedene Arten Met. Läßt sich der
Fürst seinen Becher reichen, so ruft er den Botschafter
zu sich; der geht zu ihm hin, und er spricht: «Leonhard,
du bist von einem großen Herrn zu einem großen

Herrn in großen Sachen geschickt; einen großen Weg hast du vollbracht. Weil du nun meine Gnade empfunden und meine Augen freundlich gesehen hast, so werde dir wohl. Trink und trink aus, und iß, daß du satt werdest; dann raste, damit du wieder zu deinem Herrn zu reisen vermagst.»

Das gleiche sagte der Fürst auch zu mir, und fragte mich dabei unter anderm, ob ich mir den Bart geschoren hätte. Das fragt man mit dem einen Wort: Brill. Ich bejahte es, auch mit dem einen Wort. Darauf sprach der Fürst: «Das ist nach unserm.» Das ist soviel, wie wenn er gesagt hätte, er hätte sich auch geschoren. Als er nämlich seine zweite Frau nahm, hatte er seinen Bart abscheren lassen; das soll sonst nie ein Fürst getan haben. So pflegte sich der Fürst bei Tisch recht höflich und menschlich gegen uns zu verhalten; oft sprach er uns zu, wir sollten essen und trinken, fragte auch zuweilen nach etwas.

Alles Geschirr, woraus wir aßen und tranken und worin Pfeffer, Salz und Essig stand, war von Gold. Sie sagten es, und daneben konnte man es an der Schwere spüren. Ich habe aber hernach und zuvor auch öfter mit dem Großfürsten gegessen, wo die Kredenz mit Silber besetzt und damit auch die Tische gedeckt waren. Neben der Kredenz standen immer ihrer vier, deren jeder ein Trinkgeschirr in Händen hielt, woraus der Fürst gewöhnlich trank. Als ich das erste Mal beim Fürsten war, waren seine Tischdiener und Truchsessen fast wie die Leviten in unsern großen Kirchen in Dalmatiken gekleidet, aber mit Gürteln, jetzt aber haben sie andre Kleider, mehr einem Wappenrock gleich, die sie Terlick nennen, schwer von Perlen und Edelsteinen aus des Fürsten Schatz.

Die Mahlzeiten währen manchmal drei bis vier Stunden. Auf meiner ersten Botschaft aßen wir sogar bis in die erste Stunde der Nacht. Sie erledigen alle ihre Sachen vor der Mahlzeit, und wenn ein schwererer Handel vorliegt, essen sie den ganzen Tag nicht, sondern erst in der Nacht – wiederum lassen sie oft einen ganzen Tag oder auch mehrere mit Essen und Trinken draufgehen.

Während der Mahlzeit wird von ernsten Sachen nichts besprochen. Ist sie fertig, so sagt der Fürst zu den Botschaftern: «Geht nun». Dann stellen sich die wieder ein, die sie zu Hof geführt haben, und begleiten sie zurück zur Herberge. Dort setzen sie sich und sagen: «Wir haben Befehl bei euch zu bleiben und euch fröhlich zu machen.» Nun bringt man einen Wagen mit Silbergeschirr und einen Wagen oder zwei mit Getränk (die Wagen sind klein); dazu kommen auch die Sekretäre und andre angesehne Leute, und alle bemühen sich, die Botschafter anzufüllen. Denn es ist bei ihnen eine Ehre und große Gnade, die Leute betrunken zu machen, und wer nicht ordentlich trunken gemacht wird, hält sich für mißachtet. So sind sie Meister, den Leuten zuzusprechen und sie zum Trinken zu bereden; und wenn nichts andres mehr helfen will, steht einer auf und trinkt auf des Fürsten Gesundheit, darauf muß jeder Anwesende ohne Widerspruch austrinken, daß nichts überbleibt. Auch um des Kai-

sers wegen und durch viele Gesundheiten der Art
sucht man zum Trinken zu bereden.

Dies Trinken geschieht mit besonderer Förmlich-
keit. Wer den Trunk ausbringt, stellt sich mitten in die
Stube, sagt, was er dem Fürsten oder andern Herrn
wünscht: Glück, Sieg, Gesundheit, und daß in seinen
Feinden soviel Blut bleibe, wie er im Becher lassen
werde – und so redet er mit entblößtem Kopf. Wenn er
dann ausgetrunken hat, stürzt er den Becher über
seinen Kopf, daß er ihm an den Scheitel stößt, und
wünscht dem Herrn Gesundheit. Dann stellt er sich
ganz oben an die Tafel und läßt viele Becher füllen,
jedem gibt er einen und sagt ihm, warum er trinken
solle. Darauf geht einer nach dem andern in die Mitte
der Stube, trinkt mit bloßem Haupt seinen Becher aus
und stürzt ihn über seinen Kopf. Wenn ich nicht trinken
mochte, vermochte ich mich nicht anders dessen zu
entledigen, als daß ich mich trunken stellte oder sagte,
ich könnte vor Schlaf nimmer und wäre ganz satt.

Als mich der Großfürst von meiner ersten Botschaft
entließ, nach der Mahlzeit (denn man hält den Brauch,
den Boten bei Empfang und Entlassung zur Mahlzeit
zu berufen), stand der Fürst auf, lehnte sich an die
Tafel, an der er gesessen hatte, befahl, ihm zu trinken zu
reichen, nahm den Becher und sprach: «Sigmund, wir
wollen aus Liebe zu unserm Bruder Maximilian,
erwähltem römischen Kaiser und höchsten König,
und um seiner Gesundheit willen dies austrinken, und
du wirst es auch austrinken und diese alle nacheinander, damit du unsre Liebe zu unserm Bruder Maximi-

lian usw. sehest und daß du ihm sagen kannst, was du gesehen hast.» Darauf bot er mir einen Becher und sprach: «Trinks aus auf die Gesundheit unsres Bruders Maximilian usw.» mit dem gewohnten Titel; danach gab er aus seiner Hand jedem Umstehenden einen Becher und sprach zu jedem dieselben Worte wie zu mir. Nachdem wir die Becher genommen hatten, traten wir zurück, neigten unser Haupt gegen den Fürsten und tranken aus. Nach diesem Trunke rief mich der Fürst, bot mir die Hand und sagte: «Geh» – damit zog ich zu meiner Herberge.

Der Fürst pflegt auch die Botschafter, wenn die Geschäfte schon halbwegs erledigt sind, auf eine Jagd oder Hatz außerhalb der Stadt zu berufen. Denn dort vor der Stadt ist viel kleines Buschwerk, worin sich die Hasen aufhalten können, die auch bei großer Strafe niemand fangen darf. Dort mehren sie sich kräftig, zudem züchtet der Großfürst sie auch viel in Gärten und Häusern. Wenn er nun mit Botschaftern oder sonst seine Jagdlust haben will, bringt man soviel Hasen man kann in dies Niederholz und jagt sie an ein oder zwei Stellen zusammen, die man mit Netzen umstellt. Denn je mehr Hasen er fängt, mit um so mehr Lust und Ehre glaubt er gejagt zu haben. Ferner hat er viele Jäger, deren jeder zwei Hunde führt; die Jäger sind in dreierlei Farbe gekleidet. Wenn sie die Jagdhunde ins Gebüsch lassen, gehen sie mit großem Geschrei einer neben dem andern, daß ihnen kein Hase entgehen kann. Und auf der andern Seite wartet man mit raschen Hunden, die sie Kurtzen nennen.

Wenn nun der Fürst das Feld betritt, schickt er einige Räte und Hofleute oder Ritter zu den Botschaftern und läßt sie zu sich geleiten. Als wir so dem Fürsten näher kamen, mußten wir auf Ermahnung der Räte von den Pferden steigen und einige Schritte zu Fuß bis zu ihm hingehen. Er saß auf geschmücktem Pferde mit glänzendem Kleide angetan; die Handschuh hatte er abgelegt, aber den Kopf bedeckt. So empfing er uns freundlich, bot uns die bloße Hand und sprach durch den Dolmetsch: «Wir sind zu unsrer Lust ausgezogen und haben euch zu uns berufen, daß ihr auch bei unserer Lust seiet und eine Freude davon empfanget. Sitzet auf und kommt mir nach.»

Er trug den Hut, den sie Kolpack nennen, in Weiß mit Aufschlägen hinten und vorn; die waren mit Kleinodien besetzt und mit Goldplättchen wie Federn, die auf- und abnickten, wenn er sich bewegte. Sein Rock war ein Terlick, ähnlich wie ein Wappenrock, mit goldnen Fäden genäht. An seinem Gürtel hingen nach ihrem Brauch zwei Messer, dazu ein Dolch als Waffe. Am Rücken unter dem Gürtel trug er eine Waffe, die nach ihrer Sprache Kestene heißt, polnisch Baszalik: es ist ein Holz, zwei bis drei Spannen lang, daran ein Riemen, auch zwei Spannen lang, an dessen Ende hängt ein eckiges oder rundes Stück von Eisen oder Kupfer. So ist es gewöhnlich, aber das, welches der Fürst schwingt, ist von edleren Stoffen gearbeitet.

Dem Fürsten zur Rechten ritt der vertriebene König von Kasan mit Namen Scheale, zur Linken zwei junge Knesen. Deren einer trug eine Streitaxt von Elfenbein,

«WIE MAN DIE LEGATEN EMPHAEHET UND HALTET»

die sie Topor nennen, ungefähr von der Form, wie man sie auf den ungarischen Gulden sieht; der andre trug eine Keule auch von Elfenbein, ähnlich der, die bei den Ungarn Busigan heißt, russisch Schestopero, das ist soviel wie: von sechs Federn. König Scheale hatte Bogen und Pfeil nach ihrer Art, beides in einem Köcher. Es waren mehr als dreihundert Reiter auf dem Feld.

Indem wir so einherzogen, rief uns der Fürst bald hierhin, bald dahin, bald näher zu sich heran. Als wir näher an den Jagdplatz kamen, redete er uns an, es sei die Gewohnheit, wenn er auf der Hatz und in seiner Lust sei, daß er und andre gute Leute die Jagdhunde an eignen Händen führten; das sollten wir auch tun. Er ließ also jedem von uns zwei Hunde mit zwei Jägern zustellen. Dafür dankten wir und sagten, daß gleichermaßen auch bei uns angesehene Herren ihre Hunde führten. Die Entschuldigung aber hatte er darum gegeben, weil bei ihnen sonst die Hunde als unreine Tiere mit bloßer Hand von anständigen Leuten nicht angefaßt werden. Weiter standen nun in langer Reihe ungefähr hundert Männer, davon die Hälfte in Schwarz, die Hälfte in Gelb gekleidet. In deren Nähe hielten auch alle übrigen Reiter nebeneinander, um zu hindern, daß die Hasen ausliefen und entkämen.

Es war befohlen, daß niemand vor dem König Scheale und uns den Hund loslassen dürfe. Der Fürst selbst schrie und befahl als erster, einzuhetzen: darauf ritt der erste Jäger zu den vielen andern, und alle hoben nun auf einmal an zu schreien und ihre Hunde anzulassen. Da war es denn eine Lust, so viele und verschiedene Hunde bellen zu hören. Auch haben sie gar schöne Leit- und Spürhunde: manche braucht man nur für die Hasenjagd, die man Kurtzen nennt, schöne Tiere mit haarigen Ohren und Schwänzen, meistens kühn, wiewohl für allzu langes Laufen nicht geschickt.

Wenn nun ein Hase aufspringt, so hetzt man nicht mit einem nach, sondern drei, vier, fünf Hunde läßt man los, von allen Seiten zugleich. Und ist der Hase gefaßt, so schreien sie Ho Ho, als hätten sie ein großes, wildes Tier gefällt. Wenn aber die Hasen lange nicht herausspringen, dann sieht sich der Fürst um, wo einer im Gebüsch einen Hasen noch im Sack trägt, ruft den und schreit Hui Hui, das heißt, er soll den Hasen loslassen. So kommen die Hasen manchmal wie verschlafen heraus, mögen nicht laufen, sondern hüpfen unter den Hunden wie Ziegen und Lämmer in der Herde.

Wessen Hund nun die meisten Hasen gepackt hat, der hat an dem Tag das beste getan. Wenn einer von unsern Hunden vor den andern einen Hasen einholte, war der Fürst froh und gab Beifall. Nach dieser Hatz brachte man dann die Hasen zusammen, es waren etwa dreihundert.

Die Pferde des Fürsten, die dort im Feld mitkamen, waren weder so viele noch so schöne, wie ich bei meiner ersten Botschaft gesehen habe. Damals hatte er solche, die wir Türkische nennen, sie waren aber noch edler; sie nennen sie Argamak. Auch viele schöne Jagdfalken waren mit dabei, weiße und purpurrote, die bei uns Gerfalken heißen, bei ihnen Kretzet. Mit denen fangen sie Schwäne, Kraniche und andres Gevögel von solcher Größe. Diese Gerfalken sind wohl freidig, aber doch nicht so grausam und wild, wie einer davon geschrieben hat, daß auch die stärksten Raubvögel bei ihrem Anblick vor Furcht herniederfallen und tot liegen bleiben. Soviel hat man allerdings durch Erfahrung gefunden: wenn Habicht, Sperber oder andre gemeine Jagdfalken im Flug sind und deren einer eines Gerfalken ansichtig wird, so stehn sie nieder und fliegen ihrer Beute nicht mehr nach.

Einige glaubhafte, angesehene Leute haben uns berichtet, wenn man diese Gerfalken noch jung aus den Nestern holt und in den Körben einige, vier bis sechs, zusammen tut, so zanken sie sich nicht, sondern halten gute Sitte untereinander: wenn ihnen die Atzung gereicht wird, lassen sie zuerst den ältesten nehmen. Wenn ihnen die Natur das gegeben hat, sieht es doch beinah einer Vernunft gleich. Und auch sonst – so grausam und räuberisch sie gegen andre Vögel sind, unter sich selbst sind sie sanft, sie beißen sich nie. Sie reinigen sich nicht mit Wasser, wie die andern Vögel, sondern nur im Sand, womit sie ihre Läuse ausschütteln. Sie lieben allein die Kälte, darum stehen sie gerne lange Zeit auf Eis oder auf einem Stein. Aber ich gehe auf meine Erzählung zurück.

Nach der Jagd zog der Fürst zu einem hölzernen Turm, der eine halbe Meile vor Moskau steht; daneben waren Zelte aufgeschlagen. Das erste war für den Fürsten, groß und weit, viereckig wie ein Haus; das zweite für den König Scheale; das dritte für uns Botschafter; dazu weitere Zelte für die andern und für allerlei Bedürfnisse des Fürsten. So wurde jeder in sein Zelt geführt, um abzulegen.

Als sich der Fürst dort umgekleidet hatte, berief er uns zu sich: er saß da auf einem elfenbeinernen Sessel, zu seiner Rechten der König Scheale. Wir wurden ihm gegenüber gesetzt, der Platz, den man auch sonst den Botschaftern gibt. Nach dem Tatarenkönig saßen weiter unten einige Knesen und Räte; zur Linken des Großfürsten die jüngeren Knesen und andre, die der Fürst in besonderer Gunst und Gnade hält.

Wie jedermann saß, brachte man zuerst Konfekt von Koriander, Anis und Mandeln in der Schale; danach geschälte Walnüsse, auch bloße Mandeln, und einen ganzen großen Zuckerhut. Das alles trugen die Diener und knieten damit vor dem Fürsten, dann brachten sie es vor den König und vor uns. Danach kam der Trank, und der Fürst erzeigte damit seine Gnade wie sonst beim Essen.

Bei meiner vorigen Botschaft hatte der Fürst auch an diesem Ort seine Mahlzeit genommen. Dabei hatte er das geweihte Brot in der Hand gehalten, das sie Unser Frauen Brot nennen und mit großer Verehrung genießen; in ihren Stuben verwahren und ehren sie es an einem ganz besondern Platz. Da bewegte sich das Zelt, das Brot fiel auf die Erde, der Großfürst und alle andern erschraken und standen zitternd da. Gleich berief man einen Priester, der hob es mit großer Sorgfalt vom Grase auf.

Nach dem Imbiß und Trank, den der Fürst uns dargebracht hatte, wurden wir entlassen und wieder in unsre Herberge begleitet. Der Großfürst hat auch eine andere Kurzweil, zu der er, wie ich gehört habe, andere Botschafter beruft. Er hält sich wilde Bären eingeschlossen in einem großen Haus, das dafür gebaut ist; dort läßt er sich besondere Spiele vorführen. Man läßt einen Bären heraus, es stehen dann arme Bauersleute mit hölzernen Gabeln bereit, und wenn der Fürst winkt, gehen sie dem Bären entgegen und reizen ihn zum Kampf. Wenn dann einem von denen durch die gereizten und wütigen Tiere ein Schaden geschieht, so läuft er vor den Fürsten und ruft: «Herr, begnadige mich». Darauf der Fürst: «Geh, ich will dir Gnade tun». Dann läßt er ihn heilen und ihm dazu einen Rock und ein paar Maß Getreide reichen.

Als wir zuletzt abgefertigt und entlassen werden sollten, wurden wir in Ehren, wie früher, zur Mahlzeit geladen und zu Hofe geführt. Zuvor brachte man die Geschenke, nämlich für uns beide, den Grafen und mich, ein goldenes Kleid, mit Zobel gefüttert und gegen ihren Brauch mit breiten Ärmeln und weitem Schnitt. Wir mußten sie anlegen und so vor den Fürsten treten.

Wie wir in dessen Zimmer traten, sprach wiederum der Rat, den wir für einen Marschall einschätzten, mit lauter Stimme in unser beider Namen: «Großer Herr, Graf Leonhard schlägt dir das Hirn» – damit meint er die Ehrerbietung – und zum zweiten Mal: «Großer Herr, Graf Leonhard schlägt dir das Hirn für deine große Gnade» – das ist der Dank für das empfangene Geschenk. Danach sagte er das gleiche mit meinem Namen. Nun ließ man uns niedersitzen, und der Fürst sprach: «Leonhard und Sigmund, ihr habt gesehen, was wir auf Bitten unsres lieben Bruders Karl, erwählten römischen Kaisers und höchsten Königs, und seines Bruders Ferdinand getan haben. Das wirst du, Leonhard, unserm Bruder, und du, Sigmund, seinem Bruder also anzeigen.» Bei der Mahlzeit hielt uns dann der Fürst, wie schon berichtet, und brachte auch so seinen Gesundheitstrunk aus.

Außer der Schaube von Gold und Zobel gab der Fürst jedem von uns zweimal vierzig Zobel-, dreihundert Hermelin- und fünfzehnhundert Fehenpelze. Auf der ersten Botschaft hatte er mir außerdem noch einen Schlitten gegeben, darauf eine große weiße Bärenhaut, sowie einem guten, weißen Filz, der den Schlitten ganz bedeckte, auch ein schönes großes Pferd, einen Fuchs, das den Schlitten zog; dazu noch viele Fische, die ohne allen Rauch und Salz allein an der Luft getrocknet waren: Beluga, Osseter, Sterlet. So hatte er mich sehr freundlich entlassen.

Die übrigen Förmlichkeiten nun, die der Fürst gebraucht, wenn er Botschafter entläßt, und wie die Botschafter behandelt und verpflegt werden, wenn sie seine Grenzen betreten und wieder verlassen, das ist schon hiervor angezeigt. Weil aber wir beide von Kaiser Karl und seinem Bruder Erzherzog Ferdinand gesandt waren, um einen dauernden Frieden oder doch einen Stillstand zwischen dem Großfürsten von Moskau und dem König von Polen zu schließen (außerdem kam deshalb noch ein päpstlicher Bote), so will ich nachfolgend von den Zeremonien berichten, deren sich der Moskowiter damals bei Schließung des Stillstands bedient hat.

Als wir zuerst unsre Botschaft vorbrachten, wir wollten über den Frieden unterhandeln, ward uns zur Antwort: «Will der König von Polen über den Frieden mit uns unterhandeln, so schicke er nach altem Herkommen seine Boten her, damit wir gemäß unsrer Lage einen Frieden mit ihm ausmachen.» Darum schickten wir unsre Boten an den König bis nach Danzig; der Graf schicke Gunther Freiherrn zu Herberstein, ich schickte Hans Wuechrer; beide wurden damals in Danzig zu Rittern geschlagen. Der König nun verordnete Herrn Peter Gischka, Woiwoden zu Polotzko, und Michael Bohusch, Schatzmeister in Litauen.

Als diese sich näherten, zog der Großfürst nach Mosaisko scheinbar zur Jagd; aber im Grunde wollte er die Litauer, die mit vielen Pferden und Kaufleuten kamen, nicht in die Stadt Moskau lassen. Dorthin wurden auch wir berufen. Die litauischen Gesandten kamen, wurden gehört, überreichten ihre Pominki oder Geschenke nach ihrem Gebrauch; dort fingen wir denn an zu verhandeln.

Ehe wir aber zum Beschluß kamen, schickte der Großfürst den litauischen Botschaftern und ihren Leuten all ihre Geschenke mit einer Zugabe wieder ins Haus und gab damit zu verstehen, daß er sie unverrich-

teter Sache abfertigen werde: er wollte sie schrecken
und zu bessern Bedingungen drängen. Die Litauer
erschraken sehr, hielten sich aber an meinen Rat, nichts
dergleichen zu tun; man würde uns ohne Zweifel
zuvor etwas sagen, eh man sie abfertige, dann würden
wir Ursache haben, um weitere Verhandlungen anzu-
halten. In der Tat war des Moskowiters Meinung
nicht, den Stillstand abzuschlagen, und den, freilich
nicht den Frieden, brachten wir denn zum Abschluß.

Als dieser Stillstand von Sigmund, König von
Polen, angenommen und in Schrift verfaßt war, wurden wir zu Hof berufen und in ein Gemach geführt, in
das auch die litauischen Botschafter kamen, ferner des
Großfürsten Räte, die zuvor mit uns verhandelt und
den Stillstand abgeschlossen hatten. Diese Räte hoben
an, zu den Litauern zu reden: «Unser großer Herr hat
solchen großen Fürsten zu Gefallen und auf ihre
großen Bitten hin einen ewigen Frieden mit eurem
König Sigmund eingehen wollen. Weil aber das unter
keiner Bedingung diesmal hat sein können, so ist doch
der Großfürst auf solche große Fürbitte hin auf den
Stillstand eingegangen. Damit nun der Stillstand aufgestellt und bekräftigt werde, hat er euch berufen
lassen und gegenwärtig haben wollen.»

Die Räte hielten hierbei den Brief schon in Händen,
welchen der Großfürst dem König geben würde, ganz
fertig und mit anhangendem Insiegel. Dies war nicht
groß und rot; auf der vordern Seite war die Figur eines
nackten Menschen, auf einem Pferde ohne Sattel sitzend, einen Spieß in der Hand, womit er den Drachen

unter des Pferdes Füßen durchsticht; auf der Rückseite war ein Adler mit zwei gekrönten Häuptern.

Daneben hatten sie noch einen gleichlautenden Brief, den der König zu Polen als Großfürst in Litauen an den Fürsten schicken sollte, nur mit veränderten Namen und Titeln, sonst unverändert; jedoch am Ende war so viel hinzugesetzt: «Wir Peter Gischka, Woiwod zu Polotzko, Hauptmann zu Drohitzin, und Michael Bohusch Bohutinowitz, Schatzmeister des Großfürstentums Litauen, Hauptmann zu Szlowin und Kamentz, Botschafter des Königs zu Polen und Großfürsten in Litauen: bekennen und haben in diesem Sinne das Kreuz geküßt und uns verbunden, daß auch unser König diesen Brief mit Küssen des Kreuzes bestätigen wird; und zu mehrerem Glauben haben wir diesen Brief mit unsern Petschaften bekräftigt.»

Als das alles nachgesehen und vernommen war, wurden wir alle miteinander zum Großfürsten berufen. Gleich als wir eintraten, wurde uns ein Platz gezeigt, wo wir uns setzten, und der Fürst begann zu reden und sprach: «Johann Franz, Graf Leonhard und Sigmund: ihr habt von uns begehrt, im Namen Papst Clemens des Siebenten und unsres Bruders Karl, erwählten Römischen Kaisers und obersten Königs, und seines Bruders Ferdinand, daß wir mit König Sigmund zu Polen einen ewigen Frieden eingingen. Das haben wir beiderseits durch annehmbare Bedingungen nicht erreichen können. So habt ihr gebeten, daß wir doch einen Stillstand annähmen. Das haben wir um der Liebe willen, die wir zu euern Fürsten tragen, angenommen. Und indem wir dem König unser Recht gewähren (das will sagen, daß er mit seinem Eid oder Kreuzküssen den Stillstand bestätigen wolle) haben wir euch gegenwärtig haben wollen, damit ihr euern Herren anzuzeigen wisset, wie ihr bei Abschluß und Bestätigung des Stillstandes gegenwärtig wart und sahet, daß wir ihnen zu Liebe dies alles getan haben.»

Nach dieser Rede rief er seinen Rat Michael Georg und befahl, das vergoldete Kreuz, das ihm gegenüber an einer Seidenschnur hing, herabzunehmen. Der Rat nahm das reine Handtuch, das jederzeit auf dem Kännchen mit dem Waschwasser liegt, in seine Hände, holte mit großer Ehrerbietung das Kreuz herab und hielt es mit der Rechten in die Höhe. Der oberste Sekretär hielt die Stillstandsbriefe mit beiden Händen so übereinander, daß die Klausel, womit sich die Gesandten verbinden, unter dem oberen Brief gesehen und gelesen werden konnte. Auf diese beiden Briefe legte nun der Rat die rechte Hand, in der er das Kreuz hielt, der Fürst stand auf und hielt an die litauischen Gesandten eine lange Rede. Er erzählte, er hätte allerdings den Frieden auf Bitten und Begehren solcher großen Herren, deren Botschafter sie gegenwärtig sähen, mit dem König Sigmund anzunehmen sich nicht geweigert, wenn sich ihm nur annehmliche Bedingungen geboten hätten. Da denn der ewige Frieden nicht geschlossen werden könne, habe er den Stillstand von fünf Jahren auf Fürbitte der Botschafter angenommen. Den Inhalt dieser Briefe (er zeigte mit dem Finger darauf) «den werden wir halten», sagte er, «so lange Gott will, und werden unsre Gerechtigkeit unserm Bruder, dem König Sigmund, gewähren: doch solchergestalt, daß der König den gleichlautenden Brief zurückgibt, ihn in Gegenwart unsrer Botschafter bestätigt und so uns sein Recht gewährt. Inzwischen werdet ihr mit euerm Eid euch verbinden, daß euer König das alles so aufrichten und vollziehen und uns diesen Brief durch unsre Boten zubringen lassen werde.»

Dann schaute der König das Kreuz an und bekreuzigte sich nach ihrer Sitte mit drei Fingern dreimal; verneigte sich dann mit dem Kopf gegen das Kreuz, mit der rechten Hand beinah den Boden berührend, trat nun näher an das Kreuz heran, bewegte die Lippen, wie wenn er betete, wischte mit dem Tuch seinen Mund, spuckte erst aus und küßte das Kreuz. Schließlich berührte er es mit der Stirn und mit beiden Augen, trat dann zurück, bekreuzigte sich wiederum und neigte den Kopf wie zuvor.

Nach diesem ermahnte er die Litauer, daß sie hinzuträten und das gleiche täten. Der eine litauische Botschafter, Bohusch, der russischen Glaubens war, las darauf den Satz vor, mit dem sie sich beide verbunden hatten und der dem einen Brief angehängt war, und sein Mitbote Peter, römischen Glaubens, sprach ihm nach; denselben Satz gab uns des Großfürsten Dolmetsch Wort für Wort auf lateinisch wieder. Nach diesem Vorlesen, Nachsprechen und Verdolmetschen traten die beiden litauischen Botschafter hinzu und

küßten das Kreuz. Während des Lesens und Schwö-
rens stellte sich auch der Großfürst unten hin, dort wo
wir und die andern standen. Dabei sprach er zu mir:
«Verstehst du russisch?» Ich sagte, ich verstände es
zum Teil, doch nicht alles.

Dann setzte sich der Fürst nieder und sprach: «Ihr
habt nunmehr gesehen, daß wir unserm Bruder Sigmund, König zu Polen, auf besonderes Ersuchen des
Klemens, Karl und Ferdinand unser Recht gewährt
haben. Sagt das also euern Herrn: du, Johann Franz,
dem Papst, du, Graf Leonhard, dem Karl, und du,
Sigmund, dem Ferdinand – daß wir solches ihnen zu
Liebe, und damit das christliche Blut durch unsere
Kriege nicht vergossen werde, getan haben.»

Alle diese Reden wurden mit vielen Worten und
jederzeit mit den langen Titeln vorgebracht. Wir sagten nun unsern Dank, daß er sich so freundwillig gegen
unsre Herren erzeigt habe, wir würden auch seinen
Befehl pünktlich ausrichten. Darauf rief er zwei von
seinen vornehmsten Räten und Sekretären und stellte
sie den Litauern als die Botschafter vor, die er bereits
bestimmt habe, um zu ihrem König zu gehen. Dann
ließ der Fürst zu trinken bringen und bot mit eigner
Hand nicht allein uns und den Litauern, sondern allen
Edeln und Dienern jedem einzeln den Becher dar.

Die Litauer sprach er noch zuletzt mit Namen an
und sagte: «Was wir nun getan haben, und was ihr von
unsern Räten zu wissen bekommen habt, das werdet
ihr unserm Bruder König Sigmund anzeigen.» Nach
diesen Worten stand er auf und sagte abermals: «Du,

Peter, und du, Bohusch, ihr werdet euch vor unserm Bruder Sigmund, König zu Polen und Großfürsten in Litauen, von unsertwegen verneigen.» Dabei neigte sich der Fürst ganz wenig mit dem Haupt. Nun setzte er sich nieder, rief die beiden zu sich, bot ihnen und allen ihren Edelleuten nach der Reihe die Hand, sprach: «Geht nun», und damit waren sie abgefertigt.

ALTERA LEGATIONE A FERDINANDO IMPERA-
TORE TVNC ARCHIDVCE MISSVS AD MOSCVM,
ILLE ME TALI REMISIT VESTE.

HERBERSTEIN IN DEM IHM VOM GROSSFÜRSTEN
VEREHRTEN PELZKLEIDE

NACHWORT

Es gibt auf dieser Welt heute kaum noch ein Land, das man als unbekannt bezeichnen könnte. Umfangreiche und detaillierte Werke informieren den interessierten Leser auch über ihre entlegensten Teile. Mit Hilfe der modernen Photographie und Kopiertechnik wird es jedem leicht, der sich die Mühe nimmt, in eine einschlägige Bibliothek zu gehen, eine Vorstellung vom Erscheinungsbild der Welt zu gewinnen. Das Fernsehen bringt heute die entferntesten Länder in die Wohnungen der Menschen. Wenn in ihren Titeln auch manche dieser Bücher und Filme versprechen, den Zauber des einen oder anderen Landes zu vermitteln, so hat die Flut von Information doch eher dazu geführt, daß die Welt entzaubert wurde. Reiseberichterstattung wurde dabei gleichsam zu einem Beruf wie jeder andere. Das Abenteuerliche ging verloren; und in bisher unbekannte Gebiete vorzudringen ist kaum mehr möglich. Suchte heute jemand das Abenteuer und setzte sich in den Kopf, ins Ungewisse zu reisen, er geriete in große Verlegenheit. Selbst die Mondfahrer reisen keineswegs mutig ins Ungewisse wie die Seefahrer des 15. und 16. Jahrhunderts; ihr Unternehmen wird von den Maschinen kontrolliert, von denen sie umgeben sind. Vermutlich ist es gefährlicher, quer durch New York zu Fuß zu gehen.

So ist es für uns heute nicht einfach, uns in die großen Entdecker früherer Zeiten hineinzudenken. Wir können uns keineswegs so ohne weiteres vorstellen, welche Empfindungen die europäischen Leser in der ersten Hälfte des 16. Jahrhunderts hatten, als sich die bekannte Welt gleichsam mit jedem Jahrzehnt um ein Viertel vergrößerte. Gewiß waren es nur wenige, die diese Entwicklung bewußt miterlebten. Den meisten Menschen fehlte damals die nötige Bildung, um richtig begreifen zu können, was es eigentlich bedeutete, daß sich die bekannte Welt so unheimlich schnell ausweitete. Gewiß aber besteht eine Wechselwirkung zwischen dem Anwachsen der Kenntnisse über diese Welt und dem gleichzeitig wachsenden ganz allgemeinen Bedürfnis nach mehr Wissen über das Diesseits. Im Mittelalter schrieb man gelegentlich über andere und manchmal auch über recht entfernte Länder, doch erfreuten sich diese Kenntnisse keiner besonderen Wertschätzung bei den Lesern. Das änderte sich grundlegend erst im 15. und 16. Jahrhundert.

Vor allem wurden die Geographiekenntnisse in der ersten Hälfte des 16. Jahrhunderts um Länder bereichert, die man nur auf dem Seewege erreichen konnte. In die allgemeine Neugier wurden jedoch nicht nur die überseeischen Gebiete einbezogen, von deren Existenz die vorangegangenen Generationen nichts geahnt hatten, es wuchs auch das Interesse an Ländern, von denen man sehr wohl wußte, daß es sie gab, von denen jedoch die Möglichkeit fehlte zu erfahren, wie sie aussahen, wie die Menschen dort lebten und wodurch sie sich von den bekannten Ländern West- und Mitteleuropas unterschieden. Im östlichen Teil Europas gab es zwei Länder, über die man nicht allzu viel wußte: Rußland und das Osmanische Reich. Zwar hat das Osmanische Reich schon Ende des 14. Jahrhunderts durch sein territoriales Wachstum auf Kosten der christlichen Länder Südosteuropas den Politikern der christlichen Staaten Sorgen bereitet, und die Bedrohung nahm in der zweiten Hälfte des 15. Jahrhunderts noch bedenklich zu, doch waren die Kenntnisse über dieses Reich, das aus Asien nach Europa hineinwuchs, vorerst äußerst gering. Erst im 16. Jahrhundert erwachte das Interesse der Europäer, es erschienen mehrere sehr informative Berichte, die anfangs vorwiegend dort entstanden, wo die Bedrohung durch die Osmanen besonders stark war: in Venedig und am Kaiserhof. Aus Gründen der militärischen Sicherheit mußten vor allem die Nachbarn über das Osmanische Reich Bescheid wissen. Als Vermittler von Kenntnissen dienten hier weitgehend die christlichen Untertanen des Osmanischen Reiches und Kaufleute, die auch über die nötigen Sprachkenntnisse verfügten. Die Kenntnis des Türkischen war im Westen noch lange Zeit eine Rarität.

Daß man über Rußland ebenfalls relativ wenig wußte, hatte ähnliche Ursachen. Das Siedlungsgebiet der Russen reichte im frühen Mittelalter nicht wesentlich über das Flußsystem des nördlichen und mittleren Dnjepr hinaus, machte also nur einen Bruchteil des heutigen Siedlungsgebietes dieses Volkes aus. Dennoch waren im Vergleich zu anderen Völkern Europas die Russen recht zahlreich, und das von ihnen besiedelte Gebiet von eindrucksvoller Größe. Im 9. und 10. Jahrhundert entstand ein sämtliche Russen zusammenfassendes Staatsgebilde, das vom 11. bis zur Mitte des 13. Jahrhunderts durchaus zur europäischen politischen Landschaft gehörte. Auch in bezug auf die Kultur unterschied sich dieser erste Staat der Russen, der nach der Hauptstadt Kiev auch als Kiever Ruś bezeichnet wird, nicht wesentlich von den Staaten Mittel- und Westeuropas. Die Frage, ob nun Rußland tatsächlich zu Europa gehöre oder nicht, hat sich zu der Zeit gewiß nicht gestellt. Die Bedeutung innerhalb der europäischen Politik nahm zwar von der Mitte des 11. bis zur Mitte des 13. Jahrhunderts ab, doch war dies vor allem auf die Zersplitterung des Staates in eine Vielzahl von kleinen souveränen Fürstentümern zurückzuführen. In der Mitte des 13. Jahrhunderts überrannten die Mongolen das Land, die kurz danach auch in Ungarn einfielen, sich dort jedoch bald wieder zurückzogen, während sie in Rußland eine dauerhafte Herrschaft errichteten. Zwar blieben die russischen Fürstentümer an sich erhalten und wurden auch weiterhin von den alten Fürstenfamilien regiert, doch schieden sie für einige Zeit ganz aus der europäischen Politik aus. Für die Zeit von rund 1250 bis 1450 konnten es sich die Europäer durchaus leisten, die Existenz der russischen Fürstentümer einfach nicht zur Kenntnis zu nehmen.

Vom 14. Jahrhundert an wurde das Land vor allem durch die Initiative der Moskauer Fürsten wieder vereint. Diese Vereinigung führte im Laufe der zweiten Hälfte des 15. Jahrhunderts zur Wiederherstellung eines geschlossenen russischen Staates, der ungefähr so groß war wie der hochmittelalterliche Staat, sich aber nach Nordosten ausgedehnt hatte, weil die Russen in ursprünglich von finnischen Stämmen besiedelte Gebiete vorgedrungen waren. Die westlichen und südlichen Teile der Kiever Ruś waren während der Mongolenzeit an die westlichen Nachbarn Litauen und Polen verlorengegangen. Die Moskauer Fürsten konnten zwar ein großes und starkes Reich schaffen, sie versäumten aber den Anschluß an die westeuropäische Kultur. Den spätmittelalterlichen Aufschwung der Wissenschaften, das Wiederentdecken der Antike in Literatur und Kunst, all die Veränderungen, die in West- und Mitteleuropa eine völlig neue Kultur hervorbrachten, erreichten Rußland nicht. Die schnelle Verbreitung von Humanismus und Renaissance war in Europa nur möglich, weil die Gebildeten aller Länder das Lateinische beherrschten. Von den Russen aber konnten im 15. und 16. Jahrhundert nur einige wenige lateinisch lesen.

Das Kulturleben in dem neuerstandenen Staat, der nach seiner Hauptstadt von vielen russischen Historikern auch als Moskauer Staat bezeichnet wurde, verblieb seinen Grundsätzen nach mittelalterlich: Es gab kaum kulturelle Bestrebungen außerhalb des religiösen Bereiches, und die Kirche kontrollierte fast das gesamte Kulturleben. Sie war daran interessiert, daß den Russen auch in Zukunft westeuropäische Bildung vorenthalten bliebe, denn westeuropäischer Kultureinfluß konnte «ketzerische» Ideen oder eine Säkularisierung des Kulturlebens mit sich bringen; beides wollte die Kirche unter allen Umständen vermeiden. Bis zum Beginn des 18. Jahrhunderts nahmen die Russen kaum Anteil an der neuzeitlichen Kulturentwicklung Europas. Sie haben zumeist auch gar nicht gewußt, was in Westeuropa auf kulturellem Gebiet vor sich ging. Im Laufe des 16. Jahrhunderts entwickelten sie schließlich sogar Fremdenfeindlichkeit und verhinderten, soweit dies möglich war, daß die Westeuropäer über Rußland mehr erfuhren, als sie selber über Westeuropa wußten.

Auch nach der endgültigen Befreiung von der mongolischen Herrschaft im Jahre 1480 war der neuerstandene russische Staat vorerst nur für die unmittelbaren Nachbarn – Polen-Litauen, Schweden und Livland – ein politisches Problem. In Ländern, die weiter westlich und südlich lagen, konnten die politisch Verantwortlichen ohne Schaden für die Interessen ihrer Länder diesen neuen Staat auch weiterhin nicht beachten. Obwohl sich das politische, religiöse und gesellschaftliche Leben im Moskauer Staat in vielem von dem anderer Länder Europas unterschied, war vorerst das Interesse für diese Eigenarten eher gering. Auffallend ist hierbei, daß die unmittelbaren Nachbarn und politisch am meisten Betroffenen so gut wie nichts zur

Kenntnis über den Moskauer Staat beitrugen, während etwa bei der Erforschung des Osmanischen Reiches die Nachbarn mehr Eifer zeigten als alle anderen. Unter den zahlreichen Autoren, die über den Moskauer Staat im 16. und 17. Jahrhundert schrieben, findet sich kein Pole und nur ein einziger Schwede aus dem ersten Viertel des 17. Jahrhunderts. Gerade diejenigen, die über die Beschaffenheit des Moskauer Staates am besten Bescheid wußten, haben über ihn nichts publiziert. Zwar stammte eine der in der ersten Hälfte des 16. Jahrhunderts erschienenen Veröffentlichungen, die auch eine Beschreibung des Moskauer Staates enthielt, von einem polnischen Gelehrten aus Krakau, doch dieser Bericht des Maciej z Miechowa war so kurz und mager, daß er die Neugier des europäischen Leserpublikums kaum befriedigen konnte.

Der erste Bericht, der detaillierte und verläßliche Nachrichten über diesen großflächigen Staat im Nordosten enthielt, war das im Jahr 1549 lateinisch erschienene Werk von Sigmund von Herberstein. Noch zwei gute Bücher dieser Art erschienen in der zweiten Hälfte des 16. Jahrhunderts, sie stammen von einem Italiener und einem Engländer. Die weiter entfernt Lebenden zeigten wesentlich mehr Interesse, das europäische Publikum über den Staat im Nordosten zu informieren, als die unmittelbaren Nachbarn, die gewiß viel besser über ihn Bescheid wußten.

Sigmund entstammte einer Nebenlinie des ursprünglich steirischen Adelsgeschlechts derer von Herberstein. Sein Vater Leonhard war in Krain und

Istrien begütert, daher ist auch Sigmund, sein dritter
Sohn, am 24. August 1486 in Vipava (Wippach) in
Krain zur Welt gekommen. Nach Abschluß seiner
Ausbildung diente er in diversen Funktionen im kaiserlichen Heer und lebte auch einige Jahre am Hof
Kaiser Maximilians I., vorerst einmal, um das höfische
Leben zu erlernen, von 1514 an als Hofbediensteter;
anfangs war er einfacher Hofrat (ernannt 1514 und
nochmals 1523), dann Landrat in der Steiermark (1521)
und schließlich Rat der Niederösterreichischen Kammer, der er als Praefectus in den Jahren 1539 bis 1562
vorstand. Von 1543 an hatte er Sitz und Stimme im
Kriegsrat. Alle diese Aufgaben hat er gewiß sehr
pflichtbewußt erfüllt, doch hätten ihm diese Tätigkei-
ten kaum zu größerem Ansehen verholfen. Bekannt
wurde er als kaiserlicher und königlicher Diplomat.

Berufsdiplomaten, wie wir sie heute kennen, gab es
damals noch nicht. In der Regel beauftragte man eine
vertraute Person mit einer bestimmten Mission; zu der
Zeit gab es nur wenige ständige Vertreter der Habsburger in anderen Ländern. Eine solche Stelle scheint
Herberstein niemals angestrebt zu haben. Er war also
wie die meisten Diplomaten der Zeit am ehesten
vergleichbar mit Sonderbotschaftern, die besondere
Missionen auf Zeit übernehmen. Die erste Mission,
mit der ihn Kaiser Maximilian I. betraute, führte ihn
im Jahre 1515 nach Salzburg. In seiner letzten Mission,
der neunundsechzigsten im Jahre 1553, begleitete er
eine habsburgische Prinzessin zur Hochzeit mit dem
polnischen König Sigismund August nach Krakau.

Fast vierzig Jahre lang diente also Herberstein vorwiegend als Diplomat. War er nicht als Diplomat unterwegs, beschäftigte er sich vorwiegend mit den Finanzen in Niederösterreich, hatte also offiziell mit der
Außenpolitik Maximilians und Ferdinands nur wenig
zu tun. Allerdings hat man seine Dienste in Anspruch
genommen, wenn immer diplomatische Vertreter an
den Kaiserhof aus Ländern kamen, die er aus seiner
eigenen Tätigkeit gut kannte. Er galt, so könnte man
heute sagen, am Kaiserhof als Osteuropafachmann.
Von seinen 69 diplomatischen Missionen führten ihn
30 nach Ungarn, 15 nach Polen und zwei in den
Moskauer Staat. Seine langjährige Verwendung als
Diplomat läßt den Schluß zu, daß er die Missionen
stets zur größten Zufriedenheit seiner Herren erledigte. Seine erste größere Reise führte ihn im Jahre
1516 nach Dänemark. Ursprünglich war er nur als
zweiter Mann der Gesandtschaft vorgesehen; der
Mann, der die Mission leiten sollte, war verhindert,
und so vertraute man Herberstein eine äußerst heikle
Aufgabe an: Der König von Dänemark war mit einer
Habsburgerin verheiratet, doch galt sein Interesse
ausschließlich einer anderen Dame. Herberstein sollte
nun dem König ins Gewissen reden und ihn dazu
veranlassen, dieser Dame nicht weiterhin seine Gunst
zu schenken, sondern mit seiner habsburgischen Gemahlin eine normale Ehe zu führen.

Herberstein erreichte nichts. Der König änderte sein
Leben keineswegs. Herberstein wußte jedoch seine
Ermahnungen so geschickt vorzubringen, daß er den

König nicht erboste. Das galt – wohl zu recht – als eine
beachtliche diplomatische Leistung. Daher sandte man
ihn im folgenden Jahr (1517) auf eine ebenfalls eher
heikle Mission nach Moskau. Herberstein sollte einen
Waffenstillstand zwischen Polen-Litauen und dem
Moskauer Staat vermitteln. Auch diesmal blieb ihm
ein Erfolg versagt. Er führte jedoch die Verhandlungen mit solchem Geschick, daß er von nun an den Ruf
hatte, ein talentierter Diplomat zu sein. Etwas über-
spitzt könnte man auch sagen, daß sein großes diplomatisches Geschick sich schon allein darin zeigte, daß
er in zwei aufeinanderfolgenden Missionen zwar er-
folglos blieb, die Sache aber so geschickt darstellte,
daß er Kaiser Maximilian I. von seinen Talenten über-
zeugte. Alle persönlichen Ehrungen und Vergünsti-
gungen für die Familie erhielt Herberstein letztlich für
seine diplomatische Tätigkeit: eine Wappenverbesserung 1522, den Titel Freier 1531, Freiherr 1537 und die
Ernennung zum Erbkämmerer und Erbtruchseß von
Kärnten im Jahre 1556.

Daß man ihn am Hof der Habsburger als Diplomaten so schätzte, kam wohl zu einem erheblichen Teil
daher, daß er im Vergleich zu seinen Standesgenossen
überdurchschnittlich gebildet war. Als Kind war er
schwächlich und kränklich, was der Grund dafür
gewesen sein könnte, daß ihm sein Vater eine besonders gute Ausbildung zuteil werden ließ; er nahm wohl
an, daß die standesgemäße militärische Laufbahn Sigmund verschlossen bleiben würde. Im Alter von acht
Jahren kam er zur Ausbildung zuerst nach Gurk, im

elften Lebensjahr bereits auf eine höhere Schule nach Wien, und im Alter von dreizehn, was zu der Zeit keineswegs etwas Außerordentliches war, immatrikulierte er an der Universität Wien. Obwohl er im Jahre 1502 zum Baccalaureus promoviert wurde, blieb er noch zwei weitere Jahre an der Universität und studierte vor allem Jura. Bis zu seinem Lebensende hielt er Kontakt mit der Universität, las wohl recht viel und bemühte sich um Kontakte mit Gelehrten. Er hatte durchaus den Ehrgeiz, als gebildeter Mann zu gelten. Ein Standesgenosse verspottete ihn später einmal, er sei des Kaisers Schreiber. Er entgegnete, daß es wohl ehrenvoll sei, eines Kaisers Schreiber zu sein.

Während seiner Ausbildung hat er vor allem Lateinkenntnisse erworben und konnte später seine diplomatischen Berichte in wirklich gutem Latein verfassen. Wie seinen Schriften zu entnehmen ist, war er mit den römischen Schriftstellern durchaus vertraut. Welchen Stellenwert die Universitätsausbildung in seinem Selbstverständnis einnahm, geht unter anderem auch daraus hervor, daß er einen Stich von seiner Promotion zum Baccalaureus anfertigen ließ. Nur noch eine zweite Zeremonie hielt er ebenfalls in einem Stich fest: den Ritterschlag durch Kaiser Maximilian.

Außer dem Rußlandbuch veröffentlichte er nur noch einige Gedichte, die zu seinen Ehren geschrieben wurden, und in seinen letzten Lebensjahren kleine autobiographische Texte, mit denen er wohl vor allem seine und die Verdienste seiner Familie ins rechte Licht rücken wollte. Die beiden umfangreichen Autobiographien, die nicht zu unterschätzende Quellen zur österreichischen Geschichte seiner Zeit sind, hat er wohl nicht geschrieben, um sie einem größeren Publikum zugänglich zu machen. Er selbst wies darauf hin, daß er sie für seine Neffen verfaßt habe. Das entsprach wohl auch seiner wirklichen Intention, zumal er sich um das berufliche Fortkommen der Söhne seiner Brüder sehr intensiv bemühte. Er selbst heiratete zwar im Jahre 1522, doch blieb die Ehe kinderlos.

Weder war seine Laufbahn am kaiserlichen Hof irgendwie außergewöhnlich für einen Mann seiner Herkunft, noch hätten ihm die kleineren Schriften und Autobiographien zu besonderem Ansehen und Ruhm verholfen. Bekannt wurde er durch sein Werk über den Moskauer Staat. Durch dieses Buch erwarb er sich gleichsam einen Ehrenplatz in der Geschichte der europäischen Länderkunde. Wie kam er dazu, diesen Text zu verfassen? Er war nicht nur ein humanistisch geschulter Mann, er war der typische Gebildete der Renaissancezeit: unersättlich neugierig. Während seiner ersten Reise nach Moskau, im Alter von nur 31 Jahren, faszinierte ihn wohl diese so anders geartete Welt. Er sammelte, so viel er konnte, Angaben über das Land. Nach seiner Rückkehr berichtete er Kaiser Maximilian I. nicht nur über seine politische Mission, sondern auch im allgemeinen über die politische Ordnung, das religiöse Leben und die sozialen und wirtschaftlichen Verhältnisse des Landes. Maximilian war von den Erzählungen Herbersteins fasziniert, und alles spricht dafür, daß er sich durch diese Erzählungen den

Ruf erwarb, eine solide Kenntnis dieses bis dahin weitgehend unbekannten Landes erworben zu haben. In seiner Autobiographie berichtete er zum Beispiel, wie er während eines Aufenthaltes in Venedig ein interessiertes Publikum für seine Erzählungen über Polen-Litauen und den Moskauer Staat gefunden habe. Nun muß ja ein Diplomat, um das Gesprächsklima aufzulockern, seinen Partner auch unterhalten und beeindrucken. Beides dürfte Herberstein vor allem mit seinen Erzählungen über die Erlebnisse während dieser ersten Reise nach Moskau erreicht haben. Eben diese Kenntnisse unterschieden ihn von vielen anderen, die von den Habsburgern zu diplomatischen Missionen herangezogen wurden. Als er im Jahre 1522 für seine Verdienste eine Wappenverbesserung erhielt, hat er als Helmzier seinem Wappen Darstellungen des Kaisers und des Großfürsten von Moskau aufgesetzt. Das illustriert besser als vieles andere den Stellenwert, den seine Moskau-Erfahrungen für ihn und seine Karriere hatten.

Als Karl V. und Ferdinand I. im Jahre 1526 erneut Botschafter nach Moskau senden wollten, kam aus Madrid die Anregung, Ferdinand möge doch von sich aus Sigmund von Herberstein nach Moskau entsenden. So wußte man auch in Madrid von ihm und kannte ihn als einen Mann, der in Moskau Bescheid wußte. Als Herberstein bereits auf dem Weg nach Moskau war, sandte ihm Ferdinand I. einen Boten mit dem Auftrag nach, Informationen über den Moskauer Staat und vor allem über die religiösen Verhältnisse in diesem Staat zu sammeln. Diesmal erhielt er also gleichsam den offiziellen Auftrag, eine Art Landesbeschreibung zu verfassen. Die Finalrelation, also der zusammenfassende Bericht am Ende seiner Mission, ist nicht erhalten. Eine textkritische Analyse ergibt jedoch, daß die Finalrelation des Jahres 1527 (Herberstein kehrte am 13. Februar 1527 zurück an den Kaiserhof) als Urtext des Werkes anzusehen ist. Herberstein erfüllte den Auftrag, eine ausführliche Landesbeschreibung zu verfassen, in hervorragender Weise.

Über das Schicksal dieses Textes aus dem Jahre 1527 wissen wir leider so gut wie nichts. In den dreißiger Jahren bemühte sich Herberstein, einen Humanisten zu finden, der ihn stilistisch verbessern sollte. Er wollte wohl seinen im Diplomatenlatein verfaßten Text in die damals gebräuchliche Gelehrtensprache übertragen lassen. Ob der Text sprachlich tatsächlich überarbeitet wurde, könnte man vielleicht durch Stilvergleiche mit den recht zahlreichen Finalrelationen von anderen Missionen Herbersteins feststellen. Leider fehlen bisher solche Studien; wir wissen daher nicht, ob der im Jahre 1549 gedruckte Text im großen und ganzen der Finalrelation aus dem Jahre 1527 entsprach oder ob Herberstein oder ein von ihm beauftragter Humanist den Text von 1527 überarbeitet hatte.

Herberstein selbst wies wiederholt darauf hin, daß König Ferdinand I. ihn drängte, den Text zu veröffentlichen. Warum vergingen ganze 22 Jahre zwischen der Abfassung der Finalrelation und der Drucklegung des Textes? Auf diese Frage gab Herberstein eigenartigerweise nirgends eine Antwort. Wie sehr sich die damaligen Verhältnisse von unserer schnellebigen Zeit unterschieden, kann man daran sehen, daß im Jahre 1549 ein Bericht noch als aktuell angesehen wurde, der auf Erfahrungen beruhte, die mehr als 22 Jahre zurücklagen. Was würden Leser heutzutage sagen, wenn ein Autor ihnen im Jahre 1984 einen Text über die Sowjetunion als aktuell vorlegte, für dessen Abfassung er das Material vor dem Jahre 1962 gesammelt hatte? Soweit wir das heute abschätzen können, verfügte Herberstein oder vielmehr Ferdinand I., da der Bericht für ihn verfaßt worden war, über eine Beschreibung des Moskauer Staates, die nach Umfang und Verläßlichkeit damals einmalig war. In den Augen des Kaisers und wohl auch Herbersteins mag der Text vor allem als politische Vorinformation für Diplomaten gegolten haben. Von Herberstein war er gewiß aber auch als Beitrag zur wissenschaftlichen Erschließung dieser Welt gedacht. Wir können mit großer Sicherheit annehmen, daß sich Herberstein von der Veröffentlichung dieses Textes versprach, Ansehen bei den Gebildeten Europas zu erlangen. Seine Hoffnungen erfüllten sich; noch zu seinen Lebzeiten wurde der lateinische Text dreimal nachgedruckt. Ferner erschienen zwei Übersetzungen ins Deutsche und eine ins Italienische. Insgesamt gab es von 1549 bis 1600 20 Ausgaben; neun in lateinischer, sieben in deutscher, zwei in italienischer und zwei in englischer Sprache. Herberstein war ein erfolgreicher Autor geworden.

Einen Hinweis auf die Gliederung des Buches, wie

sie Herberstein selbst sah, gibt vor allem die Erstauf-
lage. Die Foliierung des Textes beginnt viermal von
vorne: 1) Diverse Dedikationen und Gedichte; 2)
Kapitel über Geschichte, Religion, wirtschaftliche und
soziale Verhältnisse; 3) eine Landesbeschreibung; 4)
die Itinerarien (Wegprotokolle) von Herbersteins Reisen nach Moskau.

Der erste und kürzeste Teil des Buches ist inhaltlich
nicht sonderlich interessant. Das Widmungsschreiben
an Ferdinand I. enthält zwar eine Ortsbestimmung des
Buches im Verhältnis zu anderen einschlägigen Veröf-
fentlichungen, diente jedoch vor allem einem anderen
Zweck. Es gab Herberstein die Möglichkeit, seine
eigenen Funktionen und Verdienste hervorzuheben.
Es war, wenn man so will, eine Selbstempfehlung, die
Herberstein seinem Werk voranstellte. Im lateinischen
Original gibt es danach noch zwei größere und einige
kleinere Lobgedichte auf Herberstein, die in unserer
Ausgabe fehlen. Daß er sie hier abdruckte, ist ein
Zeichen gesteigerten Selbstbewußtseins, das seiner
Zeit nicht fremd war.

Der vierte Abschnitt war wohl vor allem für Diplomaten, vielleicht auch für Kaufleute gedacht: Da es
kaum gute Karten gab und so gut wie keine Beschreibungen der Wege, die nach Moskau führten, konnten
natürlich diese Aufzeichnungen Herbersteins für zu-
künftige Reisende von großem Wert sein. Diese Texte
sind äußerst dürr, heute nur noch für den histori-
schen Geographen wertvoll und fehlen daher in dieser
Edition.

Die Abschnitte eins und vier sind gleichsam nur Einleitung und Appendix. Das eigentliche Werk ist also in zwei Teile geteilt, die sich voneinander nicht unbedingt durch ihren Inhalt unterscheiden, denn da wie dort finden wir wertvolle Angaben über die Geschichte und über die Wirtschaft des Landes. Sie unterscheiden sich vielmehr durch Ordnungsprinzipien: Der zweite Abschnitt ist in Sachkapitel geteilt, der dritte Abschnitt in geographische Einheiten.

An dem zweiten Abschnitt ist bemerkenswert, daß Herberstein der Stellung des Großfürsten und der Geschichte des Landes viel Raum widmet. Daß er seine Aufmerksamkeit vor allem auch der Religion zuwandte, muß uns weniger wundern. Erstens waren durch die beginnende Reformation zur Zeit der Abfassung des ursprünglichen Textes gerade Fragen der Theologie für seine Zeitgenossen von besonderer Bedeutung. Zweitens hatte Ferdinand I., als er Herberstein beauftragte, ausführlich über den Moskauer Staat zu berichten, besonderes Interesse für die Eigenheiten der Orthodoxie bekundet.

Geographisch war gewiß der dritte Abschnitt des Buches der interessanteste. Hier fanden seine Zeitgenossen zum ersten Mal eine detaillierte Beschreibung der einzelnen Teile des Moskauer Staates. Herberstein ging recht systematisch vor. Er beschrieb zuerst die Hauptstadt Moskau und anschließend die Gebiete, die östlich von Moskau lagen. Sodann beschrieb er Gebiet für Gebiet im Uhrzeigersinn, also nach den östlichen die südöstlichen, dann die südlichen usw., bis er schließlich den Kreis mit den Gebieten nordöstlich von Moskau abschloß. Dabei gab er auch immer die Entfernungen von Moskau an, um die Position des einzelnen Gebietes innerhalb der Gesamtheit des Moskauer Staates besser zu bestimmen.

Anschließend an die Beschreibung des Moskauer Staates brachte er auch größere Abschnitte über die Nachbarländer, und zwar wiederum in derselben Ordnung. Er begann mit den Tataren, denen er ein außergewöhnlich großes Kapitel widmete, setzte dann mit den Litauern fort und beschloß den Abschnitt mit einer Beschreibung der Schiffahrt auf dem Eismeer. Man muß es gleichsam als Unordnung ansehen, daß sich am Ende dieses dritten Abschnittes ein Kapitel über den Empfang und die Behandlung von Diplomaten im Moskauer Staat findet. Eigentlich wäre es sinnvoll gewesen, wenn Herberstein diesen Teil des Buches mit den Itinerarien zusammengelegt hätte, denn beide Abschnitte dienten vor allem der Information von Diplomaten. Im großen und ganzen kann man jedoch sagen, daß im Vergleich zu ähnlichen Werken der Frühneuzeit die Gliederung des Textes mit wenigen Ausnahmen die Lektüre des Werkes erleichtert.

Ein weiterer Vorzug des Werkes ist, daß die Erstausgabe in einem sehr klaren und schönen Latein geschrieben ist. Wir wissen zwar nicht, ob der Text in seiner vorliegenden Form von Herberstein stammte oder ob ihn andere sprachlich überarbeiteten, das Resultat ist auf jeden Fall wert, gelobt zu werden. Die Übersetzung ins Deutsche, die unter Herbersteins Anleitung in

Wien angefertigt wurde, ist sprachlich bei weitem
nicht so gut gelungen wie der ursprüngliche lateinische Text. Mitunter kann man einzelne Sätze nur
verstehen, wenn man das lateinische Original zum
Vergleich heranzieht. An diesem Mangel sind die
schlechten Übersetzungskünste Herbersteins oder seiner Mitarbeiter nur zum Teil schuld. Die deutsche
Sprache des 16. Jahrhunderts war eben noch nicht ein
Instrument, das sich mit dem Lateinischen vergleichen
ließ. Die zweite Übersetzung ins Deutsche, die dann
große Verbreitung in mehreren Auflagen erfuhr,
stammt von einem Baseler. Die Sprache dieser Übersetzung ist klarer und verständlicher, dafür sind jedoch
dem Übersetzer, Heinrich Pantaleon, viele Übersetz-
ungsfehler unterlaufen. Er wußte über das Thema des
Buches, das er übersetzte, nicht mehr, als in dem Buch
selbst stand. Das ist immer und zu allen Zeiten für
einen Übersetzer ein großer Nachteil gewesen. Man
muß freilich zur Entlastung Pantaleons sagen, daß ja
Herbersteins Bericht das erste umfangreiche und verläßliche Werk über den Moskauer Staat war, Pantaleon
also nicht die Gelegenheit hatte, aus anderen Quellen
die nötigen Informationen heranzuziehen, um Sach-
fehler zu vermeiden.

Die vorliegende Übersetzung hat der Historiker
Wolfram von den Steinen 1926 aus dem Lateinischen
besorgt, freilich unter Anlehnung an jene älteste, von
Herberstein betreute deutsche Fassung. Einesteils war
der Anhänger Stefan Georges und zeitweiliges Mitglied seines Kreises wohl von dem archaischen Reiz

des frühen Deutsch fasziniert, anderenteils vermied er so den Fehler, Begriffe und Ausdrücke der heutigen Sprache zu verwenden, die sich mit dem damals Gemeinten nicht mehr decken. Bisweilen gab es sachliche Unstimmigkeiten zwischen den beiden Vorlagen, die unsere Ausgabe in den Anmerkungen verzeichnet.

Wie verläßlich ist der Bericht Herbersteins? Man kann wohl sagen, daß die Angaben Herbersteins im Prinzip so verläßlich sind wie seine Quellen. Man müßte also eigentlich fragen: Woher hatte er seine Kenntnisse? An mehreren Stellen des Buches erwähnt er die Personen, von denen er die Informationen erhalten hatte. Dabei handelt es sich durchwegs um Angehörige der Moskauer Hochbürokratie oder um Personen, die vom Großfürsten mit diplomatischen Aufgaben betraut worden waren. Dem Text kann man entnehmen, daß es Herberstein gelang, diverse russische schriftliche Quellen auszuwerten. Teile der geographischen Beschreibung des Landes, vor allem über das Eismeer, und die gesamte ältere Geschichte Rußlands stammen aus Schriften, in die Herberstein während seines Aufenthaltes in Moskau Einblick nehmen konnte oder aus denen man für ihn Übersetzungen anfertigte, denn es ist wohl kaum anzunehmen, daß er russische Chroniken im Original lesen konnte. Bei vielen Teilen des Berichtes wissen wir jedoch nicht, aus welchen Quellen Herberstein schöpfte. Manches läßt sich auch nicht verifizieren, weil es eben nur bei Herberstein vorkommt. Das gilt vor allem für

den Bericht, Vasilij III. habe ursprünglich Daniel geheißen. In keiner russischen Quelle findet sich ein Hinweis, der diese Angabe bestätigt. Vieles andere läßt
sich jedoch überprüfen: Die Prinzipien der Religion
und die kirchlichen Gebräuche, Entfernungen geogra-
phischer Orte und die Beschreibungen der Orte sind
aufgrund anderer Quellen verifizierbar. Vergleiche
ergaben, daß der Bericht im großen und ganzen sehr
verläßlich ist. Das heißt aber eigentlich nur, daß die
Gewährsleute Herbersteins gute Informationen liefer-
ten. Wir müssen also annehmen, daß Herberstein sein
diplomatisches Geschick wirksam einzusetzen wußte,
um Informationen über das Land zu sammeln. Dabei
ist besonders bemerkenswert, daß es ihm gelang, so
viele Angaben über Teile des Moskauer Staates zu
sammeln, die er aus eigener Anschauung nicht kannte.
Später versuchten noch andere, solche Berichte zu
schreiben, waren aber keineswegs so erfolgreich beim
Sammeln von Informationen über die weiter entfern-
ten Herrschaften des Großfürsten.

Im Prinzip stand die Verwaltung des Großfürsten
auf dem Standpunkt, daß solche Informationen ge-
heime Staatssache seien und an Ausländer nicht
weitergegeben werden sollten. Daher schöpften die
Europäer ihre Kenntnisse über Gebiete, in die Ausländer normalerweise nicht kamen, ausschließlich aus
Herbersteins Werk. Die zahlreichen Autoren, die in
der zweiten Hälfte des 16. und vor allem im 17. Jahrhundert Berichte über den Moskauer Staat veröffent-
lichten, schrieben über diese Gebiete von Herberstein

ab; es war ihnen nicht möglich, zusätzliches Material zu sammeln. Wir müssen annehmen, daß wir nicht allein Herbersteins diplomatischem Geschick die Überlieferung verdanken, sondern daß im zweiten und dritten Jahrzehnt des 16. Jahrhunderts, als die Zahl der Diplomaten, die Moskau besuchten, noch relativ gering war, die Auskunftsfreudigkeit der Moskauer größer und das Mißtrauen der Verwaltung gegenüber Ausländern noch nicht so stark war. Jedenfalls gab es im Norden und Nordosten Europas Gebiete, über die ein gebildeter Europäer einigermaßen verläßliche Informationen bis zum Beginn des 18. Jahrhunderts nur aus Herbersteins Bericht schöpfen konnte. Erst Peter der Große hat im ersten Viertel des 18. Jahrhunderts die Informationssperre aufgehoben und zugelassen, daß Ausländer so gut wie alle Teile des Reiches besuchen und über deren Beschaffenheit in Weltsprachen berichten konnten.

Die Verfasser späterer Berichte haben zwar auch gelegentlich schriftliche Dokumente des Moskauer Staates in Übersetzung einem westlichen Leserpublikum zugänglich gemacht – so gibt es in einem Reisebericht aus der Mitte des 17. Jahrhunderts sogar die Übersetzung eines ganzen Gesetzbuches –, doch blieb für das interessierte Publikum Europas Herberstein noch lange Zeit die einzige Quelle für die mittelalterliche Geschichte Rußlands, soweit sich nicht etwa Angaben in mittelalterlichen Quellen des lateinischen Kulturkreises fanden. Zwar wurden in ähnlichen Berichten in der zweiten Hälfte des 16. und im 17. Jahr-

hundert gelegentlich auch historische Themen berührt, doch für die Anfänge des russischen Staates
und für dessen Entwicklung im Mittelalter interessierte sich keiner der späteren Berichterstatter. An
keiner Stelle des Buches und auch nicht in den Autobiographien verriet Herberstein, auf welche Weise er
Zugang zu einer mittelalterlichen russischen Chronik
erhalten hatte.

Wenn auch nicht anzunehmen ist, daß Herbersteins
Kenntnisse des Slavischen ausreichten, um eine russische Chronik zu lesen, so waren sie doch gut genug,
um mit Angehörigen wohl aller slavischen Völker
einfachere Gespräche zu führen. Man kann daher mit
Sicherheit annehmen, daß ihm die Kenntnis einer
slavischen Sprache, nämlich des Slovenischen, beim
Materialsammeln im Moskauer Staat wesentlich geholfen hat. Er selbst erzählte in seiner Autobiographie, daß er sich mit dem Erlernen des Slovenischen, er
nannte es immer das Windische, in seiner Jugend sehr
viel Mühe gab und daß ihn seine Altersgenossen dafür
gelegentlich auch verspotteten. Er wollte diese Sprache erlernen, weil sie von den Bauern seiner Güter
gesprochen wurde. Rückblickend schrieb er im Alter
zu diesen Bemühungen: *Dennoch hat mich niemand von
dieser Sprache abbringen können, deren Kenntnis mir später
in vielen Sachen genützt hat.* Damit meint er aber gewiß
nicht nur den Aufenthalt im Moskauer Staat, sondern
auch seine zahlreichen Missionen in Polen. Konnte er
sich nämlich aufgrund seiner Slovenischkenntnisse
mit den Moskauern verständigen, so mußte ihm das

noch viel besser in Polen gelingen, obwohl sie natürlich dort längst nicht so wichtig waren, wo die Mehrzahl seiner Gesprächspartner Lateinisch oder Italienisch beherrschte; beide Sprachen hat Herberstein nachweislich gesprochen. Gewiß waren sowohl Russen als auch Polen angenehm davon berührt, daß ein an sich deutschsprachiger Diplomat des Kaisers eine slavische Sprache beherrschte und von ihr auch Gebrauch machte. Als captatio benevolentiae taugten diese Kenntnisse sehr wohl; und ein Diplomat lebt von der benevolentia seiner Gesprächspartner.

Im Vergleich zu anderen Berichten über den Moskauer Staat und später über das Russische Reich bis weit in das 19., ja sogar 20. Jahrhundert hinein, ist der kühl distanzierte Tonfall und das Bemühen Herbersteins um eine möglichst objektive Betrachtungsweise hervorzuheben. Fast alle späteren Berichterstatter haben kaum eine Gelegenheit versäumt, sich über gewisse Gewohnheiten der Moskauer lustig zu machen, sie als linkische und ungehobelte Barbaren darzustellen. Zwar äußerte auch Herberstein gelegentlich Kritik an den Lebensgewohnheiten der Moskauer, doch war er frei von der für spätere Autoren so charakteristischen kulturellen Überheblichkeit. Ihn interessierte das Anderssein der Moskauer, er suchte nicht nach Anlässen, das Schlechtersein hervorzuheben. Er gab sich große Mühe und in den allermeisten Fällen mit Erfolg, den anderen Völkern gerecht zu werden, das eigene nicht als besser darzustellen und zu allen Menschen unabhängig von ihrer nationalen Herkunft und ihrem kulturellen Niveau freundlich und zuvorkommend zu sein. Natürlich könnte man annehmen, er habe im Buch als gelernter Diplomat Distanziertheit und Objektivität gezeigt, im privaten Leben sei er aber anders gewesen. Einer solchen Annahme widersprechen jedoch einige Stellen in seiner Autobiographie, die nicht für die Veröffentlichung gedacht war, sondern zur Belehrung seiner Neffen. Dort schreibt er an einer Stelle: *Weil ich auch, Gott Lob, so viele Nationen kennengelernt und Länder durchzogen habe, mag ich in Wahrheit sagen, daß ich überall wie eben auch in meinem eigenen Vaterland Gutes und Böses gefunden habe, so daß ich mich über keine Nation zu beklagen habe, denn es ist mir überall Gutes, Gnaden, Lieb und Freundschaft bezeugt worden.* Wer über den nationalen Vorurteilen stand, war natürlich besonders gut geeignet, einen Bericht über ein anderes Land zu verfassen: Er ging nicht mit der Absicht an die Arbeit, durch die Beschreibung eines fernen Landes nur die Vorzüge seines eigenen hervorzukehren.

Ungefähr hundert Jahre lang galt der Bericht Herbersteins als die beste Informationsquelle über den Moskauer Staat. Zwar wurden nach 1549 viele Landesbeschreibungen und Reiseberichte verfaßt, doch nur einer reichte in Qualität und Breite des gebotenen Wissens an Herberstein heran: Fletchers «Of the Russe Commonwealth» wurde jedoch aus politischen Gründen nicht gedruckt und nicht verbreitet; außerdem gab es den Text nur in englischer Sprache, und das Englische beherrschten damals nur wenige. Allerdings darf man nicht vergessen, daß der Aktualitätswert der Darstellung Herbersteins von Jahrzehnt zu Jahrzehnt geringer wurde. Erst im Jahre 1656 brachte Adam Olearius ein Werk heraus, das man als vollen Ersatz betrachten konnte, wenn auch Olearius die eine oder die andere Thematik nicht ganz so ausführlich wie Herberstein behandelte.

In der zweiten Hälfte des 17. Jahrhunderts erschienen noch einige Werke dieser Art; der Typus von Beschreibung des Moskauer Staates, wie er von Herberstein begründet wurde, fand seine letzte Ausprägung im Tagebuch von Johann Georg Korb, der seine Erfahrungen während einer Mission in Moskau in den Jahren 1698 und 1699 sammelte. Er berichtete auch sehr ausführlich über die Person Peters des Großen, der das Land ausländischen Reisenden öffnete, so daß sich von da an die Art der Bücher, die über Rußland geschrieben wurden, grundlegend änderte. Wie ausgewogen die Darstellung bei Herberstein ist, illustriert ein Vergleich mit den drei soeben erwähnten Werken; Fletcher war 1588 als englischer Diplomat in Moskau, Olearius als Sekretär eines schleswig-holsteinischen Gesandten in den Jahren 1633 und 1638, Korb als Sekretär eines kaiserlichen Diplomaten. Daß außer Herberstein nur noch Fletcher über die Geographie der Nachbarländer berichtete, rührte daher, daß in westeuropäischen Sprachen vor dem Erscheinen des Werkes von Olearius bereits eigene Abhandlungen etwa über die Tatarei erschienen waren. Der Beschreibung von Land und Leute

freilich widmeten die späteren Autoren viel mehr
Raum, sie kamen damit dem Interesse des europäischen Leserpublikums entgegen: Die Menschen wollten mit Exotischem und Außergewöhnlichem unterhalten werden.

Nicht nur die drei hier erwähnten späteren Verfasser, sondern auch viele andere Autoren von Werken
über den Moskauer Staat haben Herberstein als Quelle
herangezogen. Der bedeutende russische Historiker
Ključevskij übertrieb jedoch gewaltig, als er schrieb,
die Berichterstatter böten nach Herberstein nichts
Interessantes, da sie nur voneinander abgeschrieben
hätten, womit nur gemeint sein konnte, daß Herbersteins Buch der einzige originelle Bericht gewesen sei.
Die Anleihen der späteren Verfasser bei Herberstein
waren mit einer einzigen Ausnahme nicht so umfang-
reich, daß man etwa von einem Plagiat sprechen
könnte. Herbersteins Buch war für die späteren Werke
über den Moskauer Staat weniger wichtig, weil man
aus ihm abschrieb, Bedeutung bestand vielmehr darin,
daß Herberstein für spätere Autoren einen Qualitäts-
standard setzte. Jeder Verfasser eines Werkes über den
Moskauer Staat mußte nach 1549 damit rechnen, daß
man sein Werk an dem Herbersteins messen würde.
Das bedeutet zweierlei: Erstens beurteilte man die
Rechtfertigung für die Herausgabe eines neuen Buches
danach, wieweit der Autor imstande war, interessantes
Neues über den Moskauer Staat zu bringen,
also inhaltlich über Herberstein hinauszugehen. Zweitens maß man natürlich auch die Qualität des Textes

an ihm. Die waren aber auch im internationalen Vergleich der Zeit durchaus beachtlich.

Daher hat Herberstein viel dazu beigetragen, daß auch in den folgenden eineinhalb Jahrhunderten eine ganze Reihe von wirklich guten Büchern über den Moskauer Staat geschrieben wurden. Diese Darstellungen von Ausländern haben jedoch als Quellen für die Historiker, die sich mit der Geschichte des Moskauer Staates im 16. und 17. Jahrhundert beschäftigen, eine größere Bedeutung, als man vorerst einmal annimmt. Die von den Bewohnern des Moskauer Staates hinterlassenen schriftlichen Zeugnisse sparen vieles, ja ganze Lebensbereiche aus. Besonders ist es so gut wie unmöglich, über die Mentalität der Bewohner aus den eigenen Quellen ausreichende Informationen zu schöpfen. Die Reiseberichte und allen voran der Herbersteins sind daher unersetzliche Quellen zur Erforschung des Lebens im Moskauer Staat. Russische Historiker haben reichlich aus diesen Quellen geschöpft. Wer sich für den Moskauer Staat in der ersten Hälfte des 16. Jahrhunderts interessiert, kommt an Herbersteins Bericht nicht vorbei.

Walter Leitsch

ANHANG

EDITORISCHE NOTIZ

Die vorliegende Ausgabe beruht auf der Übersetzung Wolfram von den Steinens, die 1926 unter dem Titel «Rerum Moscoviticarum Commentarii oder Moscovia des Freiherrn Sigmund zu Herberstain, Neyperg und Guettenhag» in Erlangen erschienen ist. Titel des Werkes und Schreibung des Autornamens wechseln übrigens von Ausgabe zu Ausgabe des seit 1549 in zahllosen Auflagen und Übersetzungen verbreiteten Werkes; vgl. hierzu Nachwort S. 359 und Friedrich von Adelungs bibliographisches Werk «Kritisch-Literärische Übersicht der Reisenden in Rußland bis 1700, deren Berichte bekannt sind», 2 Bde., St. Petersburg und Leipzig 1846, Bd. 1, S. 160 ff. (zu Adelung, dem ersten Biographen Herbersteins, s. die Anmerkung zu S. 153). Wolfram von den Steinen übersetzte nach der lateinischen Erstausgabe Wien 1549 (den Titel s. S. 8) und der lateinischen Ausgabe Basel 1556. Sprachlich und sachlich lehnte er sich dabei eng an Herbersteins eigene Übersetzung ins Deutsche Wien 1557 (den Titel s. S. 9) an; vgl. hierzu Nachwort S. 363 f. Auch in Orthographie und Zeichensetzung sind einige Eigenheiten dieser ersten Verdeutschung eingegangen; zum Beispiel: *Acht geben* statt *achtgeben;* oder der fehlende Apostroph in *wie mans sagt* und ähnlichen Fügungen.

Wir geben im folgenden mit einigen Kürzungen, Berichtigungen und Zusätzen die Anmerkungen aus der Übersetzung von den Steinens, in denen namentlich inhaltliche Differenzen zwischen den lateinischen und der deutschen

Ausgabe vermerkt sind sowie die Stellen, an denen er
kleinere Passagen des Textes übersprungen hat. Die meisten
der zunächst unerklärt im Text auftauchenden Namen und
Begriffe werden an späterer Stelle eingeführt und sind daher
in den Anmerkungen nicht aufgeführt. – Die wichtigste
neuere Literatur zu Herberstein findet sich in: Bertold Picard,
Das Gesandtschaftswesen Ostmitteleuropas in der frühen
Neuzeit, Beiträge zur Geschichte der Diplomatie in der
ersten Hälfte des sechzehnten Jahrhunderts nach den Aufzeichnungen des Freiherrn Sigmund von Herberstein, Graz,
Wien, Köln 1967 (= Wiener Archiv für Geschichte des
Slawentums und Osteuropas, Bd. VI).

ANMERKUNGEN

S. 20 *wie sie sie aussprechen:* Herberstein transkribiert die kyrillische Schrift in der Tat nicht systematisch, sondern nach der Aussprache des Russischen. Bisweilen wechselt seine Schreibung der Namen, und er gibt denselben Lautstand mit anderen lateinischen Buchstaben wieder; wie ja auch die deutsche Orthographie seiner Zeit noch nicht festgelegt war. So wechseln etwa «c» und «k» (*Mosaisco* neben *Mosaisko*) oder «ph» und «f» (*Capha* neben *Kaffa*). Die Übersetzung folgt Herbersteins Transskription auch in diesen Unregelmäßigkeiten, mit Ausnahme einiger weniger allgemein bekannter Namen, die modern wiedergegeben wurden (zum Beispiel: *Litauen, litauisch* statt *Liten, litisch*).

S. 21 *die Jahreszahlen nach ihrer, nicht nach unserer Gewohnheit:* In Rußland galt bis zu ihrer Abschaffung durch Peter den Großen am 1. 1. 1770 die byzantinische oder konstantinopolitanische Zeitrechnung, die mit dem Epochentag 1. 9. 5509 v. Chr. begann. Vgl. S. 77: das Jahr 7006 entspricht 1497 n. Chr. – In unseren Anmerkungen geben wir jeweils die Entsprechung in christlicher Zeitrechnung.

S. 23 *Rußland:* in der deutschen Ausgabe von 1557 *Reißen.*
mit anderen untermischt ist: Hier sind in den späteren Ausgaben noch weitere etymologische Versuche eingesetzt.

Russen: in der deutschen Ausgabe von 1557 *Reißen.*

S. 24 *Mysen:* die römischen Moesii.

Tscherkessen: keine Slawen.

S. 27 *Dessna und Sula:* Nebenflüsse des Dnjepr

S. 28 *im 6406. Jahr:* 898, richtiger 863 n. Chr.

Coseri: Die Chasaren, ein Volk westtürkischer Herkunft, das von der kaspischen Senke her in die südrussische Steppe eindringt. Sie gründeten ein großes Reich, das sich vom Nordufer des Kaspischen Meeres bis über den Dnjepr hinaus, nördlich bis in die Gegend der Okaquellen erstreckte. Doch beginnt schon im 9. Jahrhundert ihre Verdrängung durch Magyaren und Petschenegen. Merkwürdig ist, daß im 8. Jahrhundert ein Fürst der Chasaren mit einem großen Teil des Volkes zum Judentum übertritt.

S. 31 *Neugarten:* die Stadt Nowgorod.

Großneugarten: das Fürstentum Nowgorod.

Weißen See: Bielojesero.

6370: 862 n. Chr.

S. 32 *Coresto:* bei Kiew, 945 n. Chr.

S. 33 *6463:* 955, richtiger 957 n. Chr.

S. 34 *Panodocki:* auch Panadochmi, Panedogk. Vermutlich von πᾶν und δέχομαι: Gaben aller Art.

Schora: Harnische.

S. 36 *6484:* 976 n. Chr.

S. 39 *Corsun:* Chersones.

6496: 988 n. Chr.

S. 40 *im 990. Jahr:* nach christlicher Zeitrechnung wie die beiden folgenden Jahreszahlen.

6633: 1125 n. Chr.

S. 43 *6745:* 1237 n. Chr.

tributarii: lat. tributpflichtig.

6886: 1378 n. Chr.

S. 44 *6907:* 1399 n. Chr.

S. 46 *Johannes, dieses blinden Basil Sohn:* Iwan III.

S. 48 *Wedrasch:* Wedroscha.

S. 49 *viel tapfere Leute wurden gefangen:* 1500 n. Chr.
Schwäher: Schwager.

S. 50 *an dem Fluß Scholona schlug:* am Schelon, 1471 n. Chr.

S. 52 *7014:* 1506 n. Chr.
Linski: Glinskij.

S. 66 *solche Freiheit des Titels oder königliche Würde gebracht
haben:* Über diese Verdächtigung läßt die lateinische
Ausgabe von 1549 hier eine zwei Folioseiten umfas-
sende Polemik folgen. Herberstein war wohl um so
empörter, als er Fragen des Protokolls und der
Etikette mit skrupulöser Aufmerksamkeit beachte-
te; vgl. das Kapitel «Wie die Botschafter empfangen
und gehalten werden», S. 293 ff.

S. 68 *Lintzki:* Glinskij; vgl. Anm. zu S. 259.

S. 78 *der König zu Polen und Großfürst in Litauen:* Hier folgt
ein Exkurs «Wie die jetzigen Könige zu Polen an das
Großfürstentum Litauen… gekommen und nacheinander geboren sind», mit besonderem Eingehen
auf das Verhältnis Polens zu Ungarn.

S. 82 *eines Priors des Klosters Hutten, 7034:* Warlam, Igumen des Kuttainschen Klosters, 1525 n. Chr.
Pön: lat. poena, Strafe.

S. 88 *Eugen:* Papst Eugen IV.
ein Konzil: zu Florenz 1439.

S. 89 *das will ich aus den sieben großen Konzilien zeigen:*
325 n. Chr.: erstes Konzil zu Nicaea gegen Arius;
381 n. Chr.: erstes Konzil zu Konstantinopel gegen
Macedonius und Eudoxus; 431 n. Chr.: erstes Konzil
zu Ephesus gegen Nestorius; 451 n. Chr.: Leo der
Große hält das Konzil zu Chalcedon gegen Euty-
ches; 553 n. Chr.: zweites Konzil zu Konstan-

tinopel gegen Origenes und Euagrius; 680 n. Chr.:
Oaphanius (wohl Agathon) hält das dritte Konzil zu
Konstantinopel gegen die Monotheliten; 787 n. Chr.:
zweites Konzil zu Nicaea gegen die Ikonoklasten. –
Aus dem Brief des Metropoliten Johannes an den
Papst sind die Unterschiede zwischen Römisch-
Katholischer und Griechisch-Orthodoxer Kirche zu
ersehen. Der wichtigste dogmatische Unterschied ist
das Filioque, nämlich das Dogma der Katholiken, daß
der Heilige Geist nicht nur vom Vater, sondern auch
vom Sohne ausströme.

S. 98 *Grifna:* Münze.

S. 102 *Es gebührt:* in der deutschen Ausgabe von 1557 aber
Ihm geziemt es nicht.

S. 106 *Folgt eine Bulle Papst Alexanders:* nämlich Papst Alexanders VI.

S. 116 *Nikolaus von Bari:* Bischof von Myra in Lykien, in
Bari begraben, ein großer russischer Heiliger. Man
findet bei alten Schriftstellern die Nachricht, daß er
gleich einem Gott verehrt wurde.

S. 118 *einen Mönch namens Maximilian:* Maxim der Grieche.

S. 119 *Capha:* Kaffa, wie es Herberstein auch an anderer
Stelle schreibt, das griechische Theodosia, heute
russisch Feodosija, am Schwarzen Meer.
Kanzler Georg, der Kleine zubenannt: Georg Tracha-
niot.

S. 125 *Proscura:* Prosphora.

S. 127 *Kolpak:* tatarische Kopfbedeckung.

S. 143 *erlassen im Jahre 7006:* 1497 n. Chr.

S. 153 *einen gekrönten Ochsenkopf:* Nach Friedrich von Adelung (1768–1843; Erzieher des Großfürsten und
späteren Zaren Nikolaus I., Mitglied der Akademie
und Direktor des Orientalischen Institutes in St.
Petersburg), dem ersten Biographen Herbersteins,

zeigen die Münzen den Kopf des Fürsten von Pskow (Pleskow), der von allerlei Zierraten umgeben ist, die man bei schlechten, verwischten Abdrucken für Hörner halten kann.

S. 156 *sie nennen es Mors:* das Walroß.

S. 161 *Pessetz:* Canis lagopus.

S. 171 *Niederneugarten:* Nischnij Nowgorod.
noch andere Völker, Mordwa geheißen, mit den Czeremissen vermischt: Mordwinen und Tscheremissen sind finnische Stämme.

S. 173 *gegen Winteraufgang:* Südost.
Mäotissumpf: die antike Bezeichnung für das Asowsche Meer.

S. 178 *gen Sommeraufgang:* Nordost.

S. 186 *Das Reich der Fürsten von Moskau reichte zur Zeit des Witold nur 5 oder 6 Meilen über Mosaisko hinaus:* In der deutschen Ausgabe von 1557 steht hier: Bei Mosaisko und noch sechs Meilen weiter gegen Moskau ist zu Witolds Zeiten die lettische Grenze gewesen.

S. 192 *Neugarten:* Nowgorod war freie Stadtrepublik und nordöstlichstes Kontor der Hanse. Schon gegen Ende des 12. Jahrhunderts besitzen deutsche Kaufleute dort einen eigenen Kaufhof. Die sogenannten Korsunschen Türen stammen gewiß nicht aus Chersones, sie sind romanische Arbeit aus Magdeburg. Die Unterwerfung Nowgorods durch Iwan III. machte aller Freiheit und dem schon verfallenden Handel ein Ende.

S. 196 *Nitenburg:* Schlüsselburg, Nöteborg.

S. 197 *Pleskow:* Pskow, deutsch Pleskau, Faktorei der Hanse, bis ins 14. Jahrhundert von Nowgorod abhängig, dann selbständig; von Wassilij III. 1510 unterworfen.

S. 199 *Solowki:* Solowezkij im Weißen Meer.

S. 201 *Chlopigorod:* Ob es die Stadt, von der heute keine
Spur mehr nachweisbar ist, jemals gegeben hat, ist
nicht sicher.

S. 206 *zwei mit nach Wien gebracht:* An dieser Stelle folgt im
Original ein hier fortgelassenes Kapitel: die Reise
nach Petzora, Jugra und zum Flusse Obi, in dem
Herberstein eine russische Reise- und Wegbeschrei-
bung übersetzt, «Wort für Wort, wiewohl ich weiß,
daß vieles darin nicht glaublich ist; ich habe viel
danach gefragt, ob jemand, der dies gesehen hätte,
vorhanden sei, aber keinen erfragen können.»

S. 206 *Johann:* Johann Wasilewitsch.

S. 210 *der Fluß Jaick:* der Ural.

S. 213 *6533:* 1025, richtiger 1224 n. Chr.
6745: 1237 n. Chr.

S. 214 *6834:* 1326 n. Chr.
6865: 1357 n. Chr.

S. 215 *6867:* 1359 n. Chr.
6868: 1360 n. Chr.
6869: 1361 n. Chr.
6890: 1382 n. Chr.
6906: 1398 n. Chr.

S. 216 *6903:* 1395 n. Chr.
6909: 1401 n. Chr.
Sawolha: d. h. jenseits der Wolga.

S. 244 *eine Frucht gleich einem Lämmlein:* Es könnte sich um
eine Farnart handeln, Polypodium baromez, die
durch ihr wolliges Aussehen Anlaß zu der Sage
gegeben hat.

S. 246 *Cataia:* China.
Der taurische Chersones: die Krim.

S. 248 *Prekop:* die Krim.

S. 255 *Wie edel und geradezu königlich Kiew gewesen ist:* Man
zitiert gewöhnlich Dietmar von Merseburg (11.

Jahrhundert); nach ihm hatte Kiew 400 Kirchen und 8 Märkte. Die Anzahl der Kirchen ist kaum glaublich, wenn man bedenkt, daß Kiew damals noch nicht ein Jahrhundert christlich war und daß Moskau im 19. Jahrhundert etwa 300 Kirchen hatte.

S. 259 *Knes Michael Linski:* Zum Verständnis des folgenden ist es interessant zu wissen, daß Michail Glinskij, der glänzende Ritter und Günstling Maximilians, tatarischen Blutes war; also auch seine Nichte Helene (vgl. S. 268: *die Tochter des blinden Knes Basilius),* die zweite Gattin Wassilijs III. und Mutter Iwans des Schrecklichen.

S. 274 *Ellen:* der Elch.

S. 276 *ein Wildschaf:* wahrscheinlich eher eine Ziegenart, die Bezoarziege (Capra aegagrus) oder der sibirische Steinbock (Capra ibex sibirica).

S. 278 *Juchtland:* Jütland.
       Sonder-Juchtland: Süd-Jütland, nämlich Schleswig.

S. 281 *Walter von Pleterberg:* Plettenberg.

S. 286 *das Petzorische:* das Weiße Meer.

S. 287 *eine Burg Barthus, das bedeutet Warthaus:* Wardöhuus vor dem Warangerfjord.
       Dront: womöglich Drontheim.

S. 288 *Rhen:* Rentier.

S. 289 *Demetri, der dritte Dolmetsch:* Dimitrij Gerasimow.

S. 340 *auf besonderes Ersuchen des Klemens:* Papst Clemens VII.

ABBILDUNGSVERZEICHNIS

Die Abbildungen S. 7, 29, 41, 219, 239, 261, 295, 311 und 327 entstammen der deutschen Herberstein-Ausgabe Frankfurt/ Main 1579 aus der Landesbibliothek Stuttgart (Signatur HB b 327), mit deren freundlicher Genehmigung die Reproduktion erfolgte. Die Abbildungen S. 3, 11, 17, 57, 73, 160, 192, 272, 273, 343 sowie die beiden Karten entstammen verschiedenen anderen Herberstein-Ausgaben des 16. Jahrhunderts, mit Ausnahme des Holzschnittes S. 57 von Hans Burgkmair.

INHALT

INHALT

CIP-Kurztitelaufnahme der Deutschen Bibliothek

Herberstein, Sigmund Frhr. von:
Das alte Rußland / Sigmund von Herberstein
In Anlehnung an d. älteste dt. Ausg. aus d. Lat.
übertr. von Wolfram von den Steinen
Mit e. Nachw. von Walter Leitsch
Unter hrsg. Mitarb. von Paul König
2. Aufl. – Zürich: Manesse Verlag, 1985
(Manesse Bibliothek der Weltgeschichte)
Einheitssacht.: Rerum Moscoviticarum commentarii <dt.>
ISBN 3-7175-8038-8

NE: Steinen, Wolfram von den [Übers.]

Umschlag und Typographie:
Hans Peter Willberg, Eppstein